OS
NÀGÔ
E A MORTE
*Pàde, Àsèsè e o Culto
Égun na Bahia*

FICHA CATALOGRÁFICA
(Preparada pelo Centro de Catalogação-na-fonte do Sindicato Nacional dos Editores de Livros, RJ)

S235n	Santos, Juana Elbein dos. Os Nàgô e a morte: Pàde, Àsèsè e o culto Égun na Bahia; traduzido pela Universidade Federal da Bahia. 14. ed. – Petrópolis, Vozes, 2012. Tese Universidade de Sorbonne. Bibliografia. 12ª reimpressão, 2024. ISBN 978-85-326-0923-6 1. Ritos e cerimônias fúnebres – Brasil – Bahia. 2. Yorùbás – Cultura. 3. Yorùbás na Bahia – Cerimônias e práticas. I. Título. II. Série. 　　　　　　　　　　　　CDD – 572.8963 　　　　　　　　　　　　　　　　393 　　　　　　　　　　　　　　　301.451963081 　　　　　　　　　　　　CDU – 572.9 (=96) 76.0077　　　　　　　　　　　393.9 (=96) (81)

OS NÀGÔ E A MORTE
Pàde, Àsèsè e o Culto Égun na Bahia

JUANA ELBEIN DOS SANTOS
*Tese de Doutorado em Etnologia
na Universidade de Sorbonne,
traduzida pela Universidade Federal da Bahia*

Petrópolis

© 1975, Editora Vozes Ltda.
Rua Frei Luís, 100
25689-900 Petrópolis, RJ
www.vozes.com.br
Brasil

Todos os direitos reservados. Nenhuma parte desta obra poderá ser reproduzida ou transmitida por qualquer forma e/ou quaisquer meios (eletrônico ou mecânico, incluindo fotocópia e gravação) ou arquivada em qualquer sistema ou banco de dados sem permissão escrita da editora.

CONSELHO EDITORIAL	PRODUÇÃO EDITORIAL
Diretor	Aline L.R. de Barros
Volney J. Berkenbrock	Jailson Scota
	Marcelo Telles
Editores	Mirela de Oliveira
Aline dos Santos Carneiro	Natália França
Edrian Josué Pasini	Otaviano Cunha
Marilac Loraine Oleniki	Priscilla A.F. Alves
Welder Lancieri Marchini	Rafael de Oliveira
	Samuel Rezende
Conselheiros	Vanessa Luz
Elói Dionísio Piva	Verônica M. Guedes
Francisco Morás	
Gilberto Gonçalves Garcia	
Ludovico Garmus	
Teobaldo Heidemann	

Secretário executivo
Leonardo A.R.T. dos Santos

Diagramação: Sheilandre Desenv. Gráfico
Capa: SGDesign

ISBN 978-85-326-0923-6

Este livro foi composto e impresso pela Editora Vozes Ltda.

AGRADECIMENTOS

A Didi – meu companheiro, meu amigo, meu marido – que, por seu senso do humano e sua sabedoria milenar, fez-me descobrir uma nova dimensão do homem.

A presente tese é fruto de muitos anos de trabalho de campo, trabalho que se tornou possível graças à ajuda de diversas instituições e ao apoio pessoal de alguns peritos e amigos. Gostaríamos de distingui-los, em particular, seguindo uma ordem mais ou menos cronológica:

– o *Research Institute for the Study of Man* e sua diretora Dra. Vera Rubin, que me acolheu, no início de minha pesquisa, com a maior compreensão, e graças à sua intervenção pude obter minha primeira bolsa de estudos no *National Institute of Mental Health* nos Estados Unidos, que me permitiu trabalhar durante dois anos no Brasil (1964-1965), particularmente no Recife e na Bahia;

– a *União Pan-americana* em Washington e o Dr. Davalos Hurtado, através dos quais recebi bolsa de estudo que me permitiu prosseguir em meus trabalhos no Brasil;

– a *Fundação para o Desenvolvimento da Ciência da Bahia* e o Prof. Thales de Azevedo que contribuíram para a minha primeira viagem de pesquisa comparada à Nigéria e ao Daomé (1967);

– o *Département des Etudes des Cultures* da *Unesco* e, especialmente, seus dirigentes os Srs. M. Bammate e C. Fernandez Moreno (Secção da América Latina) que abriram novas possibilidades por intermédio do programa sobre as contribuições africanas na América Latina, permitindo-me trabalhar *in loco* na Nigéria e no Daomé (1967 e 1970);

– o *Institute of African Studies* da *Universidade de Ibadan* e seu Diretor Prof. R. Armstrong, que não mediu esforços, cooperando ao máximo com todos os projetos e pesquisas comparadas que, várias vezes, conduziram-me à Nigéria;

– o *Irad (Institut des Recherches Africaines au Dahomey)* e seus pesquisadores, Srs. Da Cruz e Guillaume da Silva, nas diversas ocasiões de trabalhos realizados *in loco* (1967, 1969, 1970);

– a *SAC (Société Africaine de Culture)* e, particularmente, o Sr. e a Sra. Alioune Diop, por seus encorajamentos e, sobretudo, pelas muitas conversas esclarecedoras que me ajudaram a melhor situar meu trabalho e minhas inquietudes no mais amplo contexto da problemática negro-africana e por me terem convidado a colaborar no simpósio sobre os valores de civilização da religião tradicional africana, ocasião esta que me levou a elaborar um trabalho consagrado, em parte, à transmissão oral (1970). Quanto ao encorajamento dos colegas e amigos, ser-me-ia impossível silenciar sobre o apoio e o interesse de Alan Lomax (com quem trabalhei, em Nova York, na análise de uma parte do material gravado sobre a música e os textos rituais afro-brasileiros) e não agradecer ao Prof. Donald Warren, Prof. Frederico Edelweiss, ao Prof. Robert F. Thompson, ao Dr. W. Abimbola, ao Prof. Akinjogbin e ao Dr. Pierre Verger, infatigável companheiro quando da nossa primeira estada na Nigéria e no Daomé. Quero expressar meu reconhecimento para com o Prof. M.P. Monbeig, diretor do *Institut des Hautes Etudes de L'Amérique Latine,* pela gentileza com que me recebeu nesse instituto e apoiou meus trabalhos. Não posso deixar de mencionar, muito especialmente, meu mestre e amigo Dr. Emilio Rodrigué, reparador de almas e grande mago, "ancestre espiritual", a cujo ensino e confiança espero corresponder sempre. Expresso igualmente meu reconhecimento mais profundo ao meu outro mestre, Prof. R. Bastide, cujo entusiasmo comunicativo e apoio constante nos últimos anos permitiram que este trabalho viesse à luz.

SUMÁRIO

I. Introdução, 11

Objeto da tese: delimitação do tema central. Área geográfica e humana. Pesquisa de campo e material de apoio. Organização do trabalho: distribuição dos capítulos. Método de pesquisa: nível fatual, revisão crítica e interpretação do símbolo. Breve análise da bibliografia e do estado atual dos estudos afro-brasileiros.

II. O complexo cultural Nàgô, 25

Origens étnicas. Estabelecimento no Brasil e áreas de influência. Comunidades *Nàgô: egbé* e "terreiro". Conteúdo do "terreiro": espaço "mato" e espaço "urbano"; representações materiais e simbólicas do *àiyé* e do *òrun* e dos elementos que os relacionam; *àṣẹ*, força dinâmica e propulsora do sistema.

III. Sistema dinâmico, 40

O *àṣẹ*, princípio e poder de realização; os elementos materiais e simbólicos que os contêm; transmissão do *àṣẹ* e relação dinâmica; graus de absorção, desenvolvimento do *àṣẹ* e a estrutura do "terreiro". A transmissão oral como parte componente da transmissão dinâmica: o som proferido e a palavra atuante, síntese e exteriorização de um processo de interação; o som e a individualização; a estrutura ternária e o movimento; a invocação; os mitos e os textos orais; a língua ritual *Nàgô* no "terreiro".

IV. Sistema religioso e concepção do mundo: *Àiyé e Òrun*, 55

Os nove espaços do *òrun* e o *òpó-òrun*. Mitos genéticos: os elementos cósmicos e a protoforma: a criação do mundo. O universo: suas representações; o *ìgbá-odù* e seus conteúdos simbólicos: os dois elementos genitores e o elemento procriado; os três termos e a unidade dinâmica. As quatro partes do mundo: nascente e poente (*iyo-õrùn* e *ìwò-õrùn*), a direita e a esquerda (*òtún àiyé* e *òsi àiyé*).

V. O sistema religioso e as entidades sobrenaturais: Olọ́run e os Irúnmalẹ̀, 76

Os *Irúnmalẹ̀* e os ancestrais. Os *Irúnmalẹ̀* da direita e os da esquerda: Os *òrìṣà* e os *ẹbọra*. Emprego extensivo da palavra *òrìṣà*. Os *òrìṣà* e os *ẹbọra*, símbolos de elementos fundamentais, genitores masculinos e femininos e os que simbolizam os elementos procriados ou de interação; *Òrìṣànlá* e os *òrìṣà-funfun, Odùduwà* e os *ẹbọra*; O *àṣẹ* que eles veiculam: simbologia e classificação.

VI. O sistema religioso e as entidades sobrenaturais: Os ancestrais, 108

Diferenciação entre *òrìṣà* e ancestre: *Lésẹ̀ òrìṣà* e *lésẹ̀ égún*; o *Ilé-ibo-akú lésẹ̀ òrìṣà* e o *Ilé-igbàlẹ̀ lésẹ̀ égún*. Os ancestrais da direita e os da esquerda; os *Égún* e as *Ìyá-àgbà*: seu culto, organização e simbologia.

VII. Princípio dinâmico e princípio da existência individualizada no sistema Nàgô: *Èṣù Bara*, 140

Significados, mitos e representações: o *Òkòtó*, símbolo de multiplicação e crescimento: *Èṣù Yangí*, pedra laterita, protoforma universal e símbolo de matéria individualizada; *Èṣù* e sua situação de terceiro elemento ou elemento procriado; *Èṣù Òjíséẹbo* ou *Elérù* transportador e patrono das oferendas; *Èṣù enú-gbárijo*, princípio da comunicação e relação entre *Èṣù* e *Ifá*; *Èṣù Òna* e suas relações com o destino; *Èṣù*, portador do *Egán*, símbolo do *àṣẹ*, propulsor do sistema *Nàgô*.

VIII. O terceiro elemento e os ritos prioritários, 207

Èṣù e a ação ritual; *Èṣù Iná* e seus genitores; o ritual de Pàdé, significação, desenvolvimento e texto; outros ritos prioritários; *Èṣù* e a restituição de *àṣẹ* aos genitores míticos.

IX. Existência genérica e existência individualizada, 229

Matéria-massa progenitora e matéria diferenciada; "assentos": símbolos coletivos e individuais. Entidade criadora e matéria de origem: *Elédá* e *Ìpòrì*. Elementos que individualizam: *Bara* e *Orì*, o nascimento e o destino pessoal.

X. Existência individualizada e existência genérica: A morte, 252

A desintegração dos seres do *àiyé* e sua transformação ulterior; restituição e redistribuição de *àṣẹ*: o *ebọ* e os ritos de sacrifício; o *erú-ikú* e os ritos de *Àsèsè*; os dois níveis da existência e o eterno renascimento.

Referências, 271

I
Introdução

Objeto da tese: delimitação do tema central. Área geográfica e humana. Pesquisa de campo e material de apoio. Organização do trabalho: distribuição dos capítulos. Método de pesquisa: nível fatual, revisão crítica e interpretação do símbolo. Breve análise da bibliografia e do estado atual dos estudos afro-brasileiros.

Propomo-nos, no presente trabalho, examinar e desenvolver algumas interpretações sobre a concepção da morte, suas instituições e seus mecanismos rituais, tais quais são expressos e elaborados simbolicamente pelos descendentes de populações da África Ocidental no Brasil – particularmente na Bahia –, nas comunidades, grupos ou associações que se qualificam a si mesmos de *Nàgô* e que a etnologia moderna chama de *Yorùbá*.

Veremos, no capítulo seguinte, o que se entende no Brasil por *Nàgô* e todos os subgrupos compreendidos sob esse nome. Pesquisas comparativas feitas na África Ocidental, no S.O. da Nigéria, no sul e centro do Daomé e, especialmente, naqueles lugares onde a tradição oral indica, no Brasil, relacionamento direto com a herança cultural africana, permitem fornecer dados que ampliam e frequentemente esclarecem os dados brasileiros e as interpretações deste estudo. Esses importantes materiais de apoio, que estão incorporados em nosso trabalho, foram levantados em colaboração com Deoscoredes M. dos Santos e são a origem de algumas monografias que em parte constituem, por assim dizer, os antecedentes parciais que nos permitiram elaborar a presente tese (Juana Elbein e Deoscoredes M. dos Santos, 1967 e 1971).

É-nos difícil deixar de assinalar as dificuldades inerentes ao estudo, à localização e à seleção do material africano, dificuldades provenientes da existência de dois processos sócio-históricos diferentes. Enquanto no Brasil os grupos considerados puros, isto é, que se estruturaram com o máximo de fidelidade aos elementos e aos modelos específicos de sua cultura de origem – o que veremos de maneira mais minuciosa no capítulo seguinte –, evoluíram para uma síntese, concentrando os valores essenciais de uma tradição que corresponde à época mais florescente da cultura *Yorùbá* – século XVIII e início do XIX – nos reinos então poderosos de *Ọ̀yọ́* e de *Kátu*, esta mesma cultura, na própria África Ocidental, sofreu consideravelmente o impacto da pressão colonial. A cultura *Nàgô*, tal qual é vivida pelos grupos tradicionais do Brasil, reencontra seus elementos de origem nos grupos mais afastados das grandes cidades africanas tais como *Itakon, Ifọ́n, Kátu, Màkọ, Ilárá* e nas dezenas de pequenas vilas e vilarejos ao longo da fronteira da Nigéria com o centro e o sul do Daomé, na memória dos velhos sacerdotes de palácios e templos, e, sobretudo, na riquíssima tradição dos textos orais preservados e recitados pelos *Babaláwo*, sacerdotes de *Ifá*, hoje desaparecidos no Brasil. São fundamentalmente os textos oraculares de *Ifá* que esclarecem a maior parte da tradição e da liturgia *Nàgô* no Brasil. Examinaremos especificamente os textos e a tradição oral no capítulo III. Aqui, trata-se apenas de precisar que, ao longo deste trabalho visando particularmente aos *Nàgô* brasileiros, incluímos numerosas referências e material de apoio colhidos em fontes africanas onde indicamos a origem em cada caso.

Não entra em nosso propósito tratar dos grupos aculturados; ao contrário, aos fins teóricos e práticos do presente trabalho, queremos limitar-nos aos grupos tradicionais bem-representados pelas comunidades agrupadas nos três principais "terreiros", lugares de culto *Nàgô* (cf. p. 32), onde, até hoje, se continua a praticar a religião tradicional legada pelos fundadores. Esses "terreiros" são bem conhecidos na cidade de Salvador-Bahia, centro da religião tradicional negro-africana no Brasil, cidade que mereceu a alcunha de Roma Negra, graças à grande sacerdotisa *Nàgô,* a célebre *Ìyálôrìṣà* Aninha. Do "terreiro" mais antigo que se conhece – onde se instalou o primeiro culto público de *Sàngó* – situado na Barroquinha e, depois, transferido para o Engenho Velho, onde existe até hoje, o *Ilé Iyé Iyá-Nàsó,* derivaram o *Ilé Ọ̀s ôsì* nas terras conhecidas com o nome de Gantois e enfim o *Àṣẹ Òpó Àfònjá*, em São Gonçalo do Retiro, onde foram efetuados os estudos de base do presente trabalho e que utilizarei a título de referência[1].

O presente ensaio tem por centro a descrição e a interpretação dos elementos e dos ritos associados à morte. Entretanto, o fato de que a cultura *Nàgô* constitui um sistema essencialmente dinâmico de inter-relações, a morte ou seus símbolos estão ligados direta ou indiretamente ao funcionamento do todo. O fato de que daremos pouco lugar aos panteões, por exemplo, e que nos estenderemos mais sobre os ancestrais e a significação de *Èṣú*, não deve ser interpretado como uma supervalorização destes últimos em detrimento dos *Òrìṣá,* mas como uma consequência da necessidade de aprofundar em aspectos pouco conhecidos e naqueles que permitirão desenvolver melhor nossa tese central.

Assim, os primeiros capítulos estão consagrados ao exame e à análise sucinta das características mais específicas do sistema *Nàgô,* destacando os elementos a que teremos necessidade de nos referir constantemente e deixando de lado os aspectos mais conhecidos e já tratados por outros autores.

De maneira geral, o presente ensaio foi concebido em três partes: a) uma série de capítulos preliminares sobre a origem dos *Nàgô* brasileiros, sua instalação e reestruturação atual como unidade cultural di-

---

1. O *ÀṣẹÒpò Àfònjá* foi fundado por Eugênia Ana dos Santos, Oba Bíyí, a célebre *Ìyâlôrisà* Aninha, que saiu do *llè Iyà-Nàsó* com um grupo de sacerdotisas. Com *Bamgboṣé Obitiko* (Rodolfo Martins de Andrade) e *Oba Sanya* (Joaquim Vieira da Silva) ela instalou-se no lugar chamado Camaron, para ir, em seguida, para a rua de Curriachito, para a Ladeira da Praça, para a Ladeira do Pelourinho, e, finalmente, em 1919, para uma fazenda situada em São Gonçalo do Retiro, dando prestígio e estímulo extraordinários à religião *Nàgô* e ao "terreiro", onde se concentrou a flor da elite negra do Brasil. Por sua morte, em 1939, Maria Bibiana do Espírito Santo, *Òsun Múìwá* chamada Mãe Senhora, devia sucedê-la, prosseguir em sua tarefa com brilhantismo e dedicação, e manter os fundamentos tradicionais da religião. A autora foi iniciada por Mãe Senhora em 1964. A bibliografia sobre o *ÀṣẹÒpó Àfònjá* é abundante. Sobre este assunto enviamos o leitor às indicações que figuram nas obras do Sr. Edison Carneiro, Donald Pearson, Pierre Verger, Roger Bastide e Deoscoredes M. dos Santos.

ferenciada da sociedade global que contribuem a constituir e com a qual coexistem; seus polos de concentração em associações organizadas e em comunidades onde se pratica a religião tradicional; seu sistema religioso, assim como os elementos e os valores que lhe são específicos; b) uma série de capítulos sobre as entidades sobrenaturais e os ritos diretamente associados à morte em que descrevemos e analisamos a liturgia associada aos ancestrais masculinos e femininos, os *Egún* e as *Iyámi*; os ritos de *Pàdé* e de *Àsẹ̀sẹ̀*; c) dois capítulos, enfim, sobre o significado simbólico dos ritos precedentes e a concepção da morte nas comunidades *Nàgô*.

Tratarei, igualmente, nesta introdução, de examinar e conceituar meu método de trabalho ou, melhor ainda, as linhas orientadoras que se me foram impondo à medida que avançava nas minhas pesquisas. Se digo que elas se me foram impondo, é porque, como todo pesquisador, trazia comigo uma bagagem, uma forma cultural e universitária, uma história e uma ideologia.

É evidente que todo pesquisador se propõe conscientemente ser objetivo ou neutro em matéria de ideologia, pelo menos no estágio da observação e da colheita de informação. Trata-se de um postulado que, teoricamente, não é ignorado por nenhum etnólogo. Entretanto é igualmente evidente que, visando a um mesmo fenômeno ou a um mesmo objeto, encontramos descrições bem diferentes em que tal ou tal elemento é posto em relevo, um outro é ignorado ou passa despercebido, segundo o método de observação e, sobretudo, segundo a situação sócio-histórica do pesquisador. Geralmente, suspeito que o mesmo fato seja formulado de maneira bastante diferente por um participante ou um ator do grupo estudado. O etnólogo, por mais prevenido que seja, não pode facilmente desembaraçar-se de sua própria história e do quadro de referências da ciência no seu próprio processo histórico.

Aliás, não tenho a intenção de afirmar que a descrição efetuada pelo ator seja completa ou objetiva. A repetição e a automatização fazem com que numerosos pormenores que constituiriam importantes informações possam escapar-lhe. Inúmeros aspectos, precisamente reveladores por seu simbolismo oculto, não têm para ele nenhuma importância, assim como, geralmente, os elementos-signos que constituem aquilo que poderíamos chamar a trama manifesta dos conteúdos inconscientes. E, quando digo "inconsciente", quero referir-me a dois tipos de conteúdos: aquele das fantasias inconscientes do grupo, por certo, e o da estrutura do sistema que, frequentemente, não é percebido nas suas relações abstratas ou que se podem diferenciar da imagem consciente que o ator tem delas.

A convivência, passiva como observadora no começo e ativa à medida que se foi desenvolvendo progressivamente a rede de relações interpessoais e minha consequente localização no grupo, foi-me iniciando no conhecimento "desde dentro", obrigando-me a agilizar, revisar, modificar e, às vezes, rejeitar, mesmo inteiramente, teorias e métodos inaplicáveis ou desprovidos de eficácia para a compreensão consciente e objetiva dos fatos. Isto nos leva a defrontar-nos com dois problemas: *1)* como ver e *2)* como interpretar.

Do que precede destacam-se duas perspectivas possíveis: "desde fora" e "desde dentro", perspectivas que são difíceis, mas não impossíveis de complementar.

O Professor Robin Horton, num comentário bibliográfico, já tinha, brevemente, analisado os dois níveis de observação e de interpretação, segundo seja o autor uma parte integrante ou não da cultura em consideração. Mas foi, sobretudo, Meyer Fortes quem examinou o pró e o contra das duas perspectivas na sua revisão lúcida do totemismo (1966, p. 9 e nota n. 9).

Não trataremos aqui do mérito de um ou do outro destes pontos de vista – que por outro lado não se excluem –, visto que nosso propósito não é analisar metodologias, mas apenas expor a que utilizamos e que nos fora impondo, instrumentada pela própria experiência no campo. Devido a que a religião *Nàgô* constitui uma experiência iniciática, no decorrer da qual os conhecimentos são apreendidos por meio de uma experiência vivida no nível bipessoal e grupal, mediante um *desenvolvimento* paulatino pela *transmissão* e absorção de uma força e um conhecimento simbólico e complexo a todos os níveis da pessoa, e que representa a incorporação vivida de todos os elementos coletivos e individuais do sistema, parece que a perspectiva que convencionamos chamar "desde dentro" se impõe quase inevitavelmente.

É certo que a absorção de uma série de valores coletivos e individuais e o fato de os viver numa inter-relação de grupo não é suficiente aos fins de uma análise e de uma interpretação desses valores. É preciso, pois, colocá-los em perspectiva e reestruturar conscientemente os elementos, suas relações particulares, revelando assim seu simbolismo.

Insistirei mais adiante na fragilidade do conceito abstrato e universal do símbolo. Os elementos só podem ser vistos e interpretados num contexto dinâmico, não com um significado constante intrínseco, mas essencialmente como fazendo parte de uma trama e de um processo. O significado de um elemento está em função de suas relações com outros elementos. O significado de um elemento é uma função e não uma qualidade[2].

Para proceder, pois, à descrição de um ponto de vista etnológico não é suficiente isolar e destacar elementos ou objetos de uma cultura, mesmo que sejam, por exemplo, instituições, ritos ou entidades sobrenaturais, mas descrevê-los "fisiologicamente".

O etnólogo, com raras exceções, não tem desenvolvimento iniciático, não convive suficientemente com o grupo, suas observações são, na maioria das vezes, efetuadas "desde fora", vistas através de seu próprio quadro de referências; raramente ele fala a língua de seus pesquisados e frequentemente recebe informações por intermédio de tradutores que, por sua vez, conhecem mal a língua do etnólogo. A observação parcial, a pouca convivência, não lhe permitem distinguir os fatos acidentais ou excepcionais, nem distinguir os ciclos ou sequências, nem as relações entre objetos dispersos ou de ritos aparentemente diacrônicos. Mesmo a utilização de uma terminologia vinda de sua própria área cultural ou profissional o levam, às vezes, a deformar o material observado (a célebre interpretação dos fenômenos de possessão

---

2. Esses conceitos foram analisados pormenorizadamente pelo Dr. E. Rodrigué (1966, cap. IV) e, quanto à função do símbolo, remetemos particularmente à obra pioneira de Ogden e Richards, *The Meaning of Meaning* (1964).

em crise de epilepsia, para citar apenas um exemplo). Isso leva a descrições fragmentárias – ou mesmo totalmente deturpadas, obscuras – que podem induzir a graves erros àqueles que utilizam esse material como base de construções teóricas. Os exemplos abundam.

Estar "iniciado", aprender os elementos e os valores de uma cultura "desde dentro", mediante uma inter-relação dinâmica no seio do grupo, e ao mesmo tempo poder abstrair dessa realidade empírica os mecanismos do conjunto e seus significados dinâmicos, suas relações simbólicas, numa abstração consciente "desde fora", eis uma aspiração ambiciosa e uma combinação pouco provável.

Em todo caso, o presente estudo pretende ver e elaborar "desde dentro para fora". Nossa pesquisa está orientada de maneira a focalizar três níveis:

A) o nível fatual;

B) o da revisão crítica;

C) o da interpretação.

A) O nível fatual inclui os componentes da realidade empírica, a que fizemos alusão. Isto é, a descrição mais exata possível do acontecer ritual, de seus aspectos e elementos constitutivos – passados e presentes – e daqueles que técnica e materialmente instrumentam sua existência; desde a descrição de cerimônias, públicas e privadas, da conduta observada pelos participantes, da conformação e morfologia do grupo com seu espectro hierárquico, de objetos e de locais onde se desenvolve a prática religiosa, dos aspectos, elementos e entidades sobrenaturais que participam simbolicamente da existência e do devir do grupo até um gesto ou mínimo pormenor do processo ritual.

Entendemos por descrição fatual uma descrição dinâmica. Assim, por exemplo, os objetos e os emblemas, a que demos um lugar preponderante nas descrições, foram colocados no seu contexto ritual. Neste mesmo nível fatual, demos um lugar muito particular às cantigas e aos textos rituais. Sua importância, neste trabalho, decorre não só do papel do oral no sistema *Nàgô* em geral, mas também pelo fato de se tratar de materiais originais que nunca foram compilados nem traduzidos – por exemplo, os textos de *Pàdé* e de *Àsèsè* – e por serem elementos constitutivos fundamentais de ritos e de cerimônia. Não poderia ter-se uma descrição que se aproxime da "realidade verdadeira" de uma cerimônia se não se conhecem os textos que a integram como elemento dinâmico. Com efeito, veremos, mais adiante, que as palavras têm um poder de ação. Ignorar aquilo que é pronunciado no decorrer de um rito é o mesmo que amputar um de seus elementos constitutivos mais importantes e provavelmente mais revelador. Vemos na coletânea e na transcrição dos textos orais uma tarefa das mais urgentes e apaixonantes da investigação fatual. Abreviando assinalemos que os textos são primeiramente registrados durante as cerimônias ou ritos, depois são regravados a "uma só voz" por sacerdotes ou por iniciados de capacidade reconhecida[3]; são transcritos em sua forma oral, isto é, tais quais são pronunciados e, em seguida, em sua forma analítica, por meio da ortografia internacional do *Yorùbá*, principalmente aquela que é empregada pelos institutos especializados na Nigéria; depois, faz-se objeto de uma tradução justalinear, para chegar a uma versão quase literal; os arcaísmos ou as passagens mais obscuras são explicados por meio de notas e referências esclarecedoras, para se proceder, diríamos, a uma análise semântica e filológica dos textos e poder chegar, então, a uma tradução compreensível[4].

Os textos – e obviamente as cantigas – têm ritmo. Com todos os erros possíveis de um trabalho pioneiro nesse domínio, esta obra tem o mérito de tentar uma transcrição bilíngue dos textos rituais, conser-

---

3. Este procedimento foi-nos imposto pela realidade, visto que, geralmente, os sacerdotes ou iniciados não se recordam das sequências inteiras nem da ordem dos cânticos fora das cerimônias. As gravações *in loco* servem de referência mnemotécnica. Em geral, dificilmente são utilizáveis, por causa da combinação de ruídos e vozes que tornam difícil a percepção do texto.

4. Os textos incluídos são o resultado de um trabalho frutuoso efetuado em colaboração com vários especialistas, quase todos formados por R. Armstrong no Institute of African Studies da Universidade de Ibadan. É interessante notar que, em quase todos os casos, um conhecimento auxiliar da cerimônia se mostra indispensável para ajudar a revelar o significado dos textos.

vando, na medida do possível, o ritmo segundo o qual são recitados ou cantados[5].

B) A revisão crítica foi uma das imposições prementes que se me apresentaram no decorrer da pesquisa. Ela conduz à revisão de alguns dos conceitos e descrições que uma pesquisa mais apurada permite hoje contestar.

Trata-se, geralmente, diríamos, da desmistificação de ideologias importadas ou superpostas. É preciso pôr-se de sobreaviso e impor-se uma vigilância consciente a todos os instantes para não incorrrer em concepções ou na utilização de terminologia que se origine do etnocentrismo ou da falta de conhecimentos. A revisão crítica permite destacar os elementos e valores específicos *Nàgô* do Brasil, como próprios e diferenciados da cultura luso-europeia e constituindo uma unidade dinâmica. É nesse sentido que insistimos tanto no enfoque "desde dentro", isto é, a partir da *realidade cultural do grupo*. Gostaria de dar um exemplo preciso:

Alguns autores atribuem a um mal-estar moral o fato de que algumas cerimônias sejam privadas, particularmente aquelas em que há sacrifícios. Chegam mesmo a dizer que o caráter bárbaro dessas práticas faz com que os sacerdotes responsáveis não admitam a presença de visitantes, subentendendo-se a dos pesquisadores. É verdade que, insistindo, os pesquisadores, às vezes, conseguem assistir à cerimônia, transgredindo um dos princípios fundamentais do sistema. Com efeito, não há nada de bárbaro (projeção do sistema de valores do próprio pesquisador) no fato de que o acesso a alguns ritos seja restrito. Não se trata igualmente de uma atitude defensiva em face da polícia ou da curiosidade científica ou de outro caráter qualquer. Há uma proibição para certa categoria de indivíduos. De fato, pouquíssimas pessoas têm acesso a essas cerimônias. Já dissemos que a aquisição de conhecimentos é uma experiência progressiva, iniciática, possibilitada pela

---

5. Sobre o ritmo e a estrutura dos textos orais como expressão de ordem social e cósmica e como condição da memorização referimos a recente obra de Maurice Houis (1971, p. 61ss.).

absorção e pelo desenvolvimento de qualidades e de poderes. O acesso a determinados ritos está em relação direta com o grau de iniciação e, consequentemente, com a capacidade física e espiritual do indivíduo de assistir e de participar de uma experiência durante a qual são liberados e estão presentes forças e poderes dificilmente manejáveis:

1. Biri-biri bò wọn lójú   Trevas cobrem seus olhos
2. Ògbèri nko mo Màrìwo   O não iniciado não pode conhecer o mistério do *Màrìwò*.

Se se entende o profundo significado do sacrifício (cf. p. 254s.), compreende-se facilmente a precaução de manter a cerimônia privada, que provém da estrutura própria da religião *Nàgô* e não tem nenhuma relação com qualquer mal-estar moral, nem com barbarismo ou com nenhuma outra projeção de outro sistema cultural.

No nível da revisão, impõe-se a necessidade urgente de rever a tradução que eu qualificaria de criminosa de certas palavras. Criminosa porque ela atenta contra a própria estrutura e a compreensão do sistema. Eis alguns exemplos: a tradução tão corrente em Daomé de "charlatão" em lugar de *Babaláwo*, sacerdote versado nos profundos mistérios do cosmo e do destino dos seres; a de "satã" ou "diabo", presente até no dicionário de Abraham (1958: 166,7 – a.C.), em lugar de *Èsú*, princípio dinâmico, de comunicação e individualização de todo o sistema; a de "mascarado" em lugar de *Ègun*, espírito de um ancestre cuja representação materializada é invocada no culto dos antepassados; mesmo o emprego da palavra "máscara", tão divulgado em livros de arte negra, em catálogos e museus, na língua etnológica, provém de uma tradução que adquiriu hierarquia através de seu uso contínuo e culto por parte de autores prestigiosos, palavra que contém uma carga forânea e deturpante, desprovida de qualquer relação com o *significado funcional* de certos objetos ou com as palavras que os identificam na sua própria cultura. Retornaremos a esses exemplos e forneceremos outros nos respectivos capítulos.

Como já dissemos anteriormente, a revisão crítica arvorou-se como uma necessidade da própria pesquisa no momento do confronto de descrições e conceitos, que figuram na literatura mais ou menos especializada, com o material de campo, as experiências pessoais, a análise dos textos rituais e especialmente em relação com os conceitos emitidos pelos participantes hierarquizados na religião tradicional. Isso nos leva diretamente a falar de uma outra característica do presente trabalho: trata-se da utilização de termos *Nàgô* quando me foi impossível encontrar equivalentes satisfatórios. Conceitos tais como *àṣẹ, ìwà, òrìṣà, òrun, odù, ìya-mi, égún* etc. podem ser analisados, mas não traduzidos.

Torna-se desnecessário precisar que a revisão crítica teria de estender-se à vasta bibliografia existente. Nenhuma análise crítica exaustiva foi efetuada até agora. Por causa do crescente desenvolvimento da linguística, sociologia, ciências políticas, história, psicologia, seria possível proceder-se a uma avaliação dessa bibliografia, colocando-a na sua verdadeira perspectiva histórica e destacando os materiais utilizáveis para futuras pesquisas. É necessário admitir-se que a maior parte dos trabalhos feitos sobre a cultura afro-brasileira se ressente ou por sua superficialidade, ou pela falta de uma metodologia consequente, e, geralmente, pelo seu enfoque etnocêntrico. Há bem poucas monografias especializadas, visto que a maioria versa sobre estudos globais. Mesmo trabalhos mais recentes são pouco criativos e contentam-se com reproduzir conceitos e informações que remontam a Nina Rodrigues, Artur Ramos ou Manuel Querino. Com poucas exceções, sinto-me inclinada a qualificar a bibliografia afro-brasileira como ultrapassada. Preferimos, pois, utilizar uma bibliografia seleta, por vários motivos. Em primeiro lugar, porque há trabalhos relativamente recentes que incluem uma vasta compilação de autores[6]. Em segundo, le-

---

6. Roger Bastide (1961, p. 359-370).
Pierre Verger (1957, p. 571-576).
Gisèle Cossard (1970, p. 396-414).
No que diz respeito ao desenvolvimento do estado atual dos estudos e da pesquisa afro-brasileira, mencionaremos especialmente o estudo preparado pelo Laboratoire de Sociologie de la Connaissance sob a direção de Roger Bastide, trabalho este recomendado pelo Colóquio que se realizou em Cuba, 1968, sob os auspícios da Unesco, no quadro de seu programa sobre as contribuições culturais africanas na América Latina. Este documento (SHC/CS/235/9) contém, ainda, uma lista de institutos de pesquisa e de peritos, um breve sumário com o título de temas e de estudos em curso e uma análise lúcida do desenvolvimento histórico da pesquisa afroamericana. É fácil tirar-se daí o que concerne aos estudos afro-brasileiros.

vando em conta que o material bibliográfico referente ao tema proposto nesta tese é muito escasso, preferimos mencioná-lo e comentá-lo à medida que se forem desenvolvendo os diferentes capítulos. As referências bibliográficas reduzem-se ainda mais porque preferimos escolher os trabalhos escritos por pessoas que pertencem à cultura em questão, ou que foram "iniciados" ou que, ao menos, tiveram uma convivência prolongada em contato com esta cultura. Os autores clássicos que não entram nesta categoria foram utilizados unicamente a título de referência histórica ou para ilustrar andamentos progressivos de uma interpretação mais objetiva.

C) Pode-se deduzir dos comentários acima o que entendemos por interpretação e o que a guia. É neste nível que se elabora a perspectiva "desde dentro para fora"; isto é, a análise da natureza e do significado do material fatual, recolocando os elementos num contexto dinâmico, descobrindo a simbologia subjacente, reconstruindo a trama dos signos em função de suas inter-relações internas e de suas relações com o mundo exterior.

O símbolo, do grego *symbolon*, é um "signe de ralliement" (Larousse, 1933, Tomo 6: 546). "Cada movimento é, ao mesmo tempo, um gesto" (LANGER, 1951: 51). Tem um sentido e um propósito.

A interpretação do símbolo, uma vez descoberto seu nexo ontogenético, seu ou seus referentes, permite-nos tornar explícita a realidade fatual. Já dissemos que não entendemos o símbolo com um significado constante; sua interpretação está sempre em relação a um contexto. Sua mensagem está em função de outros elementos.

A interpretação simbólica permite perceber as sequências rituais a dar-lhes uma estrutura consequente. Porque compartilho de seu ponto de vista e por causa da clareza com que ele o exprime, permito-me transcrever uma longa citação de Victor Turner (1957: 19): "Entendo por *rito* um comportamento formal prescrito para ocasiões não consagradas à rotina tecnológica, mas referidas à crença em seres ou poderes místicos. O símbolo é a menor unidade do rito que conserva, contudo, as propriedades particulares da conduta ritual... Segundo o *Concise Oxford Dictionary*, um "símbolo" é uma coisa considerada por consenso geral como caracterizando naturalmente ou representando ou relembrando algo por possuir qualidades análogas ou por associação de fato ou do pensamento. Os símbolos que pude observar no campo eram empiricamente objetos, atividades, relações, acontecimentos, gestos e unidades espaciais numa situação ritual... Os símbolos estão particularmente envolvidos no processo ritual... O símbolo associa-se a interesses, propósitos, fins e meios dos homens, quer eles sejam formulados explicitamente, quer devam ser deduzidos do comportamento observado. A estrutura e as propriedades de um símbolo transformam-se nos de uma entidade dinâmica, ao menos no quadro de seu contexto de ação própria"[7].

Complementarei esta exposição tão clara com uma distinção: a do símbolo-signo, menor ou última unidade simbólica, do símbolo-complexo, totalidade de uma estrutura dada. Assim, por exemplo, o *sásárá*, emblema de *Obalúaiyé*, é um objeto com uma estrutura determinada, constituída por uma quantidade de símbolos-signos que se encontram aí incorporados – búzios, certas contas, ráfia, nervuras de palmeira, cores específicas etc. – que, embora tendo significados próprios, não devem ser considerados separadamente, mas como partes integrantes da totalidade do símbolo *sásárá* que contribuem para expressar.

Além desta distinção, parece-me importante introduzir uma outra como instrumento de trabalho: a assinada por Marion Milner e especialmente por H. Segal (1957: 391) entre "equação simbólica" e "representação simbólica". Enquanto a "equação simbólica" se caracteriza "pela

---

7. "By *ritual* I mean prescribed formal behaviour for occasions not given over to technological routines, having reference to belief in mystical beings or powers. The *symbol* is the smallest unit of ritual which still retains the special properties of ritual behaviour... Following the Concise Oxford Dictionary a "symbol" is a thing regarded by general consent as naturally typifying or representing or recalling something by possession of analogous qualities or by association in fact or thought. The symbols I observed in the field were empirically objects, activities, relationship, events, gestures and spatial units in a ritual situation... Symbols are essentially involved in social process... The symbol becomes associated with human interests, purposes, ends, and means, whether these are explicitly formulated or have to be inferred from the observed behaviour. The structure and properties of a symbol become those of a dynamic entity, at least within its appropriate context of action".

completa equiparação ou fusão do símbolo com seu objeto"[8] – os dois se confundem, o símbolo é um doble do objeto que vela e revela; na "representação simbólica" há um par de termos considerados como não semelhantes, mas associados, de maneira que um dos dois (o símbolo) seja capaz de *evocar* ou de *sugerir* o ou os objetos aos quais se refere. Seria aquilo que Ferenczi (1950: 244) distingue como "fanerossimbolismo" e como "criptosimbolismo". Enquanto a "equação simbólica" é uma substituição primária, geralmente de interpretação fácil, a "representação simbólica" constitui o "criptossímbolo", isto é, uma elaboração complexa, madura, cuja natureza e função são essenciais para a compreensão do sistema.

Toda a religião, sua morfologia, sua prática, todos os seus conteúdos se expressam por símbolos ou por estruturas simbólicas complexas. Ou, reciprocamente, desvendar as correspondências dos símbolos e os interpretar nos permite explicitar os conteúdos do acontecer ritual.

O nível da interpretação simbólica permitiu-me penetrar, abarcar e tornar inteligíveis certos aspectos dos dados tatuais que não poderia ter apreendido de outra forma. É particularmente frutuoso, quando aplicado a uma disciplina consagrada ao estudo das "ações não poéticas", de ritos, formalizações, dramatizações... "artes não aplicadas" (LANGER, 1951: 51).

Em verdade, tentamos, ao longo deste trabalho, distinguir o que é fatual do que é interpretação. Mas é difícil deixarmos de assinalar que, à medida que avançamos na interpretação, novas porções da realidade ritual se nos foram revelando e numerosos elementos-signos foram-se perfilando.

Resumindo, deve-se insistir que, apesar de se procurar manter reslindados os três níveis mencionados, o nível fatual (ou a realidade empírica do acontecer ritual cada vez mais pormenorizada e exata), a revisão crítica (ou a desmistificação das ideologias forâneas, a reformulação dos elementos específicos do sistema), e a interpretação de símbolos (ou o significado funcional e dinâmico dos conteúdos desse sistema), os três níveis relacionam-se e constituem, por assim dizer, instrumentos intermutáveis de uma técnica que fora orientada fundamentalmente pela lenta e progressiva experiência de campo que qualificarei de "iniciática".

---

8. Remetemos à obra de M.E. Rodrigué (1966: 90).

II

O complexo cultural Nàgô

Origens étnicas. Estabelecimento no Brasil e áreas de influência. Comunidades Nàgô[1]: egbé e "terreiro". Conteúdo do "terreiro": espaço "mato" e espaço "urbano"; representações materiais e simbólicas do àiyé e do òrun e dos elementos que os relacionam; àṣẹ, força dinâmica e propulsora do sistema.

O Brasil é um país afro-luso-americano. Americano, evidentemente, por sua situação geográfica e sua população indígena; lusitano,

---

1. As palavras e os textos *Nàgô* que figuram neste trabalho estão escritos segundo a convenção internacionalmente adotada pelos institutos especializados da Nigéria. Utilizamos a ortografia moderna a fim de tornar mais compreensível a rica tradição oral preservada no seio dos grupos de culto *Nàgô* da Bahia. A ortografia correta permite aprofundar-se no significado de palavras e textos que constituem documentos e fontes de valor para os estudos afro-brasileiros.
Consoantes e vogais têm em geral o mesmo valor que em francês, com as seguintes modificações:
e é sempre aberta.
e é sempre fechada.
o é sempre aberto.
o é sempre fechado.
g é sempre "duro".
gb é explosivo.
j pronuncia-se "dj".
h é sempre aspirado, nunca mudo.
p é explosivo e pronuncia-se "kp".
s tem o som "ch".
y e *w* pronunciam-se "i" e "u", indicando o ponto uma nasalização.
Os acentos indicam os tons. O acento agudo (´) corresponde ao tom alto, o acento grave (`) ao tom baixo e a ausência de acento ao tom médio.
N.T.: As consoantes e vogais têm o mesmo valor em português e em *Nàgô*, sendo válidas as modificações apontadas com respeito ao alfabeto francês, acrescentando-se ainda:
w é sempre pronunciado "u".

por ter sido colonizado pelos portugueses; e africano, não só porque a nação brasileira foi formada pelo trabalho dos negros escravos como também porque eles constituíram historicamente o elemento de população mais denso nas grandes e pequenas cidades, nas plantações e nos setores de extração mineral, elemento-base a partir do qual se multiplicou a população do Brasil, profundamente marcada por seus costumes, sua religião e suas tradições.

Tendo sido queimados os documentos e os arquivos referentes ao tráfico dos escravos[2] e sendo interdita nos recenseamentos oficiais a discriminação segundo a cor da pele[3], é difícil proceder à apreciação exata da evolução e da importância da população de ascendência africana no Brasil. Contudo, pesquisas e investigações efetuadas em 1967, no setor de geografia humana, particularmente, pelo Gabinete de Estudos Regionais e de Geomorfologia da Universidade da Bahia[4], permitiram deduzir-se que 35% da população total do Brasil (calculada em noventa milhões de habitantes aproximadamente) são de origem africana. E esta proporção ascende a 70% na cidade de Salvador e seu Recôncavo, amplo cinturão verde que contorna a ex-capital da antiga colônia luso-americana[5], atual capital do Estado da Bahia, na região norte do longo litoral atlântico brasileiro. Essa população preservou grande parte de suas culturas de origem, em diferentes graus de aculturação, dependendo da maior ou menor retenção dos modelos e

---

2. Em 1890, o Ministro das Finanças Dr. Rui Barbosa determinou a destruição dos documentos e arquivos referentes à escravidão.

3. De 1940 a 1950 foi permitido recomeçar o recenseamento das diferenças de cor, mas esta prática foi novamente abolida em 1960.

4. Estas pesquisas começaram sob a orientação do Prof. Milton Santos; elas foram continuadas sob a orientação da Profª Lea Erdens e resultaram em mapas e gráficos elaborados pelo dito gabinete e apresentados ao setor de pesquisas, extinto depois, do Museu de Arte Moderna e de Arte Popular, com o qual a Sra. Erdens colaborou.

5. Fora do estudo citado que analisa a distribuição atual, deve-se mencionar um ambicioso estudo de análise histórica sobre o povoamento do Brasil que está sendo feito por Maurício Goulart, bem como os estudos da equipe de pesquisadores do historiador Giorgio Mortara. Também se deve mencionar os levantamentos do historiador John Russel-Wood, efetuados na Santa Casa de Misericórdia, em Salvador.

raízes africanas e das circunstâncias sócio-históricas das diversas regiões onde se estabeleceram os vários grupos étnicos.

Como é do conhecimento geral, as culturas africanas foram transportadas para o Brasil pelos escravos negros que os colonizadores portugueses trouxeram desde sua chegada, como parte de seus bens e que, mais tarde, importaram diretamente da África, particularmente da chamada Costa dos Escravos. Instrumento indispensável do desenvolvimento da economia agrícola e minéria, o negro constituiu durante mais de três séculos a base de câmbio de um próspero comércio entre colonos europeus e algumas casas reais africanas. Durante três séculos, os diversos grupos étnicos ou "nações" de diferentes partes da África Ocidental, Equatorial e Oriental foram imprimindo no Brasil suas profundas marcas. A história desse tráfico, suas motivações históricas, econômicas e políticas constituem apaixonante pano de fundo da presença africana no Brasil. Sucederam-se diversos estudos sobre esse importante aspecto que ultrapassa o interesse histórico para servir de base a uma etno-história afro-brasileira que ainda precisa ser escrita.

A fim de situar, aproximadamente, a chegada dos primeiros grupos *Nàgô* ao Brasil – seguindo, por um lado, o esquema dos quatro ciclos distinguidos por Luís Viana Filho (1964) e que foram mais tarde minuciosamente examinados e modificados por Pierre Verger (1964 e 1968), e, por outro lado, a cronologia deduzida das fontes orais – pode-se admitir que os *Nàgô* foram os últimos a se estabelecerem no Brasil, nos fins do século XVIII e início do XIX.

Os ataques contínuos dos daomeanos dirigidos contra seus vizinhos do Sul, do Norte e do Leste, e a pressão dos Fulani sobre *Òyó*, a capital do reino *Yorùbá*, impedindo seus exércitos de defender os territórios mais distantes do seu império, tiveram como resultado a captura e, em seguida, a venda de numerosos grupos *Ẹgba, Egbado* e *Sábẹ́*, particularmente dos *Kétu*, embarcados em Huida (Ajuda) e em Cotonu. A esses contingentes agregaram-se – depois da queda de *Òyó* e de desapiedadas lutas intestinas que culminaram com a revolta e a perda de *Ilorin* – grupos provenientes do próprio território de *Òyó*, grupos *Ijẹsa* e *Ijẹbu*. Os *Kétu* foram os mais profundamente atingidos pelos daomeanos de

Abomey. A história de *Kétu* é preciosa como referência direta no que concerne à herança afro-baiana. Foram os *Kétu* que implantaram com maior intensidade sua cultura na Bahia, reconstituindo suas instituições e adaptando-as ao novo meio, com tão grande fidelidade aos valores mais específicos de sua cultura de origem, que ainda hoje elas constituem o baluarte dinâmico dos valores afro-brasileiros.

Com todas as reservas possíveis, visto que não dispomos de documentos, parece provável que o primeiro contingente de *Kétu* vendido no Brasil proveio do ataque que Kpengla (Adahoozon II), rei de *Abomey*, levou a cabo em 1789 durante o reinado de *Akebioru*, quadragésimo *Alakétu*, soberano dos *Kétu*[6].

Todos esses diversos grupos provenientes do Sul e do Centro do Daomé e do Sudoeste da Nigéria, de uma vasta região que se convenciona chamar de *Yoru baland*, são conhecidos no Brasil sob o nome genérico de *Nàgô*, portadores de uma tradição cuja riqueza deriva das culturas individuais dos diferentes reinos de onde eles se originaram. Os *Kétu, Sabẹ, Òyó, Ẹgbá, Ẹgbado, Ijẹsa, Ijẹbu* importaram para o Brasil seus costumes, suas estruturas hierárquicas, seus conceitos filosóficos e estéticos, sua língua, sua música, sua literatura oral e mitológica. E, sobretudo, trouxeram para o Brasil sua religião.

Da mesma forma que a palavra *Yorùbá* na Nigéria, ou a palavra *Lucumí* em Cuba, o termo *Nàgô* no Brasil acabou por ser aplicado co-

---

6. Descrição aparecida em 1793, na célebre obra de A. Dalzel, então governador de Huida (Whydah para os ingleses). Várias são as razões que nos induzem a indicar esta data. Não se registraram ataques importantes sobre *Kétu* durante o reinado seguinte de *Agonglo* (1789-1797). As investidas efetuadas sob o reino de Gueso (1818-1858), morto pouco depois em consequência de um ferimento recebido quando da retirada que se seguiu ao fracassado sítio de *Kétu* em 1858, tiveram lugar durante os últimos anos de seu reinado [...] (PARRINDER, 1956). Por outro lado, a tradição oral e os cálculos retrospectivos baseados na idade de personalidades conhecidas da elite *Kétu* da Bahia e de seus descendentes (particularmente da *Ìyà Naso* e da *Asipa Ọbatosi*, calculando-se vinte anos para cada geração de descendentes) fazem remontar ao começo do século XIX a implantação do primeiro "terreiro" *Kétu* na Barroquinha. Os *Kétu* do Brasil ignoravam tanto a destruição de *Kétu* como a perda das portas de sua capital, acontecidas em 1850 durante o saque do Rei Glele. Conservam, ao contrário, até o presente, a lembrança de um reino florescente.

letivamente a todos esses grupos vinculados por uma língua comum – com variantes dialetais. Do mesmo que em suas regiões de origem todos se consideram descendentes de um único progenitor mitológico, *Odùduwà*, emigrantes de um mítico lugar de origem, *Ilé Ifè*.

Parece ter acontecido com a designação *Nàgô* o mesmo que se passou com o uso extensivo do termo *Yorùbá*[7] na Nigéria. Abraham (1958: 55) diz que os *Ànàgó* constituem um tipo de *Yorùbá* saído da área de *Ifè* e tendo fundado em seguida diversos povoados na província de *Abéòkúta*, em *Ìpòkùyá*. Eles falam o *Yorùbá* conhecido como *Èyò*, falado no antigo reino de *Òyó*. Ainda são conhecidos hoje em dia com o nome de *Ànàgó* e existem outros grupos em *Ifónyìn* e *Ilaàró*.

Os *Yorùbá* do Daomé, de onde provém a maior parte dos *Nàgô* brasileiros, estão constituídos de populações que se consideram descendentes de *Ifè*, irmanados por um mesmo mito genético. São conhecidos com o nome genérico de *Nàgô, Nagónu* ou *Ànàgónu*, pessoa ou povo *ànàgó*, nome constituído de *Ànàgó + nu*, sufixo que, em *Fon*, significa "pessoa". Por extensão, chamam-se *Ànàgónu*, no Daomé, todos os iniciados e os sacerdotes praticantes da religião que cultua as entidades sobrenaturais de origem *Nàgô*[8].

---

7. O termo *Yorùbá* é de uso relativamente recente, no Brasil, sendo os eruditos que o descobriram nos textos estrangeiros e o fizeram conhecido. Não é utilizado pela população. Também não é utilizado em Cuba. Parece que mesmo na África Ocidental o termo *Yorùbá*, em sua conotação coletiva, não é muito antigo. N.A. Fadipe (1970: 30) concluiu que "a etiqueta *Yorùbá*, designando um grupo étnico, não deve ter estado há muito tempo em voga antes de 1856" ("the label Yoruba, as that of an ethnic group could not have been long in vogue prior to 1856"). "Até hoje, as pessoas têm tendência a distinguir seus próprios grupos locais daqueles que eles chamam coletivamente de *Yorùbá*". ("To the present day people... tend to distinguish their own local groups from the one they collectively refer as Yoruba".) Parece que, em sua origem, o nome *Yorùbá* era aplicado unicamente aos *Yorùbá* de *Òyó*, que ainda são chamados, hoje em dia, de *Yorùbá propriamente ditos*. Para uma 'discussão mais completa desta questão cf. Claperton (1829), Rev. Koelle (1963: 5), Dos Santos (1967: 14 e nota 38), Fadipe (1970, cap. 2).

8. Esta designação é muito útil para ajudar na determinação, no Daomé, da origem de alguns panteões e de suas entidades divinas. Assim, por exemplo, os daomeanos, que adoram *Mawu, Lisa, Sapata, Gu*, revelam as origens estrangeiras desses, por chamar suas sacerdotisas *Nàgónu*, gente *Nàgô*, independentemente, é claro, da origem étnica da própria sacerdotisa.

O *Ànàgógbé* é a língua cujo nome é formado de *Ànàgó* e de *gbé,* que, em *Fon,* significa "língua" ou linguagem. Segundo R.P. Segurola (1963: 56) "é a língua *Nàgô* ou *Yorùbà*" ("la langue Nago, la langue Yoruba"). Até nossos dias, no Daomé, todos os povos falantes de línguas derivadas de *Yorùbá,* classificadas por Westermann como pertencentes ao grupo KWA das línguas sudânicas, são chamados *Nàgónu.* O estabelecimento *Yorùbá* no sul do Daomé parece que ocorreu durante o século XVI, enquanto ele parece ser mais antigo no centro do Daomé[9]. O termo *Nàgô* veio a ser aplicado não só aos lugares habitados pelos *Yorùbá,* mas também a todos os povos *Yorùbá* que não pertenciam estritamente ao povo *Nàgô.* Todos os povos de origem *Yorùbá* do Daomé foram chamados de *Nàgô* pela administração francesa que tomou este termo dos *Fon.* Esses designavam habitualmente pelo termo *Nàgô* todos os *Yorùbá* dos reinos vizinhos, e todos os seus adversários do Leste e do Nordeste, sem fazer distinção entre os de *Abẹ̀òkúta,* de *Ẹgba,* do *Ẹgbado,* de *Kétu* ou de *Sábé.* Alguns pretendem que esta denominação vem da língua *Fon* e, nesse caso, significaria "sujeira, lixo", isto é, tratar-se-ia de um termo altamente pejorativo. Mercier (1950: 20-30) indica, contudo, que "...de fato são agrupamentos *Yorùbá,* no círculo daomeano de Porto Novo e de regiões adjacentes da colônia e da divisão de *Illare,* que se chamam eles mesmos de *Ànágó* e conhecem unicamente este nome. A palavra poderia portanto não ter sido forjada pelos *Fon,* sendo provável que eles tivessem explorado um jogo de palavras pejorativas ao mesmo tempo que estendiam, como é frequente, um nome tribal ao conjunto de um povo"[10]. Mercier documenta os estabelecimentos de origem *Yorùbá* no Daomé. Ele inclui aí o reino de Porto Novo que não é estritamente um reino

---

9. A partir da lista tradicional dos *Alakétu* pode proceder-se a um cálculo aproximativo que permite situar o estabelecimento dos *Kétu* no século XII. Assinalamos, ainda, que o governador Dalzel estima em 1780 o reino do quadragésimo *Alakétu*.

10. "... en fait il est des groupements *Yoruba*, dans le cercle dahoméen de Porto Novo et des régions adjacentes de la colonie et de la division *d'Illare*, qui s'appellent eux-mêmes *Anago* et ne connaissent que ce nom. Le mot pourrait donc n'avoir pas être forgé par los Fon, il serait probable qu'ils aient exploité un jeu de mots pejoratifs en même temps qu'ils étendaient comme il est fréquent un nom tribal à l'ensemble du peuple".

Yorùbá, mas um lugar onde os *Yorùbá* exerceram influência considerável tanto no que concerne à sua constituição como à sua história. Entre os reinos *Nàgô* ele estuda os de *Ìtákéte* (*Sákéte*), *Takon* (*ltakon*), *Ofónyìn, Jegu,* o reino de *Banigbe* e os grupos *Nàgô* das margens do Rio Ueme (MERCIER, 1950: 34).

Outras implantações *Yorùbá* foram estudadas, tais como *Hollidge* (TERREAU & HUTTEL, 1960), o reino de *Adja-Uere* onde os *Nàgô* e os *Adja* se fundiram completamente (MERCIER, 1950), o reino de *Kétu* (PARINDER, 1956), o de *Sábé* (MOULERO, 1954), e pequenos agrupamentos *Yorùbá* tais como *Itcha, Dasa, Manigri, Ifè* ou *Ana,* sob cujos nomes são conhecidos em Togo (MERCIER, 1950).

O nome *Ànàgónu* ou *Nàgô* que, originalmente, se referia unicamente a um ramo dos descendentes *Yorùbá* de *Ifè* e que foi aplicado em seguida de maneira extensiva pelos *Fon* e pela administração francesa a todos os povos *Yorùbá* é, de fato, o herdado por todos os *Yorùbá* da Bahia, qualquer que seja sua origem geográfica (ELBEIN DOS SANTOS & DOS SANTOS, 1967: 9s.).

Enquanto os africanos de origem Bantu, do Congo e de Angola, trazidos para o Brasil durante o duro período da conquista e do desbravamento da colônia, foram distribuídos pelas plantações, espalhados em pequenos grupos por um imenso território, principalmente no centro litorâneo, nos Estados do Rio de Janeiro, São Paulo, Espírito Santo, Minas Gerais, numa época em que as comunicações eram difíceis, com os centros urbanos começando a nascer a duras penas, os de origem sudanesa, os *Jeje* do Daomé[11] e os *Nàgô*, chegados durante o último período da escravatura, foram concentrados nas zonas urbanas em

---

11. A origem da denominação *Jeje* ainda está para ser descoberta. Parece que ela vem igualmente de uma classificação genérica, aplicada pela administração colonial francesa às populações dos arredores de Porto Novo vindas do centro do Daomé durante as lutas tribais. Conhecem-se atualmente no Daomé três grupos *Jeje* e a língua do mesmo nome é falada corretamente nos arredores de Porto Novo. No Brasil, os traços culturais dos *Jeje* foram comparados aos de origem *Fon* e *Adja*. Tendo uma organização semelhante àquela dos *Nàgô,* eles foram pouco estudados até o presente (ELBEIN DOS SANTOS & DOS SANTOS, 1967: 12).

pleno apogeu, nas regiões suburbanas ricas e desenvolvidas dos estados do Norte e do Nordeste, Bahia e Pernambuco, particularmente nas capitais desses estados, Salvador e Recife.

O comércio intenso entre Bahia e a Costa manteve os *Nàgô* do Brasil em contato permanente com suas terras de origem.

"Apesar da vigilância inglesa, as notícias dos cônsules ingleses na Bahia indicavam o florescimento do comércio para o Norte do Equador; em 1835 o cônsul John Parkinson observou que a maioria da população baiana era *Nàgô*. Francis Castelnau confirmou isto em 1848, acrescentando que ao contrário no Rio os escravos foram mais de Angola e do Congo" (RUSSEL, 1965: 4).

O historiador Varnhagen precisa igualmente (4. ed.: 281) que "os mais conhecidos no Brasil eram os provindos [...] da costa da Mina, donde eram o maior número dos que entravam na Bahia, que ficava fronteira com mui fácil navegação; motivo por que nessa cidade tantos escravos aprendiam menos o português, entendendo-se uns com os outros em *Nàgô*".

Os diversos grupos *Nàgô* não tardaram a estabelecer contatos, ligados como eram pela semelhança de seus costumes e sobretudo por sua comum origem mítica e sua prática religiosa.

Do mesmo modo que na África Ocidental, a religião impregnou e marcou todas as atividades do *Nàgô* brasileiro, estendendo-se, regulando e influenciando até suas atividades as mais profanas. Foi através da prática contínua de sua religião que o *Nàgô* conservou um sentido profundo de comunidade e preservou o mais específico de suas raízes culturais.

Assim, o século XIX viu transportar, implantar e reformular no Brasil os elementos de um complexo cultural africano que se expressa atualmente através de associações bem organizadas, *egbé,* onde se mantém e se renova a adoração das entidades sobrenaturais, os *òrisà,* e a dos ancestrais ilustres, os *égun.*

Essas associações acham-se instaladas em roças, que ocupam um determinado terreno, o "terreiro", termo que acabou sendo sinônimo da associação e do lugar onde se pratica a religião tradicional africana. Esses "terreiros" constituem verdadeiras comunidades que apresentam características especiais. Uma parte dos membros do "terreiro" habita no local ou nos arredores do mesmo, formando às vezes um bairro, um arraial ou um povoado. Outra parte de seus integrantes mora mais ou menos distante daí, mas vem com certa regularidade e passa períodos mais ou menos prolongados no "terreiro" onde eles dispõem às vezes de uma casa ou, na maioria dos casos, de um quarto numa construção que se pode comparar a um "compound"[12]. O vínculo que se estabelece entre os membros da comunidade não está em função de que eles habitem num espaço preciso: os limites da sociedade *egbé* não coincidem com os limites físicos do "terreiro". O "terreiro" ultrapassa os limites materiais (por assim dizer polo de irradiação) para se projetar e permear a sociedade global. Os membros do *egbé* circulam, deslocam-se, trabalham, têm vínculos com a sociedade global, mas constituem uma comunidade "flutuante", que concentra e expressa sua própria estrutura nos "terreiros".

Na diáspora, o espaço geográfico da África genitora e seus conteúdos culturais foram transferidos e restituídos no "terreiro". Fundamentalmente, a utilização do espaço e a estrutura social dos três "terreiros" tradicionais *Nàgô* mantiveram-se sem grandes mudanças. Por sua extensão, reputação e organização complexa, o *Àse Òpó Afònjá* da "roça" de São Gonçalo do Retiro constitui um modelo exemplar.

O "terreiro" contém dois espaços com características e funções diferentes: a) um espaço que qualificaremos de "urbano", compreendendo as construções de uso público e privado; b) um espaço virgem, que compreende as árvores e uma fonte, considerado como o "mato",

---

12. "Compound" é um termo comumente aplicado, na Nigéria, a um lugar de residência que compreende um grupo de casas ou de apartamentos ocupados por famílias individuais relacionadas entre si por parentesco consanguíneo. Em *Nàgô* ele tem o nome de *agbo-ilé,* que quer dizer, literalmente, "conjunto de casas" (ABRAHAM: 29). Consiste num ou mais quartos por família, separados um do outro por parede medianeira e numa longa galeria comum não dividida, abrindo-se para um espaço aberto. Pela galeria pode-se ir de um quarto a outro, e percorrer todo o "compound" (FADIPE, 1970: 97). Esse modelo é mantido numa das construções do *Àse Òpó Afònjá*. Os quartos estão ocupados individualmente pelas sacerdotisas, que os compartilham às vezes com sua família mais próxima. Eles são privados e contêm bens pessoais. A maioria dispõe de um fogo para a preparação de alimentos.

equivalendo à floresta africana, que Lydia Cabrera (1968, 1ª parte) chama de "monte" e tão exaustivamente o caracteriza.

No espaço "urbano" elevam-se: as casas-templos, *Ilé-òrìsá*, consagradas a um *òrìsá* ou a grupo de *òrìsá*, entidades divinas (cf. mais embaixo, p. 35s.) que, por suas características, podem ser cultuados juntos; uma construção chamada de *Ilé-àse* (cf. p. 36) que comporta uma parte estritamente privada destinada à reclusão de noviças – as *iyawo* – uma cozinha ritual com sua antessala e uma sala semipública (segundo as ocasiões); uma construção – o "barracão" – que abriga um grande salão destinado às festividades públicas, com espaços delimitados para os diferentes grupos e setores que constituem o *egbé* e os lugares reservados à assistência; um conjunto de habitações permanentes ou temporárias para os iniciados que fazem parte do "terreiro" e suas famílias. Entre as construções, no limite do espaço "urbano" e debruçados sobre o "mato", encontra-se o *Ilé-Ibo-Aku,* a casa onde são adorados os mortos e onde se encontram seus "assentos" – lugares consagrados –, local onde ninguém se pode aproximar, guardado por sacerdotes preparados para estes mistérios e separado do resto do "terreiro" por uma cerca de arbustos rituais[13].

O espaço "mato" cobre quase dois terços do "terreiro". É cortado por árvores, arbustos e toda sorte de ervas e constitui um reservatório natural onde são recolhidos os ingredientes vegetais indispensáveis a toda prática litúrgica. É um espaço perigoso, muito pouco frequentado pela população urbana do "terreiro". Os sacerdotes de *Òsanyìn, òrisa* patrono da vegetação e, em geral, os sacerdotes pertencentes ao grupo dos *òrìsa* caçadores – *Ògún* e *Òsòsì* – realizam os ritos que devem ser executados no "mato". De modo geral, o "mato" é sagrado.

O espaço "urbano", doméstico, planificado e controlado pelo ser humano, distingue-se do espaço "mato", selvagem, fértil, incontrolável e habitado por espíritos e entidades sobrenaturais. Ambos os espaços se relacionam. O espaço "urbano" expande-se, fortifica-se e toma elementos do "mato", que ele deve pagar consequentemente. Há um

---

13. Antigamente o *Ilé-ibo* era construído numa clareira dentro do mato; razões de caráter prático motivaram seu traslado a um lugar de acesso mais fácil, mais separado e bem longe das outras construções.

intercâmbio, uma troca[14]. O "terreiro" por estar constituído pelos dois espaços, mais a água representada pela fonte, contém todos os elementos que simbolizam o *àiyé,* este mundo, o da vida. Mas nele estão plantados e consagrados os altares (os *peji*) com seus lugares de adoração (os *ajobọ* e os *ojubọ*), onde são invocadas as forças patronas que regem o *àiyé,* os *òrìṣà* e, separadamente, os ancestrais, ambos elementos do *òrun,* do além, dos espaços sobrenaturais, que permitem por sua presença simbólica – nos "assentos e através do culto – estabelecer a relação harmoniosa *àiyè-òrun.*

O "terreiro" concentra, num espaço geográfico limitado, os principais locais e as regiões onde se originaram e onde se praticam os cultos da religião tradicional africana. Os *òrìṣà* cujos cultos estão disseminados nas diversas regiões da África *Yorùbá,* adorados em vilas e cidades separadas e às vezes bastante distantes, são contidos no "terreiro" nas diversas casas-templos, os *ilé-òrìṣà*.

Cada *ilé-òrìṣà* reúne um grupo de iniciados, de praticantes e fiéis que constituem os diversos segmentos diferenciados da população urbana do "terreiro". Cada grupo está vinculado a uma comum matéria de origem abstrata, simbolizada por seu *òrìṣà.* Essa simbologia caracteriza cada grupo do "terreiro" pela utilização de cores determinadas, por certas proibições – principalmente de caráter alimentar – pela utilização de certos emblemas, de certas ervas, de certos dias para as reuniões e o culto, por festivais anuais etc. Um aspecto importante que define cada grupo de iniciados é o fato de trazer diante do nome de iniciação um nome genérico comum a todos os que pertencem a um determinado *òrìṣà.* Veremos assim que todas as sacerdotisas de *Òrìṣàlá,* por exemplo, trazem o nome de *Iwin* (*Iwin-tólá, Iwin-múiwá, Iwin-ṣolá, Iwin-dùnsí* etc.); todas as de *Obalúaiyé* trazem o nome de *Iji* (*Iji-lánà, Iji-bùmi, Iji-dare* etc.); as de *Nàná,* o de *Na* (*Na-dógiyá, Na-jide* etc.); os de *Ṣangó,* o nome de *Ọba* (*Oba-térù, Ọba-bìyì, Ọba-tosi* etc.). Cada grupo está nitidamente identificado, possui um lugar consagrado a seu *òrìṣà* patrono em volta do qual são colocadas as vasilhas-"assentos" individuais. Cada casa – *ilé-òrìṣà* – contém o "assento" consagrado ao

---

14. Este mecanismo básico da devolução ou reparação é longamente tratado no capítulo consagrado às oferendas.

òrìsà – ídí-òrìsà – que é objeto de adoração comum, chamado *àjobo*. A cada entidade sobrenatural correspondem "assentos" específicos e os elementos que os compõem expressam os diversos aspectos do *òrìsà* cuja natureza simbolizam. A análise desses elementos e a estrutura de cada "assento" fornecem materiais precisos para a pesquisa da natureza das entidades sobrenaturais. Descreveremos as vasilhas e o conteúdo dos "assentos" quando tratarmos particularmente dos *òrìsà* e dos ancestrais (cf. mais adiante, p. 229ss.). Os "assentos" individuais, com raras exceções, apresentam estrutura similar àquela do *àjobo ìdí-òrìsà,* sendo de dimensões mais reduzidas.

Cada "assento" está acompanhado de uma vasilha de cerâmica com tampa – quartinha – que contém água (que não se deve deixar secar nunca) e de um "assento" de *Èsù, òrìsà* que acompanha indefectivelmente todas as entidades sobrenaturais (cf. capítulo VII).

Cada grupo ou segmento é organizado segundo uma certa hierarquia. Contudo essa hierarquia é, por sua vez, determinada pela do "terreiro" como unidade, como *egbé*. A cúpula do "terreiro", representando a mais alta hierarquia dos diversos grupos, é formada pelas sacerdotisas mais antigas por ordem de iniciação. Cada uma tem uma função e um título especial, função determinada por sua antiguidade e frequentemente por sua ascendência familiar, por sua capacidade pessoal e pela natureza do *òrìsà* a que pertence. Assim, por exemplo, a *Ìyá-efún* do "terreiro", encarregada do manejo do *efún,* giz, cujo importante uso em todos os ritos de passagem está em relação com o simbolismo do branco, é a sacerdotisa suprema do *Ilé-òrìsà-funfun,* a casa dos *òrìsà* do branco.

O conjunto de atividades de cada *Ilé-òrìsà* está sujeito à cúpula sacerdotal do "terreiro", com uma maior ou menor intervenção de cada grupo consagrado ao *òrìsà* a ser cultuado. Por outro lado, a cúpula é responsável por toda a atividade ritual do "terreiro". É por isso que, além dos lugares destinados ao culto de cada *òrìsà,* há construções onde se desenvolve a atividade ritual coletiva, comum a todas as casas, atividade dirigida pela cúpula com a participação de todos os iniciados do "terreiro": o *ilé-àse* onde ficam reclusas todas as noviças, qualquer que seja o *òrìsà* a que elas pertençam; o *ilé-ibo-aku* onde se encontram os "assentos" e são adorados todos os mortos do *egbé*; o "barracão" destinado a todas as cerimônias de caráter público do "terreiro". Isto significa que, qualquer que seja o *òrìsà* ao qual a sacerdotisa está devotada, ela faz parte do "terreiro", é membro "consanguíneo", está irmanada e unida pelos laços de iniciação às autoridades, particularmente à *Ìyálôrisà* e sobretudo aos antecessores e ancestrais do "terreiro". Ela faz parte de uma corrente da qual é a receptora e, com o correr do tempo, transmissora. O chefe supremo do "terreiro" a *Ìyálôrisà,* textualmente, a "mãe"-que-possui-os *òrìsà,* que é responsável pelo culto dos *òrìsà,* é, ao mesmo tempo, a *Ìyá-l'àse,* isto é, a detentora e transmissora de um poder sobrenatural, de uma força propulsora chamada *àse*[15]. Esse poder, que permite que a existência seja, isto é, que a existência advenha, se realiza, é mantido, realimentado permanentemente no "terreiro". A *Iyá-l'àse* é responsável por isso em primeiro lugar e todos os iniciados, sem exceção, devem desenvolver ao máximo o *àse* do "terreiro" que em definitivo constitui seu conteúdo mais precioso, aquele que assegura sua existência dinâmica.

Por meio da atividade ritual o *àse* é liberado, canalizado, fixado temporariamente e transmitido a todos os seres e objetos, consagrando-os. Cada indivíduo, por ter sido iniciado pela *Ìyá-l'àse* e através de sua conduta ritual, é um receptor e um impulsor de *àse.*

Todos os objetos rituais contidos no "terreiro", dos que constituem os "assentos" até os que são utilizados de uma maneira qualquer no decorrer da atividade ritual, devem ser consagrados, isto é, ser portadores de *àse.* Os objetos têm uma finalidade e uma função. Expressam categorias, diferentes qualidades. Seus elementos são escolhidos de tal forma que constituam um emblema, um símbolo. Madeira, porcelana, barro, palha, couro, pedras, contas, metais, cores e formas não se combinam apenas para expressar uma representação material. Os objetos que reúnem as condições estéticas e materiais requeridas para o culto, mas que não forem "preparados", carecem de "fundamento"; constituem uma expressão artesanal ou artística. O caráter sagrado é

---

[15]. O significado do *àse* será longamente estudado no próximo capítulo e será retomado em todo o presente ensaio.

conferido por meio de um *oro* – cerimônia ritual – no decorrer do qual o *àse* é transmitido e armazenado temporariamente. É o *àse* que permite aos objetos funcionar e adquirir todo seu pleno significado. Portadores de força mística, são ativos indutores de ação, que conformam e estimulam o processo ritual. Funcionam implantados dentro de um contexto, "movimentados" pela força do *àse* (ELBEIN DOS SANTOS & DOS SANTOS, 1967: 19ss.) (ELBEIN DOS SANTOS, 1964).

Assinalamos dois pontos, conduta dos integrantes e fixação temporária de *àse*. Com efeito, o conteúdo de *àse* do "terreiro" está em relação direta com a conduta ritual observada por todos os seus iniciados e com a atividade ritual contínua de acordo com o calendário, preceitos e obrigações. É através do *àse,* propulsionado por *Èsù,* que se estabelece a relação do *àiyé* – a humanidade e tudo que é vida – com o *òrun* – os espaços sobrenaturais e os habitantes do além.

O "terreiro", além do *Ilé Èsù* com seu *àjobo* e dos "assentos" individuais de cada *Èsù* acompanhando cada um dos *òrìsà* cultuados e localizados em cada *Ilé-òrìsà,* tem em sua porteira principal o "assento" de *Èsù l'ona* cuja importância em toda a estrutura do "terreiro" provém da função simbólica de *Èsù* (cf. mais adiante capítulos VII-VIII).

Resumindo, o "terreiro" é um espaço onde se organiza uma comunidade – cujos integrantes podem ou não habitá-lo permanentemente – no qual são transferidos e recriados os conteúdos específicos que caracterizam a religião tradicional negro-africana. Nele encontram-se todas as representações materiais e simbólicas do *àiyé* e do *órún* e dos elementos que os relacionam. O *àse* impulsiona a prática litúrgica que, por sua vez, o realimenta, pondo todo o sistema em movimento.

Através da iniciação e de sua experiência no seio da comunidade, os integrantes vivem e absorvem os princípios do sistema. A atividade ritual engendra uma série de outras atividades: música, dança, canto e recitação, arte e artesanato, cozinha etc., que integram o sistema de valores, a *gestalt* e a cosmovisão africana do "terreiro".

Os membros da comunidade *Nàgô* estão unidos não apenas pela prática religiosa, mas, sobretudo, por uma estrutura sociocultural cujos conteúdos recriam a herança legada por seus ancestrais africanos[16].

---

16. Nosso propósito aqui não é o de examinar a organização social do "terreiro" nem o de suas relações com a sociedade global. Assinalamos, apenas, os aspectos necessários ao desenvolvimento desta tese. Vários autores ocuparam-se com a organização social do "terreiro" (RODRIGUES, 1935; QUERINO, 1938; RAMOS, 1940; PIERSON, 1945; CARNEIRO, 1961; BASTIDE, 1961). Contudo, poucos trabalhos tiveram o objetivo de comparar essa organização com aquela que caracterizava as etnias em seus lugares de origem. Até que ponto cada grupo de *Oiòrìṣà,* com seu *ilé,* seu nome genérico, sua própria graduação hierárquica compreendendo os *Ògán* (membros masculinos aos quais foram confiadas funções administrativas), representam os *idi-lé,* clãs reconstituindo linhagens desaparecidas na diáspora. Até que ponto o "terreiro" reformula a organização da família extensiva através de seus complexos laços de parentesco simbólico, representado pelos títulos e *status* de seus integrantes. Parece igualmente ser muito plausível que a cúpula constituída pelas *Iyá* do "terreiro" corresponda às "mães do palácio" ("mothers of the palace") assinaladas por Morton WILLIAMS (1969: 65) e cujas funções se assemelham tanto: "As *Ayaba* eram... as "mães" do palácio, a mais alta dignidade, igualmente conhecidas sob o nome de *ayaba ijoye,* esposas do rei que possuem títulos... A maior parte das *Iyá-Afin* eram sacerdotisas encarregadas dos altares do palácio e "mães" das organizações de culto. De uma granue importância nas relações políticas do rei era a *Iyá Nàsó,* "mãe" do culto de *Sàngó..."* (the Ayaba were... the "mothers" of the palace, the highest rank who were also known as *ayaba ijoye,* titled king's wives... Most of the *Iyd-Afin* were priestesses, who were in charge of the shrines in the palace and were "mothers" of cult-organizations... Of most importance in the King's political relations were the *Iyá Nàsó,* "mother" of the cult of *Sàngó").* O "terreiro" *Àṣe Òpó Afònjá* dedicado principalmente ao culto de *Ṣángó* pareceria ser o exemplo tipo de uma organização onde se encontra recriada, numa certa medida, aquela do palácio de *Oyó* com as *Iyá* do "terreiro" responsáveis por cada *Ilé-òrìṣà, Sàngó* assumindo diretamente o papel de *Aláfin* e a *Iyá-Nàsó* ocupando o posto supremo de *Iyà-l'àṣe,* concentrando o poder ritual e o poder político do "terreiro". Essas semelhanças intensiticaram-se ainda depois da criação do "corpo de ministros" de Sàngó, compreendendo doze dignitários, seis da direita e seis da esquerda que, no decorrer das cerimónias públicas, ficam à direita e à esquerda da *Iyálàṣe* (ELISEU DO BONFIM, 1940).

III
Sistema dinâmico

O àṣe, princípio e poder de realização: os elementos materiais e simbólicos que o contêm; transmissão do àṣe e relação dinâmica; graus de absorção, desenvolvimento do àṣe e a estrutura do "terreiro". A transmissão oral como parte componente da transmissão dinâmica: o som proferido e a palavra atuante, síntese e exteriorização de um processo de interação; o som e a individualização; a estrutura ternária e o movimento; a invocação; os mitos e os textos orais; a língua ritual Nàgô no "terreiro".

Dizíamos no capítulo precedente que o conteúdo mais precioso do "terreiro" era o *àṣe*. É a força que assegura a existência dinâmica, que permite o acontecer e o devir. Sem *àṣe*, a existência estaria paralisada, desprovida de toda possibilidade de realização. É o princípio que torna possível o processo vital. Como toda força, o *àṣe* é transmissível; é conduzido por meios materiais e simbólicos e acumulável. É uma força que só pode ser adquirida pela introjeção ou por contato. Pode ser transmitida a objetos ou a seres humanos. Segundo Maupoli (1943: 334), este termo "designa, em *Nàgô,* a força invisível, a força mágico-sagrada de toda divindade, de todo ser animado, de toda coisa"[1]. Mas esta força não aparece espontaneamente: deve ser transmitida. Todo objeto, ser ou lugar consagrado só o é através da aquisição de *àṣe*. Compreende-se assim que o "terreiro", todos os seus conteúdos materiais e seus iniciados, devem receber *àṣe*, acumulá-lo, mantê-lo e desenvolvê-lo.

Para que o "terreiro" possa ser e preencher suas funções, deve receber *àṣe*. O *àṣe* é "plantado" e em seguida transmitido a todos os elementos que integram o "terreiro".

---

1. ..."designe en *Nàgô* la force invisible, la force magico-sacrée de toute divinité, de tout être animé, de toute chose".

Sendo o àṣẹ princípio e força, é neutro. Pode transmitir-se e aplicar-se a diversas finalidades ou realizações. A combinação dos elementos materiais e simbólicos que contêm e expressam o àṣẹ do "terreiro" varia mais do que caracteriza o de cada òrìṣa ou o dos ancestrais. Por sua vez, a qualidade do àṣẹ varia segundo a combinação dos elementos que ele contém e veicula; cada um deles é portador de uma carga, de uma energia, de um poder que permite determinadas realizações.

Uma vez plantado o àṣẹ do "terreiro", ele se expande e se fortifica, combinando as qualidades e as significações de todos os elementos de que é composto:

a) o àṣẹ de cada òrìṣà plantado nos *peji* dos *ilé-òrìṣà,* realimentado através das oferendas e da ação ritual, transmitido a seus *olórìṣà* por intermédio da iniciação e ativado pela conduta individual e ritual;

b) o àṣẹ de cada membro do "terreiro" que soma ao de seu òrìṣà recebido no decorrer da iniciação, o de seu destino individual, o àṣẹ que ele acumulará em seu interior, o *inú* e que ele revitalizará particularmente através dos ritos do *Borí* – "dar comida à cabeça" – aos quais se adicionam ainda o àṣẹ herdado de seus próprios ancestrais;

c) o àṣẹ dos antepassados do "terreiro", de seus mortos ilustres, cujo poder é acumulado e mantido ritualmente nos "assentos" do *ilé-ibo.*

O àṣẹ, como toda força, pode diminuir ou aumentar. Essas variações estão determinadas pela atividade e conduta rituais. A conduta está determinada pela escrupulosa observação dos deveres e das obrigações – regidos pela doutrina e prática litúrgica – de cada detentor de àṣẹ, para consigo mesmo, para com o grupo de olòrìṣà a que pertence e para com o "terreiro". O desenvolvimento do àṣẹ individual e o de cada grupo impulsiona o àṣẹ do "terreiro". Quanto mais um "terreiro" é antigo e ativo, quanto mais as sacerdotisas encarregadas das obrigações rituais apresentam um grau de iniciação elevada, tanto mais poderoso será o àṣẹ do "terreiro". O conhecimento e o desenvolvimento iniciático estão em função da absorção e da elaboração de àṣẹ.

Podemos, neste estágio, enunciar uma das características essenciais do sistema *Nàgô*: a cada elemento espiritual ou abstrato corresponde uma representação ou uma localização material ou corporal. A força do àṣẹ é contida e transmitida através de certos elementos materiais, de certas substâncias. O àṣẹ contido e transferido por essas substâncias aos seres e aos objetos mantém e renova neles os poderes de realização.

O àṣẹ é contido numa grande variedade de elementos representativos do reino animal, vegetal e mineral quer sejam da água (doce e salgada) quer da terra, da floresta, do "mato" ou do espaço "urbano". O àṣẹ é contido nas substâncias essenciais de cada um dos seres, animados ou não, simples ou complexos, que compõem o mundo. Os elementos portadores de àṣẹ podem ser agrupados em três categorias:

1. "sangue" "vermelho";
2. "sangue" "branco";
3. "sangue" "preto".

1. O "sangue" "vermelho" compreende:

a) o do reino animal: corrimento menstrual, sangue humano ou animal;

b) o "sangue" "vermelho" do reino vegetal: o *epo,* azeite de dendê, o *osùn,* pó vermelho extraído do Pterocarpus Erinacesses (ABRAHAM, 1958: 490), o mel, sangue das flores;

c) o "sangue" "vermelho" proveniente do reino mineral: cobre, bronze etc. Veremos mais adiante que o amarelo é uma variedade do vermelho como o azul e o verde são variedades do preto.

2. O "sangue" "branco" compreende:

a) o "sangue" "branco" do reino animal: o sêmen, a saliva, o hálito, as secreções, o plasma (particularmente o do *ìgbín,* caracol) etc.;

b) o "sangue" "branco" do reino vegetal: a seiva, o sumo, o álcool e as bebidas brancas extraídas das palmeiras e de alguns vegetais, o *iyèrosùn,* pó esbranquiçado extraído do *iròsùn* (Eucleptes Franciscana F) (ABRAHAM: 316), o *òrí,* manteiga vegetal (shea-butter) etc.;

c) o "sangue" "branco" proveniente do reino mineral: sais, giz, prata, chumbo etc.

3. O "sangue" "preto" compreende:

a) o do reino animal: cinzas de animais;

b) o do reino vegetal: o sumo escuro de certos vegetais; o *ílú*, índigo, extraído de diferentes tipos de árvores (ABRAHAM: 187), é uma preparação à base de *ìlú*, pó azul escuro chamado *wájì*;

c) o que provém do reino mineral: carvão, ferro etc.

Por extensão, existem lugares, objetos ou partes do corpo impregnados de *àṣe*: o coração, o fígado, os pulmões, os órgãos genitais, as raízes, as folhas, o leito dos rios, pedras; e outros que correspondem, de uma maneira bem definida, a alguma das três cores mencionadas: os dentes, os ossos, o marfim etc.

Falaremos da simbologia dos elementos que carregam e transportam *àṣe* em vários capítulos e, particularmente, no capítulo consagrado ao estudo das oferendas e dos sacrifícios. Veremos que toda oferenda, como toda iniciação e toda consagração, implica a transmissão e na revitalização de *àṣe*. Para que este seja verdadeiramente ativo, deve provir da combinação daqueles elementos que permitam uma realização determinada. A combinação dos elementos transmitidos quando se trata, por exemplo, de "plantar" o *àṣe* num "assento" do *òrìṣà Ògún* – patrono do ferro, ligado simbolicamente sobretudo ao preto – não será a mesma que a destinada ao "assento" de *Òsàlá* – *òrìṣà* relacionado com a criação, vinculado essencialmente ao branco. Contudo, essa simbologia do preto ou do branco não é absoluta. Há uma predominância mais ou menos marcada de um ou de outro segundo as circunstâncias rituais, mas cada elemento contém sempre uma parte, um signo do que simbolizam as outras cores. Tudo o que existe de maneira dinâmica contém os três tipos de sangue condutores de *àṣe*, com predominância de um tipo sobre os outros, dependendo de sua situação e de sua função na estrutura global do "terreiro".

Sendo o *àṣe* uma força que permite serem as coisas, terem elas existência e devir, podemos concluir que tudo o que existe, para poder realizar-se, deve receber *àṣe*, as três categorias de elementos do branco, do vermelho e do preto que, em combinações particulares, conferem significado funcional às unidades que compõem o sistema.

Receber *àṣẹ* significa incorporar os elementos simbólicos que representam os princípios vitais e essenciais de tudo o que existe, numa particular combinação que individualiza e permite uma significação determinada. Trata-se de incorporar tudo o que constitui o *àiyé* e o *òrun*, o mundo e o além.

O *àṣẹ* de um "terreiro" não é "o líquido que contém um pouco de sangue de todos os animais sacrificados", com "um pouco de todas as ervas que pertencem aos diversos *òrìṣà*" (CARNEIRO, 1948: 116-117, apud BASTIDE, 1961: 86), *é um poder de realização, transmitido através de uma combinação particular, que contém representações materiais e simbólicas do branco, do vermelho e do preto, do àiyé e do òrun.*

Essa combinação não é uma fórmula fixa. Cada combinação é única, determinada pela finalidade e pelas circunstâncias histórico-sociais específicas da comunidade a constituir-se. O mesmo é válido para a consagração de cada "assento" ou objeto ritual, para a elaboração do *àṣẹ* que será "plantado" em cada iniciado, para a seleção das oferendas a serem sacrificadas em cada circunstância ritual. A cada vez será feita uma consulta prévia ao oráculo que – conhecedor dos destinos – saberá determinar para cada ocasião a composição necessária do *àṣẹ* a ser "plantado" ou revitalizado.

Até aqui procedemos a um exame descritivo do *àṣẹ*; passaremos, agora, a aprofundar-nos na questão de sua transmissão. Insistimos suficientemente no que melhor caracteriza o *àṣẹ*: trata-se de um poder que se recebe, se compartilha e se distribui através da prática ritual, da experiência mística e iniciática, durante a qual certos elementos simbólicos servem de veículo. É durante a iniciação que o *àṣẹ* do "terreiro" e dos *òrìṣà* é plantado e transmitido às noviças.

Assinalamos que a *Ìyálôrìṣà* – "mãe" dos *òrìṣà* – sacerdotisa suprema do "terreiro", é, ao mesmo tempo, a *Ìyálàṣe*, "mãe" do *àṣẹ* do "terreiro". Por ser o chefe supremo é quem possui os maiores conhecimentos e experiência ritual e mística, quem possui o *àṣẹ* mais poderoso e mais atuante. Ao ser investida como *Ìyálàṣe,* ela é portadora do máximo de *àṣẹ* do "terreiro", recebe e herda toda força material e espiritual que possui o "terreiro" desde a sua fundação. Ela será responsável não só pela guarda de templos, altares, ornamentos e de todos os objetos sagrados, como também deverá, sobretudo, zelar pela preservação do *àṣẹ* que manterá ativa a vida do "terreiro". Ela poderá transferir muitas de suas obrigações à cúpula das sacerdotisas as quais, por sua antiguidade, estão preparadas para assumi-las.

O grau de iniciação é determinado pela antiguidade iniciática e não pela idade real da sacerdotisa. A prática ritual permitir-lhe-á maior desenvolvimento de seu *àṣẹ* e decidirá seu lugar na comunidade. O *egbé* é socialmente estruturado segundo o maior ou menor grau de *àṣẹ* de seus integrantes: *àṣẹ* transmitido durante os vários graus de iniciação, reforçado durante os ritos de passagem de uma categoria a outra, "obrigações" do terceiro e sétimo ano e pelos ritos de confirmação de postos na hierarquia do "terreiro".

O grupo de *abíyán* está composto pelos que foram iniciados no primeiro grau, através de ritos cuja finalidade principal consiste em mobilizar o *àṣẹ* individual e a estabelecer uma primeira relação com o *àṣẹ* de seu *Òrìṣà* e o do "terreiro". O *àṣẹ* é veiculado através da ação da *Ìyálàṣe,* que manipula, consagra e transmite os elementos rituais apropriados por meio de cerimônias especiais: o *borí,* adorar a cabeça, o *orí-inu,* e a "lavagem de contas", preparação do colar ritual, símbolo por excelência da relação "oficial" que se estabelece entre a pessoa e seu *Òrìṣà*[2]. Os *abíyán* não são sacerdotes, são fiéis do "terreiro", ao qual estão relacionados pela *Ìyálàse* e por seu *Òrìsà* que adoram no *àjobọ* comum.

A categoria que os segue é a das *iyàwo,* que podem ser ou não escolhidas entre as *abíyán.* São as noviças do "terreiro", reclusas no *ilé-àṣe,* que passam por todos os ritos de iniciação. A finalidade desse ciclo ritual consiste em "plantar" o *àṣẹ* do "terreiro" e o dos *Òrìṣà* individualizados das noviças, nos símbolos materiais que mais adiante os representarão – os "assentos" pessoais da *iyàwo* – e, ao mesmo tempo,

---

[2]. Sobre os diversos ritos de iniciação, o leitor encontrará informações mais amplas no capítulo referente à individualização. Diversos autores trataram deste assunto: QUERINO, 1938: 63-75; RIBEIRO, 1952: 68-71; VERGER, 1957: 80-89 e 116-172; BASTIDE, 1961: 34-58 etc.

transmitir, "plantar" e desenvolver o *àṣẹ* no próprio corpo da sacerdotisa. Esse processo, que trataremos de maneira mais exaustiva no capítulo consagrado à individualização, permite a interiorização e a mobilização de elementos simbólicos ou espirituais, individuais e coletivos, que transformam o ser humano num verdadeiro altar vivo, no qual pode ser invocada a presença do *Òrìṣà*.

A *Ìyálàṣẹ*, insuflando e transmitindo o poder de que é depositária, distribui-o e comunica-o a todos os objetos-símbolos e, em particular, à noviça. Esta, por sua vez, converte-se em depositária e veículo do *àṣẹ* específico que ela recebe e manifesta de maneira visível e estruturada por intermédio da possessão. É a força do *àṣẹ* que permite que o *Òrìṣà* seja e se realize. Os *òrìṣà*, forças ou entidades sobrenaturais, princípios simbólicos reguladores dos fenômenos cósmicos, sociais e individuais são incorporados, conhecidos, vividos através da experiência da possessão. Todo o sistema religioso, sua teogonia e mitologia, é revivido através da possessão das sacerdotisas. Cada participante é o protagonista de uma atividade ritual durante a qual o mundo histórico, psicológico, étnico e cósmico *Nàgô* se reatualiza. A dinâmica da possessão expressa, num tempo recriado psicologicamente, *aqui* e *agora*, dramatizada numa experiência pessoal, a existência de um sistema de conhecimentos, de uma doutrina. A doutrina só pode ser compreendida na medida em que ela é vivida através da experiência ritual – analogias, mitos e lendas revividos; o conhecimento só tem significado quando incorporado de modo ativo.

Todo esse sistema complexo de comunicação e relações é propulsionado pelo *àṣẹ* que a noviça recebe da *Ìyálôriṣa* no decorrer da iniciação. A fidelidade aos preceitos e à experiência ritual continuarão desenvolvendo esse poder posto em movimento. Três anos depois de sua iniciação, a noviça efetuará uma nova "obrigação", que lhe permitirá passar a uma categoria superior de *ìyàwo*. Com sete anos de iniciação, deverá realizar nova cerimônia, durante a qual a *Ìyálàṣe* a preparará e lhe entregará alguns elementos e objetos rituais (particularmente o *igbá-àṣẹ*, a cuia de *àṣẹ*) que lhe conferem a faculdade de passar da categoria de *ìyàwo* à de *ẹgbómi* (textualmente: *ẹgbón mi*: meu mais velho, meu parente mais idoso). Essa promoção em ciclos de sete anos na escala de antiguidade e de classe é bem específica do sistema *Nàgô*. É mister assinalar a importância dessas cerimônias. É durante a cerimônia que a *iyàwo* recebe o *àṣe* que lhe permitirá passar de uma categoria a outra. Sem essas cerimônias, a antiguidade não é mensurável. Uma *iyàwo* mesmo depois de quinze anos de iniciada, por exemplo, mas que não recebeu o *igbá-àṣe* continuará sendo *iyàwo* e não poderá fazer parte das *àjoyè*, quer dizer, as sacerdotisas detentoras de títulos e funções especiais.

É do grupo de *ègbómi* que sairão as *Ìyá* do "terreiro" que, por sua vez, serão confirmadas pela *Ìyálàṣe* através de ritos que as prepararão para suas funções. É igualmente em função de sua capacidade, de sua antiguidade, de seu *àṣe* que são investidas pela *Ìyálàṣe* as autoridades masculinas do "terreiro".

Sem entrar em nenhum pormenor, porque a questão será retomada quando tratarmos da individualização e de *Èṣú* em vários outros capítulos, assinalemos que a *Ìyálàṣe* transfere e "planta" o *àṣe* na noviça por intermédio de um ciclo ritual que culmina quando, no centro da cabeça da *iyàwo*, ela coloca e consagra o *òṣù*, pequena massa cônica composta de uma combinação de élementos-substâncias específica a cada iniciada. Tudo que é utilizado e transmitido passa pelas mãos da *Ìyálàṣe*.

A *Ìyálàṣe* "tem sua mão" sobre todos os iniciados do "terreiro", com raríssimas exceções, e isto será analisado quando tratarmos dos ritos mortuários e, particularmente, os relacionados com "tirar a mão" da *Ìyálàṣe* falecida.

Resumindo, "recebe-se o *àṣe* das mãos e do hálito dos mais antigos, de pessoa a pessoa numa relação interpessoal dinâmica e viva. Recebe-se através do corpo e em todos os níveis da personalidade, atingindo os planos mais profundos pelo sangue, os frutes, as ervas, as oferendas rituais e pelas palavras pronunciadas [...]. A transmissão de *àṣe* através da iniciação e da liturgia implica a continuação de uma prática, na absorção de uma ordem, de estruturas e da história e devir do grupo ("terreira") como uma totalidade" (ELBEIN DOS SANTOS & DOS SANTOS, 1970: 6).

Duas pessoas, ao menos, são indispensáveis para que haja a transmissão iniciática. O *àṣe* e o conhecimento passam diretamente de um ser a outro, não por explicação ou raciocínio lógico, num nível consciente e intelectual, mas pela transferência de complexo código de símbolos em que a relação dinâmica constitui o mecanismo mais importante. A transmissão efetua-se através de gestos, palavras proferidas acompanhadas de movimento corporal, com a respiração e o hálito que dão vida à matéria inerte e atingem os planos mais profundos da personalidade. Num contexto, a palavra ultrapassa seu conteúdo semântico racional para ser instrumento condutor de *àṣẹ*, isto é, um elemento condutor de poder de realização. A palavra faz parte de uma combinação de elementos, de um processo dinâmico, que transmite um poder de realização. *Àṣẹ*: que isto advenha!

Se a palavra adquire tal poder de ação é porque ela está impregnada de *àṣẹ*, pronunciada com o hálito – veículo existencial – com a saliva, a temperatura; é a palavra soprada, vivida, acompanhada das modulações, da carga emocional, da história pessoal e do poder daquele que a profere.

Nas ocasiões em que é necessário reforçar o *àṣẹ* das palavras, a sacerdotisa que as profere mascara algumas substâncias carregadas de forças determinadas – grãos de pimenta da Costa, *ataré*, frutas africanas, como *obì*, *orogbó* etc. Quanto mais o *àṣẹ* daquele que o transmite é poderoso, mais as palavras proferidas são atuantes e mais ativos os elementos que manipula. Para que a palavra adquira sua função dinâmica, deve ser dita de maneira e em contexto determinados.

A transmissão oral é uma técnica a serviço de um sistema dinâmico. A linguagem oral está indissoluvelmente ligada à dos gestos, expressões e distância corporal. Proferir uma palavra, uma fórmula é acompanhá-la de gestos simbólicos apropriados ou pronunciá-la no decorrer de uma atividade ritual dada. Para transmitir-se *àṣẹ*, faz-se uso de palavras apropriadas da mesma forma que se utiliza de outros elementos ou substâncias simbólicas.

A oralidade é um instrumento a serviço da estrutura dinâmica *Nàgô*. A dinâmica do sistema recorre a um meio de comunicação que se deve realizar constantemente. Cada palavra proferida é única. Nasce, preenche sua função e desaparece. O símbolo semântico se renova, cada repetição constitui uma resultante única. A expressão oral renasce constantemente; é produto de uma interação em dois níveis: o nível individual e o nível social. No nível social, porque a palavra é proferida para ser ouvida, ela emana de uma pessoa para atingir uma ou muitas outras; comunica de boca a orelha a experiência de uma geração à outra, transmite o *àsẹ* concentrado dos antepassados a gerações do presente.

A palavra é interação dinâmica no nível individual porque expressa e exterioriza um processo de síntese no qual intervêm todos os elementos que constituem o indivíduo. A palavra é importante na medida em que é pronunciada, em que é som. A emissão do som é o ponto culminante do processo de comunicação ou polarização interna. O som implica sempre numa presença que se expressa, se faz conhecer e procura atingir um interlocutor. A individualização não é completa, até que o novo ser não seja capaz de emitir seu primeiro som. No ciclo de iniciação da noviça, um dos ritos de fundamento é o de "abrir a fala", que consiste em colocar um *àsẹ* especial na boca e sobre a língua da *iyàwo*, que permitirá à voz do *òrìsà* se manifestar durante a possessão. O *Òrìsà* emitirá um grito ou som particular que o caracterizará, conhecido sob o nome de *ké*. O *ké* é distintivo para cada òrìsà, para cada ancestre. Ao examinar o culto dos ancestrais no "terreiro" de *egún*, veremos que os *aparaka* (representações não individualizadas) são mudos.

"Abrir a fala" permitirá aos *Òrìsà* entrar em comunicação com os homens, transmitir suas mensagens, transferir *àsẹ*. O *ké* permanecerá sempre um de seus símbolos mais expressivos. Vários mitos testemunham a dramaticidade que envolve o nascimento do som e da palavra. O *ké* é uma síntese e uma afirmação de existência individualizada.

O som, como resultado de interação dinâmica, condutor de *àsẹ,* e consequentemente atuante, aparece com todo o seu conteúdo simbólico nos instrumentos rituais: tambores, *agogo*, *sèkèrè*, *séré*, *kala-kolo*, *àjà*, *sáworo* etc. É evidente que todos esses instrumentos são "preparados", isto é, consagrados através da transmissão de *àsẹ* apropriado às funções a que são destinados. Eles recebem uma combinação específica de substâncias e de palavras nas quais os três "sangues" estão representados. Serão objeto de rituais periódicos destinados a fortificar seu *àsẹ* e serão manipulados por pessoas que foram, por sua vez, preparadas, o *alabe* e os *olú-bàtá*, que constituem o grupo de tocadores do "terreiro".

Os sons produzidos pelos instrumentos agem sós ou em conjunção com outros elementos rituais. Constituem formidáveis invocadores das entidades sobrenaturais. São eficazes indutores de ação, promovendo a comunicação entre o *àiyé* e o *òrun*[3].

Dificilmente podemos deixar de assinalar um som muito particular proveniente da interação da palma da mão direita batendo no punho esquerdo. Num contexto apropriado e produzido por um iniciado de grau elevado, ele invoca a presença dos ancestrais do "terreiro" e de todas as entidades sobrenaturais.

Toda formulação de som nasce como uma síntese, como um terceiro elemento provocado pela interação ativa de dois tipos de elementos genitores: a mão ou a baqueta percutindo no couro do tambor, a vareta batendo no corpo do *agogo*, o pêndulo batendo no interior da campainha *àjà*, a palma batendo no punho etc. Veremos mais adiante que o som da voz humana, a palavra, é igualmente conduzida por *Ésú*, nascido da interação dos genitores masculinos e femininos.

O som é o resultado de uma estrutura dinâmica, em que a aparição do terceiro termo origina movimento. Em todo o sistema, o número três está associado a movimento.

A palavra é atuante, porque é condutora do poder do *àse*[4]. A fórmula apropriada, pronunciada num momento preciso, induz à ação. A

---

3. Para uma descrição dos Instrumentos rituais, consultar: HERSKOVITS, 1964: 92-112; ORTIZ, 1950: 254-265; DA CRUZ, 1954: 51; Timi of *Edẹ*, 1959: 5-14; BASTIDE, 1961: 23-25; BEIR, 1963: 154-163; ELBEIN DOS SANTOS & DOS SANTOS, 1967: 20-26; CABRERA, 1968: 398.

4. Pierre Verger chamou atenção para o conceito de *àse*. Num artigo interessante (1966: 35), ele assina a, como já o fizera Maupoil, "o poder vital, a energia contida em todas as coisas" e o compara ao *se* daomeano. Acreditamos ser os primeiros a fazer sobressair o *conteúdo dinâmico* do *àse*, assinalar seu poder de realização e mostrar *o poder de ação da palavra precisamente porque ela veicula um poder de realização*. Esses conceitos foram explicitados por nós quando examinamos o *àse* como meio de transmissão dos valores de civilização *Nàgô* (ELBEIN DOS SANTOS & DOS SANTOS, 1970: 5-12).

invocação se apoia nesse poder dinâmico do som. Os textos rituais estão investidos desse poder.

Recitados, cantados, acompanhados ou não de instrumentos musicais, eles transmitem um poder de ação, mobilizam a atividade ritual. O oral está a serviço da transmissão dinâmica. Há textos apropriados para cada circunstância ritual, sempre transmitidos no nível das relações interpessoais concretas. Um vasto conjunto de textos é transmitido e apreendido de maneira iniciática. Tanto maior é o acúmulo de conhecimentos quanto maior é a experiência ritual; entre eles se incluem o conhecimento apropriado de invocações, cantigas, longas séries de textos, mitos e lendas. O conjunto desses textos contribui para expressar o conhecimento universal, cósmico e teológico, dos *Nàgô*; sua compreensão só é possível, se recolocados no sistema de relações dinâmicas. Como o expressa Maurice Houis (1972: 248): "Antes de serem formas de arte, são formas que têm o encargo de *significar as múltiplas relações do homem com seu meio técnico e ético*"[5]. Esse conceito não é aplicável apenas aos textos, mas a todos os elementos que se combinam para expressar a atividade ritual. "O conceito estético é utilitário e dinâmico. A música, as cantigas, as danças litúrgicas, os objetos sagrados quer sejam os que fazem parte dos altares – *peji* – quer sejam os que paramentam os *òrìṣà*, comportam aspectos artísticos que integram o complexo ritual [...]. A manifestação do sagrado se expressa por uma simbologia formal de conteúdo estético. Mas objetos, textos e mitos possuem uma finalidade e uma função. É a expressão estética que "empresta" sua matéria a fim de que o mito seja revelado [...]. O belo não é concebido unicamente como prazer estético: faz parte de todo um sistema" (ELBEIN DOS SANTOS, 1966: 1).

Forma e finalidade estruturam os textos e permitem classificá-los. Não está em nosso propósito examinar os diversos estilos e seus significados. Alguns estudos bons apareceram durante os últimos anos; ainda que relacionados com a África *Yorùbá*, eles podem ser aplicados

---

5. "Avant d'être des formes d'art ce sont des formes qui ont la charge de *signifier les multiples relations de l'homme à son milieu technique et éthique*".

aos textos *Nàgô* do Brasil. Também nos "terreiros" utilizam-se os *oríkì* – nome atributivo que consiste, geralmente, numa frase aglutinada, um poema ou um canto expressando certas qualidades ou fatos particulares concernentes a pessoas, linhagens, divindades, lugares ou objetos; os *ofò* e os *àyájo* – textos que coajudam a ação de certos preparados ou combinações de elementos apropriados para curar e para efetuar diversos "trabalhos"; os *itan* – histórias e lendas provenientes do sistema oracular e particularmente do *èrindílogun* de que falaremos mais adiante; uma série de textos conhecidos na Nigéria sob o nome de *iwín*, utilizados unicamente para os ancestrais – *egún* – de que trataremos mais adiante; séries de cantigas que recebem o nome das cerimônias de que fazem parte: cantigas de *pàdé*, de *àsèsè*, de *siré* etc.; ou cantigas que tomam o nome da ação que elas contribuem a realizar: cantigas de invocação, de matança, de despacho etc. Alguns desses textos foram inseridos em seu contexto ritual ao longo do presente trabalho.

Sobre a estrutura mnemotécnica e particularmente a estrutura ritmada dos textos, referimo-nos ao muito bom trabalho de Maurice Houis (1971: 60-69). Se bem que Houis analise com rara lucidez a simbiose de conteúdo e estrutura, o caráter fundamentalmente dinâmico da palavra proferida, o ritmo dos textos "inscrito numa expressão social" em que o movimento e a harmonia cósmicos são revividos, ele acorda ao aspecto oral da comunicação desse "ser essencialmente participante" (apud SASTRE, 1957)[6] um papel preponderante que nos inquieta. Ao menos, do ponto de vista dos textos rituais, e ousamos pensar que eles constituem a quase totalidade da "literatura" oral *Nàgô*, essa apreciação parece-nos que merece ser reexaminada. Estudar e pôr em relevo os textos orais, o estilo e a literatura oral, a transmissão oral como parte de um patrimônio e da técnica de comunicação de um grupo social é uma coisa, mas valorizar esse aspecto do sistema global da comunicação ao ponto de falar de "cultura ou civilização da oralidade" parece-nos pouco satisfatório por ser insuficiente. A transmissão

---

6. LASEBIKAN, 1956; BABALOLA, 1966; ABIMBOLA, 1969; VERUKR, 1972.

do conhecimento é veiculada através de complexa trama simbólica em que o oral constitui um dos elementos. O princípio básico da comunicação é constituído pela *relação interpessoal*.

Essa relação realiza-se em todos os níveis possíveis, assegurada por uma rica combinação de representações e de veículos. Parafraseando Lèvi-Strauss que assinala que a passagem da oralidade para a escrita "retirou da humanidade qualquer coisa de essencial..."[7] diríamos que se continua a escamotear esse "qualquer coisa de essencial" da cultura *Nàgô* quando se pretende classificá-la apenas como oral.

A palavra, os textos rituais constituem componente importante da ação ritual, mas ficando significativos em relação ao contexto, em relação aos outros componentes. O *àṣe*, princípio e poder que mantém vivo e ativo o sistema, é fundamentalmente veiculado pelos três "sangues" materiais e simbólicos de que falamos no início deste capítulo e dos quais o hálito é apenas um elemento ainda que insubstituível.

A presença das entidades sobrenaturais, *òrìṣà* e *egún*, só pode tornar-se possível pela atividade ritual. As sacerdotisas, os altares, os objetos consagrados, todo o sistema ritual pararia se, periodicamente, não houvesse transferência e redistribuição de *àṣe*.

O conhecimento e a tradição não são armazenados, congelados nas escritas e nos arquivos, mas revividos e realimentados permanentemente. Os arquivos são vivos, são cadeias cujos elos são os indivíduos mais sábios de cada geração. Trata-se de uma sabedoria iniciática. A transmissão escrita vai ao encontro da própria essência do verdadeiro conhecimento adquirido numa relação interpessoal concreta. É possível que essa modalidade tenha contribuído para a inexistência de uma escrita de origem *Nàgô*. A introdução de uma comunicação escrita cria problemas que ferem e debilitam os próprios fundamentos das relações dinâmicas do sistema.

Esse é particularmente o caso referente à salvaguarda dos textos nos "terreiros" *Nàgô* do Brasil. Perdida a língua como meio de comunicação cotidiano, só se conserva um riquíssimo repertório de vocábu-

---

7. ..."A retiré de l'humanité quelque chose d'essentiel".

los, de frases e textos ligados à atividade ritual. Constituem, hoje em dia, uma língua ritual, utilizada unicamente como veículo coadjuvante do rito. O sentido de cada vocábulo foi praticamente perdido; o que importa é pronunciá-lo na situação requerida e sua semântica deriva de sua função ritual[8].

O empenho de alguns sacerdotes eminentes em recuperar a significação total dos textos que eles utilizam não se deve ao seu desejo de recuperar o *Nàgô* como língua, mas a uma aspiração muito mais profunda: a de integrar seu conhecimento, a de fortalecer a integridade do processo ritual, a de viver e "absorver" de maneira mais completa a trama simbólica do mundo *Nàgô*[9].

---

8. Para uma descrição complementar, reenviamos ao capítulo "*Nàgô* ritual language: transcription and notation" (ELBEIN DOS SANTOS & DOS SANTOS, 1967: 13-19) onde indicávamos: "Uma compreensão e tradução adequadas dos textos que constituem elemento fundamental na composição do ritual permitirão reconstituir, avaliar e situar os outros componentes numa melhor perspectiva. É necessário considerar o ritual como um todo a fim de compreender a significação de suas partes integrantes". ("An adequate understanding and translation of the texts, which are a fundamental element in the compositon of ritual, will erab e us to reconstruct, eva uate and place in better perspective the other components. It is necessary to view the ritual as a whole in order to understand the significance of its component parts".)

9. Num outro trabalho, insistindo-se na necessidade de proceder a uma coleta urgente, anotar e traduzir textos, indicávamos: "A transcrição e a tradução dos textos *Nàgô* [...] deveriam não só revelar alguns textos, antigos defensivamente preservados na diáspora (alguns dos quais já desaparecidos na África), não só produzir novo testemunho da riqueza simbólica da poesia africana, mas também e principalmente permitir aos participantes dos cultos *Nàgô* alcançar mais profunda e completa compreensão da religião e de sua herança africana" ("The transcription and translation of the *Nàgô* texts [...] should not only reveal some ancient texts defensively preserved in the diaspora (some of which have probably already disappeared from Africa, not on y bear new witness to the symbolic wealth of African poetry, but above all will enable participants in the *Nàgô* cults to yield a deeper and more complete understanding of the religion and of their African heritage") (ELBEIN DOS SANTOS & DOS SANTOS, 1971: 5).

IV
Sistema religioso e concepção do mundo: Àiyé e Òrun

Os nove espaços do òrun e o òpô-òrun. Mitos genéticos: os elementos cósmicos e a protoforma; a criação do mundo. O universo: suas representações; o igbá-odú e seus conteúdos simbólicos; os dois elementos genitores e o elemento procriado; os três termos e a unidade dinâmica. As quatro partes do mundo: nascente e poente (iyo ōrùn e ìwò-ōrùn), *a direita e a esquerda* (òtún àiyé e òsi àiyé).

Nos capítulos precedentes, examinamos alguns aspectos dos conteúdos do "terreiro". Assinalamos que, através da iniciação e da atividade ritual propulsionada pelo *àse*, os membros da comunidade vivem e apreendem progressivamente os princípios do sistema religioso, os valores e a estrutura do mundo do *Nàgô*. Os integrantes do "terreiro" recriam a herança sociocultural legada por seus ancestrais. As novas contribuições recebidas pelo "terreiro" são profundamente africanizadas, retendo, das ideias forâneas, unicamente as que reforçam sua própria concepção do mundo[1].

Os *Nàgô* concebem que a existência transcorre em dois planos: o *àiyé*, isto é, o mundo, e o *òrun*, isto é, o além. O *àiyé* compreende o universo físico concreto e a vida de todos os seres naturais que o habitam, particularmente os *ará-àiyé* ou *aráyé*, habitantes do mundo, a humanidade.

---

[1] Lydia Cabrera indica igualmente, no que concerne ao povo *Lucumi* (*Yorùbà*) de Cuba (1968: 17): "A escola pública, a universidade e um catolicismo que acomodam perfeitamente, e suas crenças não alteraram no fundo as ideias religiosas [...]" Já dissemos que não tínhamos intenção de estender nosso estudo aos incontáveis grupos aculturados e que queríamos limitar-nos ao estudo dos "terreiros" *Nàgô* "puros", particularmente ao do *Àse Òpó Afònjá*.

O òrun é o espaço sobrenatural, o outro mundo. Trata-se de uma concepção abstrata de algo imenso, infinito e distante. É uma vastidão ilimitada – *ode òrun* – habitada pelos *ara-òrun*, habitantes do òrun, seres ou entidades sobrenaturais. Quase todos os autores traduzem *òrun* por céu (sky) ou paraíso (heaven)[2], traduções que induzem o leitor a erro e tendem a deformar o conceito em questão. Já dissemos que o *òrun* era uma concepção abstrata e, portanto, não é concebido como localizado em nenhuma das partes do mundo real. O *òrun* é um mundo paralelo ao mundo real que coexiste com todos os conteúdos deste. Cada indivíduo, cada árvore, cada animal, cada cidade etc. possui um duplo espiritual e abstrato no *òrun*; no *òrun* habitam, pois, todas as sortes de entidades sobrenaturais sobre as quais nos estenderemos mais adiante. Ou, ao contrário, tudo o que existe no *òrun* tem sua ou suas representações materiais no *àiyé*.

Do que antecede, deduz-se largamente que a tradução de *òrun* por céu-paraíso é o fruto de uma concepção insuficiente e de tendência forânea. Como assinala muito justamente Picton (1968: 33) no que concerne a um grupo *Igbira*: "mas não a ideia do céu, morada de deus e das almas dos justos que é forânea à crença tradicional Igbira"[3].

Os mitos revelam que, em épocas remotas, o *àiyé* e o *òrun* não estavam separados. A existência não se desdobrava em dois níveis e os seres dos dois espaços iam de um a outro sem problemas; os *orisà* habitavam o *àiyé* e os seres humanos podiam ir ao *òrun* e voltar. Foi depois da violação de uma interdição que o *òrun* se separou do *àiyé* e que

---

2. *A Dictionary of the Yoruba Language* (1950: 188) "*òrun*: heaven, sky, cloud, firmament, regions above". Abraham (1958 : 527) "*òrun*: Heaven ... ojú òrun = òde òrun: the sky". Segundo a interpretação de Bascom (1969: 103): "*Òlórun* é o Deus Céu revelado nos versos de *Ifá* como o Deus do Destino" (*"Òlórun* is the Sky God which is revealed in the *Ifá* verses as the God of Destiny"), consequentemente *òrun* é associado ao céu. Inclusive Morton Williams (1959: 59) falando da celebração em *Òyó* do célebre festival anual do *òrun* fala de "...a celebração pelo *Bashorun* do *òrun* (o céu e os espíritos do céu)" Bashorun's celebration of the *òrun* (sky and spirits in the sky).

3. "But not the idea of Heaven, the dwelling of god with the souls of the just, which is foreign to traditional Igbira belief".

a existência se desdobrou; os seres humanos não têm mais a possibilidade de ir ao òrun e voltar de lá vivos.

Duas histórias, itàn[4], mantidas vivas pela tradição oral, contam a criação de Sánmò, o céu atmosfera, consequência da separação do òrun.

Uma delas conta, resumindo, que, no tempo em que o òrun limitava diretamente com o àiyé, um ser humano tocou indevidamente o òrun com mãos sujas, o que provocou a irritação de Olórun, entidade suprema. Este soprou, interpondo seu òfurufú, ar divino (hálito) que, transformando-se em atmosfera, constituiu o sánmò ou céu.

A segunda história é mais elaborada. No tempo em que o àiyé e o òrun eram limítrofes, a esposa estéril de um casal de certa idade apresentou-se em várias ocasiões a Òrìsàlá, divindade mestra da criação dos seres humanos, e lhe implorou que lhe desse a possibilidade de gerar um filho. Repetidamente Òrìsàlá se tinha recusado a atendê-la. Enfim, movido pela grande insistência, aquiesce ao desejo da mulher, mas com uma condição: a criança não poderia jamais ultrapassar os limites do àiyé. Por isso, desde que a criança deu seus primeiros passos, seus pais tomaram todas as precauções necessárias. Contudo, toda vez que o pai ia trabalhar no campo, o pequeno pedia para acompanhá-lo. Toda sorte de estratagemas eram feitos para evitar que a criança acompanhasse o pai. Este saía escondido de madrugada. À medida que a criança ia crescendo, o desejo de acompanhar seu pai aumentava. Tendo atingido a puberdade, uma noite, ele decidiu fazer um buraquinho no saco que seu pai levava todos os dias de madrugada e de pôr uma certa quantidade de cinza no fundo. Assim, guiado pela trilha de cinza, conseguiu localizar seu pai e o seguiu. Eles andaram muito tempo, até chegar ao limite do àiyé onde o pai possuía suas terras. Neste exato momento, o pai apercebeu-se que estava sendo seguido por seu filho. Mas este não pôde mais deter-se, atravessou o campo e, apesar dos gri-

---

[4]. A palavra Nàgô itàn designa não só qualquer tipo de conto, mas também essencialmente os itàn àtowódówó, histórias de tempos imemoriais, mitos, recitações, transmitidos oralmente de uma geração a outra, particularmente pelos babaláwo, sacerdotes do oráculo Ifá. Os itàn-Ifá estão compreendidos nos duzentos e cinquenta e seis "volumes" ou signos chamados Odù, divididos em "capítulos" denominados ese.

tos do pai e dos outros lavradores, continuou a avançar. Ultrapassou os limites do *àiyé* sem prestar atenção às advertências do guarda e entrou no *òrun*. Lá, começou uma longa odisseia no decorrer da qual o rapaz gritava e desafiava o poder de *Òrisàlá*, faltando ao respeito a todos os que queriam impedi-lo de seguir seu caminho. Atravessou os vários espaços que compõem o *òrun*, lutando contra uns e outros, até chegar ao ante-espaço do lugar onde se encontrava o grande *Òrisàlá* a cujos ouvidos chegou seu desafio insólito. Apesar de ter sido chamado a atenção várias vezes, o rapaz insistiu até que *Òrisàlá*, irritado, lançou seu cajado ritual, o *òpásóró*, que, atravessando todos espaços do *òrun*, veio cravar-se no *àiyé* separando-o para sempre do *òrun*, antes de retornar às mãos de *Òrisàlá*. Entre o *àiyé* e o *òrun* apareceu o *sánmò* que se estendera entre os dois.

O *òfurufú*, ar divino, é que separa os dois níveis de existência, o *òrun* do da vida. Veremos mais adiante que também é *o èmí*, a respiração, que diferencia um *ará-àiyé* – ser habitante do mundo – de um *ará-òrun*, ser habitante do além.

Nas duas histórias que resumimos, o *òrun*, o além, residência do sobrenatural, é diferenciado do *Sánmò*, a atmosfera, massa de ar soprada por *Olórun*.

A palavra *Sánmò*, indicando o céu-atmosfera fazendo par com *ilè*, a terra, figura numa adivinhação muito conhecida na Nigéria-Yorùbá, registrada igualmente por Abraham (1958: 625):

| *mo su imí bààrà* | *mo fí ewé bààrà bòó* |
| Eu defequei excremento vasto | Eu com folha vasta o cobri. |

cuja resposta é: *ilè* + *sánmò*, isto é, terra e céu; o excremento representa a terra e a folha que o recobre o céu. Temos assim dois pares de noções utilizados figuradamente de maneira extensiva:

àiyé-òrun = mundo-além;

ilè-sánmò = terra-céu[5].

---

[5]. Abraham mostra-se extremamente prudente; inequivocamente, ele traduz *Sánmò* = *Isónmòn*, em sua grafia pessoal – por "sky" (céu atmosfera) (p. 597) e *òrun* por "heaven" (céu-paraíso) (p. 527) e dá numerosos exemplos.

É comum referir-se à terra como *àiyé* subentendendo-se que *ilẹ̀*, a terra, não compreende a totalidade do *àiyé* e que ao falar-se de *ọ̀run*, não se trata apenas do céu, mas de todo o espaço sobrenatural. O *ọ̀run* *é o doble abstrato de todo o àiyé*. Ọlọ́run, entidade suprema, *o + ni + ọ̀run*, aquele que é ou possui *ọ̀run*, não é apenas um deus ligado ao céu como o pretendem certos autores, *mas aquele que é ou possui todo o espaço abstrato paralelo ao àiyé*, senhor de todos os seres espirituais, das entidades divinas, dos ancestrais de qualquer categoria e dos dobles espirituais de tudo que vive. É, segundo esse conceito, que os mortos, *oku-ọ̀run*, são chamados indistintamente *ará-ọ̀run*, habitantes do *ọ̀run* ou *awọn ará ilẹ̀*, habitantes da terra, espíritos da terra. As duas entidades sobrenaturais, que coletivamente representam os mortos e os ancestrais, *Onílẹ̀* e *Imolẹ̀*, são representados por montículos de terra e é batendo ritualmente a terra – como veremos mais adiante – que devem ser invocados os ancestrais a fim de que dela surjam e se manifestem.

Toda a ação ritual no "terreiro" está indissoluvelmente ligada à terra; desde *Ọlọ́run*, passando por todos os *òrìṣà* até os ancestrais, todos são saudados e invocados no início de cada cerimônia derramando um pouco de água três vezes sobre a terra.

No mesmo sentido, é interessante assinalar a informação dada por Richard Burton (1864: 157) a respeito do *ku-to-men*, o país dos mortos dos Fanti "semelhante ao *ipò-okú*[6] dos *Ẹ̀gbá*[7]" "(que é a) reprodução deste mundo e está localizado *embaixo da terra*" (o grifo é nosso). É comum dizer ao referir-se aos *òrìṣà* que abandonam o corpo das sacerdotisas em transe: *Ògún wọlẹ̀* = *Ògún* (ou o nome do *Òrìṣà* em questão) *wọ + ilẹ̀* = esse *òrìṣà* retornou à terra (*wọlẹ̀* = penetrar na terra). Da mesma forma, os *Egún*, ancestrais corporizados, referem-se frequentemente à sua morada no *ọ̀run* que pareceria estar ligada à terra; são os *ará-ọ̀run*, ou *awọn-ará-ilẹ̀* e quando eles se retiram diz-se igualmente *Egún wọlẹ̀*, *Egún* voltou a sua casa na terra. Abraham registrou

---

6. Abraham (p. 312) traduz *ipó-okú* por "the here after" (além). O *A Dictionary of the Yoruba Language* traduz: "Hades, state of death" (Hades, estado de morte).

7. Um dos grupos *Yorúbá*, da Nigéria.

a mesma coisa para a África (1958: 670). Parece evidente que *ilẹ̀*, a terra, simbolizando o conjunto do *àiyé* – o mundo – representa o aspecto concreto materializado do *ọ̀run*. Do mesmo modo que *sánmọ̀* – céu-atmosfera – e *ilẹ̀* são dois aspectos do *àiyé* e constituem uma unidade inseparável, o *àiyé* e o *ọ̀run* expressam dois níveis de existência inseparáveis. Essa unidade se manifesta claramente nas diversas descrições e representações.

Alguns *babaláwo*, sacerdotes versados nos mistérios oraculares, descrevem o *ọ̀run* como composto de nove espaços. *Ifátoogun*, de *Òṣogbo*, descreve os nove espaços do *ọ̀run* dando nomes particulares a cada um deles e os situando de maneira superposta, o do meio, coincidindo com o espaço terra, quatro acima, e quatro abaixo. Os nove compartimentos, formando um todo, estão unidos pelo *òpó-Ọ̀run oun àiyé*, pilar que liga o *ọ̀run* ao *àiyé*.

Falaremos mais adiante do *òpó* e de todas as suas representações. Os nove espaços do *ọ̀run* figuram em várias histórias de *Ifá*, os *ìtàn-Ifa*[8]. Numa dessas histórias, que reproduziremos integralmente mais adiante (cf. 148), claramente são mencionados os nove *ọ̀run* – *ọ̀run mésẹ̀ẹ̀sán* – quatro deles situados sob a terra – *ọ̀run isalẹ̀ mẹ́rẹ̀ẹ̀rin*.

Um dos nomes mais conhecidos de *Oya Ìgbàlẹ̀*, *òrìṣà*, patrona dos mortos e dos ancestrais, é *Yásan*, nome que deriva de seu *oríki:*

Iyá-mesan-ọ̀run

Mãe dos nove *ọ̀run*.

Ela também é saudada como *Alákòko*, senhora do *òpákòko*, tronco ou ramo da árvore *akòko* cravado na terra, "assento" consagrado onde serão invocados os ancestrais; é o tronco ritual que liga os nove espaços do *ọ̀run* ao *àiyé*. Independentemente de outras significações, inclusive a da indicação das categorias dos seres sobrenaturais reagrupados em nove compartimentos, é interessante notar que o *ọ̀run* não só "ocupa" o espaço-terra, mas também, inclusive, o contorna por cima e por baixo, abrange a totalidade do mundo, e para não deixar a menor dúvida, quanto à simultânea ubiquidade e existência do *ọ̀run* e do *àiyé*,

---

8. Cf. p. 57 nota 4.

ambos estão fortemente unidos pelo *òpó* que, em algumas histórias, é substituído por uma cadeia imponente, o *èwòn ámúnrò*.

Veremos igualmente que o símbolo nove aparece também em relação com os mortos e os ancestrais e o mito que fala dos nove filhos de *Oya Igbàlè*.

Numa outra história, os compartimentos do *òrun* assumem posição horizontal, concebidos como pátios e construções distribuídas à maneira de um palácio *Yorúbà*, os espaços do palácio simbolizando o *àiyé* e reproduzindo na terra os espaços sagrados do *òrun*[9].

A representação mais conhecida do universo, da unidade que constitui o *àiyé* e o *òrun* é sobretudo simbolizada por uma cabaça formada de duas metades unidas, a metade inferior representando o *àiyé*, a metade superior o *òrun*, e contendo em seu interior uma série de elementos. Antes de examinar essa representação conhecida com o nome de *igbá-odù* ou *igbádù* – assim como uma série de símbolos materiais estruturados à sua imagem – é importante determo-nos em dois mitos genéticos, o dos elementos cósmicos e o da terra, que permitirão uma melhor interpretação dos elementos-signos do *igbádù* em função do símbolo como um todo. Numa densa síntese, a história nos informa que nos primordios existia nada além de ar; *Olórun* era uma massa infinita de ar; quando começou a mover-se lentamente, a respirar, uma parte do ar transformou-se em massa de água, originando *Òrìsànlá*, o grande *Òrìsà-Funfun*, *òrìsà* do branco. O ar e as águas moveram-se conjuntamente e uma parte deles mesmos transformou-se em lama. Dessa lama originou-se uma bolha ou montículo, primeira matéria dotada de forma, um rochedo avermelhado e lamacento. *Olórun* admirou essa forma e soprou sobre o montículo, insuflando-lhe seu hálito e dando-lhe vida. Essa forma, a primeira dotada de existência individual, um rochedo de laterita, era *Èsú*, ou melhor, o proto-*Èsú*, *Èsú Yangí*, do qual trataremos mais adiante (cf. p. 144s.). *Èsú* é o primeiro nascido da existência e, como tal, o símbolo por excelência de elemento procria-

---

9. G.J.A. Ojo (1967) fornece um enfoque interessante do palácio como espaço sagrado ao descrever e classificar os vários tipos de palácio *Yorùbá*.

do[10]. Se no início esse mito nos pareceu influenciado pelo cristianismo, não há a menor dúvida de que sua formulação é absolutamente *Yorùbá*. A relação entre *Olórun*, protomatéria do universo, o hálito – *èmí* – e o *òfurufú*, ar divino, com o elemento existencial que dá a vida, o *èmí*, é indiscutível. A posição de *Òrìsàlá* na escala hierárquica e sua relação com o elemento água são igualmente indiscutíveis.

Cada ano litúrgico começa no "terreiro" pelo ciclo das águas de *Òsàlá*. A lama, a terra como elemento, é a matéria fecunda e ela está associada a vários *òrìsà*, princípios progenitores femininos, particularmente *Odùduwà*. Quanto a *Èsú*, em seu *status* de filho, elemento-símbolo daquilo que é procriado, examiná-lo-emos de maneira extensa no capítulo consagrado a esse *Òrìsà* fundamental.

Enquanto *Òsàlá* está associado à água e ao ar, *Odúduwà* está associada à água e à terra. Lembremos que água e ar pertencem aos elementos-signos do "sangue branco" do *àse* e que a terra é, por excelência, condutora do "sangue vermelho" e do "sangue preto" do *àse*.

Òsàlá, conhecido igualmente com o nome de *Obàtálà*, e *Odùduwà*, respectivamente princípio masculino e princípio feminino do grupo dos *òrìsà funfun*, do branco, disputam-se o título de *òrìsà* da criação. A luta pela supremacia entre os sexos é um fator constante em todos os mitos e textos litúrgicos *Nàgô*.

Segundo alguns mitos, *Odùduwà*, também chamada *Odùa*, é a representação deificada das *Iyá-mi*, a representação coletiva das mães ancestrais e o princípio feminino de onde tudo se origina. Assim, *Odù* corresponde a *Obàtálà* ou *Òrìsàlá*, que é o princípio masculino.

Esses conceitos e seres divinos são representados simbolicamente pela cabaça ritual – o *igbá odù* – que representa o universo, sendo a metade inferior *Odùa* e a parte superior, *Obàtálà*.

Pareceria assim que o *àiyé* é o nível de existência ou o âmbito próprio controlado por *Odùduwà*, poder feminino, símbolo coletivo dos

---

10. Esse história nos foi recitada e traduzida pelo Sr. David Agboola Adenijí, Ancião de Iwo, com quem trabalhamos bastante durante nossa última estada na Nigéria em 1970/1971.

ancestrais femininos, enquanto o *òrun* é o nível de existência ou o âmbito próprio controlado por *Obàtálà*, símbolo coletivo do poder ancestral masculino.

Odùa cria a terra e *Obàtálà* cria todas as criaturas do *òrun* cujos dobles serão encarnados na terra. Um *babaláwo* de *Ifé* insistiu com Bascom (1969: 115) que cada pessoa "tem duas almas guardiãs, uma residente em sua cabeça e a outra no *òrun*. A do *òrun* é sua contraparte espiritual individual ou seu doble"[11].

Com efeito, no capítulo consagrado à individualização, estudaremos as representações materiais dos dobles espirituais que povoam o *òrun*.

O papel reservado aos *Òrisà-funfun* na criação do universo, sua luta pela supremacia e o acordo que fizeram a fim de manter-se unidos, única maneira de conservar a existência do mundo, são magnificamente ilustrados pela história-mítica sobre a criação do mundo – o *Ìtàn ìgbà-ndá àiyé* – tal qual é revelada pelo *odù-Ifá Òtúrúpòn-Òwónrín*[12]. Essa narração pode ser analisada em três partes: a omissão de *Obàtálà* em realizar o sacrifício e o tomar a frente por *Odùa;* a criação da terra, e a reabilitação de *Obàtálà* e a criação de seres; a luta pela supremacia e o acordo final tal qual é revelado pelo *Odù Ifá Iwòri-Òbèrè*.

Novamente somos obrigados a resumir a narração em lugar de documentar a longa versão bilíngue. A história é rica em pormenores que esclarecem numerosos significados rituais, mas limitar-nos-emos à linha medular da narração para não nos afastarmos em demasia de nosso tema inicial: a relação *àiyé-òrun* e os elementos do *igbá-odù*, representação material do universo.

---

11. ... "has two "ancestral guardian souls", one residing in his head and the other in *òrun*. The one in *òrun* is his individual spiritual counterpart or double".

12. Como dissemos mais acima, o conjunto dos textos oraculares de *Ifá* compreende dezesseis corpos ou "volumes" chamados *Odú* e cada um é representado por um signo. Por sua vez, cada *odù* pode combinar-se com os outros quinze, dando lugar a um duplo signo chamado *omo-odù* cujo nome é combinação dos dois signos de onde provém, formando ao todo 256 signos. Cf. tb. p. 57 nota.

Quando *Olórun* decidiu criar a terra, chamou *Obàtálà*, entregou-lhe o "saco da existência", *àpò-iwà*, e deu-lhe as instruções necessárias para a realização da magna tarefa. *Obàtálà* reuniu todos os *òrisà* e preparou-se, sem perda de tempo. De saída, encontrou-se com *Odùa* que lhe disse que só o acompanharia após realizar suas obrigações rituais. Já no *òna-òrun*, caminho, *Obàtálà* passou diante de *Èsú*. Este, o grande controlador e transportador de sacrifícios que domina os caminhos, perguntou-lhe se já tinha feito as oferendas propiciatórias. Sem se deter, *Obàtálà* respondeu-lhe que não tinha feito nada e seguiu seu caminho sem dar mais importância à questão. E foi assim que *Èsú* sentenciou que nada do que ele se propunha empreender seria realizado. Com efeito, enquanto *Obàtálà* seguia seu caminho começou a ter sede. Passou perto de um rio, mas não parou. Passou por uma aldeia onde lhe ofereceram leite, mas ele não aceitou. Continuou andando. Sua sede aumentava e era insuportável. De repente, viu diante de si uma palmeira *Igí-òpe* e, sem se poder conter, plantou no tronco da árvore seu cajado ritual, o *òpá-sóró*, e bebeu a seiva (vinho de palmeira). Bebeu insaciavelmente até que suas forças o abandonaram, até perder os sentidos, e ficou estendido no meio do caminho. Nesse meio tempo, *Odùa*, que foi consultar *Ifá*, fazia suas oferendas a *Èsú*. Seguindo os conselhos dos *babaláwo*, ela trouxera cinco galinhas, das que têm cinco dedos em cada pata, cinco pombos, um camaleão, dois mil elos de cadeia e todos os outros elementos que acompanham o sacrifício. *Èsú* apanhou estes últimos e uma pena da cabeça de cada ave e devolveu a *Odùa* a cadeia, as aves e o camaleão vivos. *Odùa* consultou outra vez os *babaláwo* que lhe indicaram ser necessário, agora, efetuar um *ebo*, isto é, um sacrifício, aos pés de *Olórun*, de duzentos *ìgbin*, os caracóis que contêm "sangue branco", "a água que apazigua", *omi-èrò*.

Quando *Odùa* levou o cesto com *ìgbin*, *Olórun* aborreceu-se vendo que *Odùa* ainda não tinha partido com os outros. *Odùa* não perdeu sua calma e explicou que estava obedecendo a ordens de *Ifá*. Foi assim que *Olórun* decidiu aceitar a oferenda e ao abrir seu *Àpére-odù* – espécie de grande almofada onde geralmente Ele está sentado – para colocar a água dos *ìgbin*, viu, com surpresa, que não havia colocado no *àpò-Ìwà* – bolsa da existência – entregue a *Obàtálà*, um pequeno saco contendo a terra. Ele *entregou a terra nas mãos de Odùa* para que ela, por sua vez, a remetesse a *Obàtálà*. *Odùa* partiu para alcançar *Obàtálà*. Ela o encontrou inanimado ao pé da palmeira, contornado por todos os *òrisà* que não sabiam o que fazer. Depois de tentar em vão acordá-lo, ela apanhou o *àpò-ìwà* que estava no chão e voltou para entregá-lo a *Olórun*. Este decidiu, então, encarregar *Odùa* da criação da terra. Na volta de *Odùa*, *Obàtálà* ainda dormia; ela reuniu todos os *òrisà* e explicou-lhes que fora delegada por *Olórun* e eles dirigiram-se todos juntos para o *Òrun Àkàsò* por onde deviam passar para assim alcançar o lugar determinado por *Olórun* para a criação da terra. *Èsú, Ògún, Òsôsi* e *Ìja* conheciam o caminho que leva às águas onde iam caçar e pescar. *Ògún* ofereceu-se para mostrar o caminho e converteu-se no *Asiwajú* e no *Olúlànà* – aquele que está na vanguarda e aquele que desbrava os caminhos. Chegando diante do *Òpó-òrun-oún-Àiyé,* o pilar que une o *òrun* ao mundo, eles colocaram a cadeia ao longo da qual *Odúa* deslizou até o lugar indicado por cima das águas. Ela lançou a terra e enviou *Eyelé,* a pomba, para esparramá-la. *Eyelé* trabalhou muito tempo. Para apressar a tarefa, *Odùa* enviou as cinco galinhas de cinco dedos em cada pata. Estas removeram e espalharam a terra imediatamente em todas as direções, à direita, à esquerda e ao centro, a perder de vista. Elas continuaram durante algum tempo. *Odùa* quis saber se a terra estava firme. Enviou o camaleão que, com muita precaução, colocou primeiro uma pata, tateando. Apoiando-se sobre esta pata, colocou a outra e assim sucessivamente até que sentiu a terra firme sob suas patas.

Ole?   *Kole?*
Ela está firme?   Ela não está firme?

Quando o camaleão pisou por todos os lados, *Odùa* tentou por sua vez. *Odùa* foi a primeira entidade a pisar na terra, marcando-a com sua primeira pegada. Essa marca é chamada *esè ntaiyé Odùduwà*.

Atrás de *Odùa* vieram todos os outros *òrisà* colocando-se sob sua autoridade. Começaram a instalar-se. Todos os dias *Orúnmìlà* – patrão do oráculo *Ifá* – consultava *Ifá* para *Odùa*. Nesse meio-tempo *Obàtálà* acordou e vendo-se só sem o *àpó-ìwà* retornou a *Olórun*, lamentando-se de ter sido despojado do *àpò*. *Olórun* tentou apaziguá-lo e em compensação transmitiu-lhe o saber profundo e o poder que lhe permitia criar todos os tipos de seres que iriam povoar a terra. A narração diz textualmente: *"Iṣé àjùlo yé nni iṣèdá, tí ó fi móo ṣèdá àwon ènìyàn àti orísirísi ohun gbogbo tí ó ó móó òde àiyé òun àti igi gbogbo, ìtàkùn, koríko, eranko, eiye, eja ali àwon ènìyàn"*.

"Os trabalhos transcendentais de criação permitir-lhe-iam criar todos os seres humanos e as múltiplas variedades de espécies que povoariam os espaços do mundo: todas as árvores, plantas, ervas, animais, aves, pássaros, peixes, e todos os tipos humanos".

Foi assim que *Obàtálà* aprendeu e foi delegado para executar esses importantes trabalhos. Então, ele se preparou para chegar à terra. Reuniu os *òriṣà* que esperavam por ele, *Olúfón, Eteko, Olúorogbo, Olúwofin, Ògìyán* e o resto dos *òriṣà-funfun*.

No dia em que estavam para chegar, *Òrúnmìlà*, que estava consultando *Ifá* para *Odùa*, anunciou-lhe o acontecimento. *Obàtálà*, ele mesmo, e seu séquito vinham dos espaços do *òrun*. *Orúnmìlà* fez com que *Odùa* soubesse que se ela quisesse que a terra fosse firmemente estabelecida e que a existência se desenvolvesse e crescesse como ela havia projetado, ela devia receber *Obàtálà* com reverência e todos deveriam considerá-lo como seu pai.

No dia de sua chegada, *Òrisànlá* foi recebido e saudado com grande respeito:

1. *Oba-áláá o kú àbòò!*
2. *Oba nlá mò wá déé oo!*
3. *Ò kú ìrìn!*
4. *Erú wáá dájì.*
5. *Erú wáá dájì.*
6. *Olówó àiyé wònyé ò ò.*

1. *Oba áláá*, seja bem-vindo!
2. *Oba nlá* (o grande rei) acaba de chegar!
3. Saudações por ocasião da viagem que você acaba de fazer!
4. Os escravos vieram servir seu mestre.
5. Os escravos vieram servir seu mestre.
6. Oh! Senhor dos habitantes do mundo!

Odùa e *Obàtálá* ficaram sentados face a face, até o momento em que *Obàtálá* decidiu que iria instalar-se com sua gente e ocupariam um lugar chamado *Ìdítàa*. Construíram uma cidade e rodearam-na de vigias.

Segue-se um longo texto, segundo o qual os dois grupos se interrogavam a fim de saber quem realmente devia reinar. Se *Obàtálá* é poderoso, *Odùduwà* chegou primeiro e criou a terra sobre as águas, onde todos moram. Mas também foi *Obàtálá* quem criou as espécies e todos os seres. Os grupos não chegavam a um acordo e as divergências e atritos se fizeram cada vez mais sérios até gerar em escaramuças.

As opiniões não eram constantes e os partidários de um ou de outro tanto aumentavam ou diminuíam de acordo com o que parecia ser mais poderoso, até que explodiu uma verdadeira guerra, colocando em perigo toda a criação. *Òrúnmìlà* interveio e um novo *Odù*, *Ìwòrì-Òbèrè*, trouxe a solução. Esse signo apareceu no dia em que *Orúnmìlà* consultou *Ifá* a fim de que solucionasse a luta entre *Orìsànlá* e *Odùa*.

Orúnmìlà usou de toda sua sabedoria para fazer *Odùa* e *Obàtálá* virem a *Oropo*, onde conseguiu sentá-los face a face, assinalando a importância da tarefa de cada um deles; reconfortou *Obàtálá*, dizendo que ele era o mais velho, que *Odùa* havia criado a terra em seu lugar e que ele tinha vindo para ajudar e para consolidar a criação e não era justo que ele botasse tudo a perder. Depois, convenceu *Odùa* a ser amável com *Obàtálá*: não tinha sido ela quem havia criado a terra? Por acaso *Obàtálá* não tinha vindo do *òrun* para que convivessem juntos? Por acaso todas as criaturas, árvores, animais e seres humanos não sabiam que a terra lhe pertencia?

Inú Odùaà ó rò,
Inú Orìsàlà naa a si ròo.
Odùa apazigou-se,
Obàtálá também se apazigou.

Foi assim que ele fez *Odùa* sentar-se à sua esquerda e *Obàtálá* à sua direita e, colocando-se no centro, realizou os sacrifícios prescritos para selar o acordo.

É a partir desse acontecimento que se celebram, anualmente, os sacrifícios e o festival com repasto (*odoḍún síse*) que reúne os dois grupos que cultuam *Odùduwà* e *Obàtálà*, revivendo e reatualizando a relação harmoniosa entre o poder feminino e o poder masculino, entre o *àiyé* e ó *òrun*, que permitirá a sobrevivência do universo e a continuação da existência nos dois níveis.

As duas metades do *igbá-odù* devem manter-se unidas, *òrun* e *àiyé*, *Odùa* e *Obàtálà*, o feminino e o masculino complementam-se para poder conter os elementos-signos que permitem a procriação e a continuidade da existência.

Picton (1968: 35) assinala para os *Igbira* a existência de uma relação semelhante entre *ohomorihi* (ser supremo que abrange o céu-atmosfera e os céus-paraísos, mestre da chuva, "a qual é uma das provas mais evidentes de seu poder e de sua presença")[13] e *ete* (a terra).

"A ideia é que *ohomorihi* e *ete* se complementam, são imensamente vastos e se encontram no horizonte. Ambos começaram a existir juntos: um não criou o outro. *Ohomorihi* é o marido e *ete* sua mulher; da mesma forma que um marido impregna sua mulher de sêmen, *ohomorihi* fertiliza *ete* com a chuva a fim de fazer brotar os grãos"[14].

Veremos num outro mito que transcreveremos inteiramente (cf. p. 178) que são também "feixes de chuva" do *òrun*, escapando das mãos de *Èsù* que os transporta quando o mundo está perto de perecer, que caem sobre a terra, fecundam-na e regeneram-na:

"*Àse ti doyún nle àiyé,*
Àtó ti domo
O *Àse* estendeu-se e expandiu-se sobre a terra,
O sêmen tornou-se filho.

A interação da chuva-sêmen, condutora de *àse* "sangue branco" em contato com a terra, condutora de *àse* "sangue vermelho" e "san-

---

13. "One of the most direct evidence of Ohomorihi's presence and power".

14. "The idea is that *Ohomorihi* and *ete* complement each other and are immensely wide but meet together at the horizon. *Ohomorihi* and *ete* both came into existence together: one did not create the other. *Ohomorihi* is the husband and *ete* his wife? and just as a husband impregnates his wife .../. with semen, so *ohomorihi* fertilizes *ete* with rain in order to bring forth crops".

gue preto", é necessária à procriação, ao constante processo de renovação e sobrevivência do universo.

O conteúdo do *igbá-odù* é considerado como um dos mais importantes segredos. Bascom (1969: 82) indica "...em *Ifẹ̀* os adivinhos acreditam que o fato de revelar seus conteúdos (do *igbádù*) causaria sua morte..."[15] Separar as partes do *igbá-odù* também significa o aniquilamento. Abraham (p. 451) observa: "Em certas versões, ela (*Odùduwà*) é a mulher de *Obàtálà*: essa união é simbolizada por duas cabaças embranquecidas, estritamente ajustadas uma à outra. *Odùduwà* é a divindade que se supõe dar longa vida, assim todos os chefes e anciãos possuem uma cabaça-odù em suas casas e se, por uma razão qualquer, eles desejam morrer, abrem essas cabaças"[16]. Pessoalmente nunca vi o interior de um *igbá-odù,* mas referências feitas por outros autores permitem comparar suas informações e dar apoio à interpretação que o *igbá-dù* é o *igbá-iwà,* cabaça ou recipiente da existência, a união de dois elementos genitores contendo o elemento procriado, três termos que constituem uma unidade dinâmica.

Desde os autores mais antigos, começando pelo Rev. Crowther, passando pelo Rev. Bowen e muitos outros, o *igbá-dù* foi objeto de considerável interesse. Maupoil (p. 84) compara seu poder ao poder ancestral feminino, ao das *Kenensi*: "a divindade *gbaadu* (*igbá-dù*) está simbolizada por uma ou várias cabaças com objetos misteriosos"[17]. Pierre Verger (1966: 155) transcreve uma informação interessante comparável à de J. Johnson, mencionada por Dennet (1906: 253. Segundo a história do *Odù Ifá òsé òyèkú*, recolhida por Verger, o *igbá-dù* é constituído por "uma cabaça contendo quatro outras cabaças menores fornecidas por seus quatro "conselheiros", *Ọbàrìsà, Obàlúaiyé*

---

15. "...In *Ifẹ̀*, diviners believed that to reveal their contents (of the igbádú) would cause their death..."

16. "In some versions, She *(Oduduwà)* is the wife of *Çbàtàlà:* this union is symbolized by two whitened calabashes closely fitting on top of each other. *Odùduwà* is the deity supposed to give long life, so all chiefs and elders have an *odù-calabash* in their houses and if, for some reason, they wish to die, they open these calabashes".

17. "La divinité *gbaadu (igbà-dù)* est symbolisée par une ou plusieurs calebasses contenant des objets mystérieux".

(Sòponá), Ògún e Odúa. Cada cabaça contém a força desses òrìsà que está simbolizada respectivamente pelo *efun* (branco), *osún* (vermelho), carvão de madeira (preto) e de lama apanhada no fundo de um rio (cor não especificada)"[18].

Por sua vez, J. Johnson dá a seguinte descrição: "O *igbádù* é uma cabaça coberta contendo quatro pequenos recipientes feitos da casca da noz do coco cortada pelo meio e que contém, além de algo desconhecido para o não iniciado, um pouco de lama num, um pouco de carvão noutro, um pouco de giz noutro e ainda num outro um pouco de pó vermelho da árvore African Rosewood – cada um deles destinado a representar certos atributos divinos e que, com os recipientes que os contêm, representam os quatro *Odù* principais – *Eji Ogbé*, *Òyèkún Meji Ibara Meji* e *Edí Meji* – e essa cabaça está colocada numa caixa de madeira especial, devidamente preparada para esse fim, chamada *Àpérè*[19]. A caixa é considerada extremamente sagrada, como um emblema de divindade, e é objeto de adoração. Jamais é aberta, exceto em ocasiões muito especiais e muito importantes, por exemplo: quando uma desavença muito séria deve ser solucionada, mas só é aberta depois de se terem lavado as mãos e, frequentemente, não antes de lhe ter sido feita uma oferenda de sangue[20]"; "[...] o quarto onde está depositada é considerado de tal for-

---

[18]. "Une calebasse contenant quatre autres calebasses plus petites apportées par ses quatre "conseillers", Obàrìsà, Obàlùaiyé (Sòponà), Ògún et Odùa. Chaque calebasse contient la force de ces òrìsà, qui "est" symbolisée respectivement par *l'efun* (blanc), *osún* (rouge), charbon de bois (noir) et de la boue prise au fond d'une rivière (couleur non spècifiée)".

[19]. Falaremos do *Àpérè* no capítulo consagrado à individualização.

[20]. "The igbádú is a covered calabash, containing four small vessels made from coconut shells, cut each into two pieces in the middle, and which hold besides something unknown to the uninitiated, one a little mud, another a little charcoal, and another a little chalk, and another some camwood, all Which are intended to represent certain Divine attributes, and which, with the vessels containing them, represent the four principal Odu – Ejá Ogbè òyèkún Meji, Ibara Meji, and Edí Meji – and this calabash is deposited in a specially and well-prepared wooden box called Apéré. The box is regarded as very sacred and as an emblem of Divinity and is also worshipped. It is never opened, except on very special and important occasions, as when perhaps a serious difference is to be settled, and not with out washed hands and often the offering of blood".

ma sagrado, que nenhuma mulher e nenhum homem não iniciado jamais é autorizado a aí entrar e a porta que lhe dá acesso, geralmente, está embelezada com pintas de giz e carvão"[21].

Citando Bascom (1969: 82ss.): "Os adivinhos de Mékọ disseram que seu Odù não era como aquele desenhado e descrito por Maupoil (1943: 168-170). Disseram que consistia numa cabaça branca coberta, contendo uma figura de barro cru igual às que representam Exu e conservada numa plataforma de terra batida (*itage*) num quarto especial (*iyara odù*) onde apenas os adoradores de *Ifá* têm acesso permitido. A cabaça é aberta cada ano, no decorrer do festival anual, quando um animal lhe é sacrificado; mas é muito perigoso e as mulheres e os jovens não podem entrar no lugar sagrado onde ela é conservada"[22].

Concluindo, o *igbá-odù* contém os elementos-signos dos três "sangues" do *àṣẹ*: o "branco" (*efun* ou giz), o "vermelho" (o *osún* ou pó vermelho), o "preto" (carvão de madeira ou carvão) que, com a lama, matéria-prima ("lama, apanhada no fundo de um rio" ou "um pouco de lama") constituem os elementos indispensáveis à existência individualizada. Isso se ratifica ainda pela informação dada pelos adivinhos de Mẹkọ cujo *igbádù* contém uma figura de barro cru igual às que representam *Ésù*, símbolo por excelência de elemento procriado e grande transportador de *àṣẹ*.

Encontramos repetidamente na simbologia *Nàgo* três termos que constituem uma unidade dinâmica.

Três são as cores básicas, resumindo os atributos essenciais conferidos ao branco, ao vermelho e ao preto, indispensáveis para que a

---

21. "[...] the room where it is deposited is considered so sacred that no woman or any uninitiated man is ever permitted to enter into it, and the door opening into it is generally beautified with chalk and charcoal colouring, giving it a spotted appearance".

22. "*Mẹkọ* diviners said that their *odu* is unlike that sketched and described by Maupoil (1943: 168-170). They said it consists of a covered white calabash containing a crude clay figure like those which represent *Eshu*, and is kept on a mud platform (*ítege*) in a special room (*iyara odu*) which only *Ifá* worshippers can enter. The calabash is opened each year during the annual festival, when an animal is sacrificed to it; but it is very dangerous and women and young men cannot enter the shrine where it is kept".

existência seja; três são os princípios de expansão e de procriação: o masculino, o feminino e o procriado; três são os dias que constituem o ciclo completo do sacrifício anual; três vezes são repetidas as invocações e as ações na prática ritual:

Mo pèé iba méta làá b'okán
"Eu invoco vezes três são como uma".

Somente depois da terceira vez o invocado aparece ou responde, quer se trate de *òrìṣà*, de ancestre, quer se trate de noviça, sacerdotisa saindo do transe etc.

Morton Williams (1960: 372) procede a uma análise lúcida do simbolismo do três no que concerne à sociedade *Ogbọni*: "O terceiro elemento parece ser o mistério, o próprio segredo compartilhado. A união do masculino e do feminino na imagem *edan* simboliza o fato de reunir dois para fazer um terceiro"[23].

Entretanto, a observação da prática ritual e dos textos obrigam-nos a não concordar com ele num ponto fundamental, quando declara que "no resto da religião *Yorúbà* o três é evitado"[24]. Ao contrário, toda a ênfase é colocada no três. O dualismo, o quatro e seu quadrado, o dezesseis, compreendendo unidades em equilíbrio, devem sua própria subsistência ao fato de serem "movidos" pelas unidades de três. Assim, por exemplo, *Ifá* – representado pelos dezesseis *odù* e seu quadrado, duzentos e cinquenta e seis – ficaria rígido, desprovido de significação funcional, se não estivesse sustentado e acompanhado inseparavelmente por *Èṣù*, *Igbá-kẹta*, o "três" por excelência[25].

Isso se torna bem evidente nas representações geométricas bordadas, desenhadas e gravadas que integram o complexo simbólico de esculturas e de objetos rituais: uma série de *triângulos* representando

---

[23]. "The third element seems to be the mystery, the shared secret itself. The union of the inale and the female in the edan image symbolizes this putting two together to make a third".

[24]. "In the rest of Yoruba religlon, three is avoided".

[25]. Voltaremos a tratar dessa importante relação no capítulo consagrado a *Èṣù*.

unidades dinâmicas de três elementos e uma série de *losangos* representando unidades de quatro elementos.

A figura 1 representa os três elementos de uma unidade e a figura 2 uma progressão de triângulos formando losangos. Entre todos os exemplos que poderíamos citar, o mais interessante é, talvez, o que aparece gravado no *opọn-ifá* (prancha ritual utilizada pelo *babaláwo* durante o processo divinatório) documentado no Museum of Antiquities de Lagos (n. 61, XII, 35/29). Dois rostos representando *Èṣù* dividem a circunferência do *Òpọ́n* em duas metades. Toda a circunferência está trabalhada por uma borda talhada: uma metade ostenta uma progressão de losangos e a outra uma série de progressões de triângulos tal qual estão reproduzidos na figura 3.

A unidade de três elementos adquire toda sua expressividade dinâmica na representação espacial do cone (fig. 4), em que a coroa dos *Ọba*[26] constitui significativo epítome.

Veremos mais adiante, quando tratarmos de *Èṣù*, a relação existente entre o cone e a espiral, com seu símbolo *Òkòtò* (espécie de caracol) como representação de expansão e crescimento (fig. 5).

Finalmente, em relação à concepção do mundo, queremos referir-nos a um outro nível de ver e de classificar os elementos do universo, categorias sobre as que não nos estenderemos porque serão retomadas ao longo dos próximos capítulos. O *Nàgô*, ao fazer suas oferendas, apresenta-as em direção a quatro pontos do espaço que representam o universo. Tendo a oferenda na mão, ele estende o braço para a frente saudando o nascente, o *iyo-õrùn;* levando seu braço atrás, saúda o poente, o *iwọ̀-õrùn*; depois, estende o braço para a direita, saudando o lado direito do mundo, o *ọtún-àiyé*; e, finalmente, para a esquerda, saudando o lado esquerdo do mundo, o *òsì-aìyé* (figs. 6, 7, 8).

Ao nascente pertence tudo aquilo que está em vias de desenvolvimento, o que está na frente, o *iwàjú*, e que, ao cumprir seu ciclo, passará a pertencer ao poente, o que está atrás; aquilo que está acordado,

---

26. R.F. Thompson (1969) se aprofunda na descrição e análise das coroas *Yorùbá*, salientando sua forma cônica.

que vive, que tem direção, o futuro, pertence ao nascente; aquilo que dorme, que está morto, o passado pertence ao poente. Quando tratarmos da individualização, veremos que o *orí* (a cabeça) é equiparada ao nascente e *esè* (os pés), que nos conduzem e estão em contato com a terra, ao poente. Mas também é do poente, dos ancestrais, que renasce a vida, o nascente e assim sucessivamente. Veremos que o conceito *àsèsè* significa simultaneamente o princípio dos princípios e os mortos que permitirão o renascimento permanente. Por sua vez, todos os elementos do nascente e do poente, do universo todo, reagrupam-se em duas categorias: os da direita e os da esquerda. Há, também, uma terceira categoria, que possui as qualidades e as significações dos da direita e dos da esquerda e cujos elementos são considerados pertencendo ao centro, tais como, por exemplo:

èmí – a respiração;

Olórun, um dos cujos títulos é

Oba arinún-róòde, senhor que concentra em si mesmo tudo o que é interior e tudo o que é exterior, tudo o que é oculto e o que é manifesto;

Èsú, princípio dinâmico da comunicação e da expansão, que transporta o *àse*;

etc.

A classificação simbólica de direita e de esquerda não deve ser interpretada como oposição, mas como sistema de relações. O símbolo só toma sua significação plena num contexto ou numa situação.

Contrariamente à opinião de alguns autores não há, para o *Nàgô* brasileiro, alguma supremacia da direita sobre a esquerda e ele não lhe atribui nem uma conotação positiva nem negativa. Ambas as categorias são igualmente importantes e suas funções têm valores equivalentes e complementares. Assim, por exemplo, um indivíduo está constituído de elementos da direita, herdados de seu pai e de seus ancestrais masculinos, e de elementos da esquerda, herdados de sua mãe e de seus ancestrais femininos. De maneira geral, o que é masculino é considerado como pertencendo à direita e o que é feminino como pertencendo à esquerda. O branco é associado ao masculino e, consequentemente, à direita; contudo, o leite materno que é branco é considerado como pertencendo à esquerda.

As palavras òtún e òsì – direita e esquerda – raramente são utilizadas sozinhas; geralmente elas acompanham o sujeito, qualificando sua pertença à direita ou à esquerda; assim diz-se òtún-àiyé, òsì-àiyé, l'owo òtún, l'owo òsì; e elas são usadas como prefixos para qualificar as funções dos dois subalternos que acompanham os titulares, tais como, por exemplo, para o Baalẹ́: Ọ̀tún-Baalẹ́, Ọ̀sì-Baalẹ́ (o que está à direita do Baalẹ́) (o que está à esquerda do Baalẹ́).

Poderíamos dar uma longa lista classificatória; preferimos, porém, classificar os elementos à medida que procedemos à sua descrição e a da ação ritual.

O àiyé e o ọ̀run representando os dois níveis do universo, é evidente que a classificação de direita e de esquerda aplica-se tanto aos elementos de um como aos do outro, da mesma forma que eles são associados ao masculino ou ao feminino.

A lama, matéria-prima, e os três elementos-signos que simbolizam os três sangues – o branco, o vermelho e o preto – contidos no *igbá-dù* estão representando igualmente a complementaridade dos três princípios ou forças que constituem o universo e tudo o que existe:

$$iwà + àṣẹ + àbá$$

Iwà, princípio da existência

Àṣẹ, princípio de realização

Àbá, princípio que induz, que permite as coisas de terem orientação, de terem direção ou de terem objetivo num sentido preciso.

V
O sistema religioso e as entidades sobrenaturais:
Olórun e os Irúnmalè

Os Irúnmalè *e os ancestrais. Os* Irúnmalè *da direita e os da esquerda: Os* òrìsà *e os* ebora. *Emprego extensivo da palavra* òrìsà. *Os* òrìsà *e os* ebora, **símbolos de elementos fundamentais, genitores masculinos e femininos, e os que simbolizam os elementos procriados ou de interação;** Òrìsànlá *e os* òrìsà-funfun, Odùduwà *e os* ebora; *o* àse *que eles veiculam: simbologia e classificação.*

Vimos que para os *Nàgô* a existência transcorre simultaneamente em dois planos, no *àiyé* e no *òrun*, denominado genericamente *ará-àiyé* a todos os seres naturais do *àiyé* e *ará-òrun* a todos os seres ou entidades sobrenaturais do *òrun*. Referimo-nos amplamente ao fato de que no *òrun* se encontram não só os *òrìsà*, divindades *Nàgô*, e os ancestrais de todos os tipos, como também os "dobles" espirituais de tudo que existe no *àiyé*. Insistimos no fato de que o espaço *òrun* compreende simultaneamente todo o do *àiyé*, terra e céu inclusos, e consequentemente todas as entidades sobrenaturais, quer elas sejam associadas ao ar, à terra ou às águas, e que todas são invocadas e surgem da terra. É assim que os *ará-òrun* são também chamados *Irúnmalè* que Abraham (p. 319) ortografa *Irúnmonlè*. Essa designação é usada nos "terreiros" durante as invocações, no começo de cada ritual, quando são saudadas e invocadas todas as entidades sobrenaturais. Ela aparece, constantemente, também, nos textos de *Ifá* aplicada com sentido genérico.

Olórun, ou *Oba-órun* – Rei do *òrun* –, a entidade suprema, é o grande detentor dos três poderes ou forças que tornam possível e regulam toda a existência, tanto no *òrun* como no *àiyé*: *ìwà* + *àse* + *àbá* e foi ele quem os transmitiu aos *Irúnmalè* de acordo com as funções que lhes foram atribuídas. *Ìwà* é o poder que permite a existência genérica e lembramos que foi o *àpò-ìwà* – a bolsa da existência – que *Olórun* entregou a *Òrisàlá* para que ele procedesse à criação do mundo. O *ìwà* é veiculado por diversos elementos, entre os quais se encontra essencialmente o ar, o *òfúrufú* – a atmosfera – e o *èmi* – a respiração. O *ìwà* pertence ao domínio do branco e como tal representa *existência genérica*. O *àse*, como já examinamos, é o poder de realização que dinamiza a existência e permite que ela advenha. Já vimos igualmente que ele pertence às três cores. O *àbá* é o poder que outorga propósito, dá direção e acompanha o *àse*. *Olórun* detém os três poderes no *àpéré* sobre o qual ele está "sentado". O *àpéré* contém, pois, tudo o que constitui e representa o universo. Não é surpreendente que suas representações no *àiyé* o explicitem, trazendo a marca das três cores-signos dos três poderes, tais como os *Àpéré-odù* que descrevem J. Johnson e Bascom (cf. p. 70s.).

Um dos títulos de *Olórun* é precisamente:

Aláàba l'áàse

aquele que é ou possui propósito e poder de realização, título que delegou a *Obàtálà* quando lhe ensinou e transmitiu o poder de criar seres[1].

Olórun é chamado *Olódùmarè* em numerosos textos de *Ifá* e aparentemente ambos são utilizados indistintamente. Nos "terreiros", a não ser na invocação:

Olórun Baba Olódùmarè

este último nome não é utilizado; quando necessário se faz referência a *Olórun*.

Não está em nossa intenção estendermo-nos sobre a concepção de *Olórun*, tarefa que fica a ser realizada apesar dos estudos já publicados. Uma interessante revisão crítica da literatura existente a este respeito foi feita por P. Verger (1966). Deve-se também uma importante

---

1. Essa informação também foi recolhida por Idowu (1952: 72) que diz ter *Olórun* investido *Òrisàlá* de "uma parte desse atributo a fim de o equipar para seu trabalho de criação..." ("with something of this attribute in order to fit him for his work of creation"), mas interpreta "*Alábalâse*" como "aquele que propõe e brande o cetro" (the proposer who welds the sceptre"). É evidente que Idowu restringe e obscurece o significado de *àse* aplicando-o a um dos símbolos de *Obátàlá*, que, como tal, constitui apenas um dos transmissores do seu poder. Verger faz a mesma observação (1966: 36).

contribuição ao Prof. *Bangboṣe* (1971), que procedeu ao exame filológico da palavra *Olódùmarè* e à análise de suas partes componentes. Suas conclusões nos parecem interessantes, sobretudo quando coincide com a concepção tradicional *Nàgô* de um espaço vasto e ilimitado[2].

O sentido do segundo componente, *maré*, fica porém obscuro e nenhuma das interpretações fornecidas até agora por vários autores nos parecem satisfatórias[3].

Para efeito do presente trabalho, limitar-nos-emos a insistir no conceito de *Olórun* como abrangendo *todo* o espaço e os conteúdos do *àiyé-órun*, transmissor e receptor num permanente ciclo dinâmico dos três princípios que conformam e mantêm ativos o universo e a existência. Diversas combinações desses poderes foram transmitidas aos *Írunmalè* encarregados, por sua vez, de as manter nas diferentes esferas de seu domínio.

Uma primeira classificação pode ser introduzida: de um lado os *Írunmalè – entidades divinas* cuja existência remonta aos primórdios de universo – *Igbà ìwà sè*: nos tempos em que a existência se originou – e cujos *àṣe* e domínios de ação foram transmitidos diretamente por *Olórun*; e, por outro lado, os *irunmalè – ancestres*, espíritos de seres humanos. Uns e outros são objetos de cultos separados.

Todas as entidades sobrenaturais são por sua vez reagrupadas assim como tudo o que existe, segundo pertençam à direita ou à esquerda. A fórmula destinada a invocar os *irunmalè* esclarece:

Àwọn irínwó irúnmalè ojù kòtún

ati àwon ìgbà malè ojù kòsì.

Os quatrocentos *irunmalè* do lado direito

e os duzentos *irunmalè* do lado esquerdo.

---

2. Conferência pronunciada na Universidade de Ibadan em abril de 1971 e, parece-nos, publicada num dos números de *African Notes* do *Institute of African Studies* e que, até o presente, não conseguimos fazer chegar às nossas mãos.

3. Pode-se consultar a lista de autores dada por Verger que revisa o assunto desde 1845 com d'avezal até 1962 com Idowu, passando pelo Rev. Samuel Crowther, Rev. Bowen, R. Burton, R.P. Baudin, Abade Pierre Bouche, James Johnson, A.B. Ellis, Rev. Dennet, E. Frobenius, Rev. Samuel Johnson, R.P. Moulero, A. Talbot, S.S. Farrow, Rev. O. Epega, Rev. Lucas e Rev. Parrinder.

Essa frase é utilizada nos "terreiros", cada vez que se faz referência aos *irunmalẹ̀*. Ela também é recitada em numerosos textos de *Ifá* e acha-se em um dos *Odù* que transcreveremos mais adiante (cf. 150-165s.). Já o Rev. Epega (1931) indicava que havia seiscentos *imalẹ̀* (= *malè* = *irúnmalẹ̀*) conhecidos: "quatrocentos da direita e duzentos da esquerda"[4].

Duzentos é um número simbólico que significa grande quantidade e figura em muitos outros contextos com o mesmo sentido. Pareceria que os *irunmalẹ̀* da direita representam, numericamente, o dobro dos da esquerda. Por outro lado, na realidade, sempre se agrega 1 quando se quer mencionar uma grande quantidade de seres sobrenaturais (cf. 143-151). Esse 1 representa *Èṣù*, que pertence tanto à direita como à esquerda, veiculando o *àṣẹ* "de e para" uns a outros e intercomunicando todo o sistema. Os quatrocentos *malẹ̀* da direita são os *òrìṣà* e os duzentos da esquerda, os *ẹbọra*.

Os *òrìṣà* constituem o grupo dos *òrìṣà-funfun*, do branco, à frente dos quais encontramos *Obàtálá*, segundo nos relata o mito da criação (cf. 64s.). Eles detêm *o poder genitor masculino* e todas as suas representações incluem o branco. São os portadores e transmissores do "sangue branco" e todas as oferendas que lhe são dedicadas, provenientes de qualquer um dos três reinos, devem ser brancas. O *obì* – a oferenda por excelência – para os *funfun* é o *obì ifin*, o *obì* branco; todos os animais, aves ou quadrúpedes, devem ser dessa cor; o "sangue" vegetal é simbolizado pelo *òrí*, manteiga vegetal, pelo algodão; o "sangue" mineral pelo giz e chumbo. Sua oferenda preferida é o "sangue branco" do *igbin* – caracol – equiparado ao sêmen, do qual os *irúnmalẹ̀* da direita são os detentores por excelência. Lembremos que o *àpéré-ìwà* de *Olórun* também o contém e que foi a oferenda de duzentos *igbin* que permitiu a *Odùa* receber o *àṣẹ* necessário à criação da terra. Maupoil (1943: 337) também indicava: "Os *Nàgô* fazem um consumo (de caracol) maior do que os daomeanos, porque eles o associam ao

---

4. "Four hundied of the right and two hundred of the left".

culto de *gbadu (igbá-du)* e veem nele simbolicamente um *receptáculo de esperma*"[5] (o grifo é nosso).

Òrisàlá, Òrisànlá, Òsàlá ou Obàtálà, simboliza um elemento fundamental do começo dos começos, massa de ar e massa de água; um dos elementos que deram origem a novas formas de existência – à protoforma e à formação de todos os tipos de criaturas – no *àiyé* ou no *órun*. Os *funfun* são as entidades que manipulam e têm o domínio sobre a formação dos seres deste mundo – os *ara-àiyé* – e também a formação de seres no além. Os vivos e os mortos, os dois planos da existência, são controlados pelo *àse* de Òrisànlá. O *àlà*, o grande pano branco, é o seu emblema. É embaixo do *àlà* estendido que ele abriga a vida ou a morte. Um dos ritos, quando do ciclo litúrgico de Òsàlá, consiste em estender um longuíssimo pano imaculado suspenso e sustentado por cima da cabeça dos participantes, e todos os presentes se colocam embaixo, cantando e dançando numa procissão ritual, simbolizando assim o fato de que eles se colocam sob a proteção do grande Òrisà-funfun.

Os *òrisà* são massas de movimentos lentos, serenos, de idade imemorial. Estão dotados de um grande equilíbrio necessário para manter a relação econômica entre o que nasce e o que morre, entre o que é dado e o que deve ser devolvido. Por isso mesmo estão associados à justiça e ao equilíbrio. São as entidades mais afastadas dos seres humanos e as mais perigosas. Incorrer no desagrado ou na irritação de um *òrìsà-funfun* é fatal. Esta situação está associada ao sentimento que aterroriza mais o *Nàgô*: a do aniquilamento total; a de ser completamente reabsorvido pela massa e não renascer nunca mais. *Funfun* é utilizado aqui num duplo sentido: do branco, de tudo que é branco – o *àlà*, os objetos e as substâncias de cor branca; e do incolor, a antissubstância, o nada.

Os *òrisà* estão associados a calma, a umidade, a repouso, a silêncio. Todos esses atributos são conferidos a tudo o que pertence à direi-

---

5. "Les *Nago* en font (de l'escargot) une consommation plus grande que les Dahoméens, car ils l'associent au culte de *gbàdù (igbà-dù)* et voient en lui *symboliquement un réceptacle de sperme*".

ta. Os quatrocentos òrìṣà, ainda que agrupados, possuem características que os distinguem e funções e campos de ação que os singularizam. Todos eles têm em comum o uso ritual do branco. Seus adoradores devem usar vestimentas de uma brancura imaculada.

Desde Òsàlúfón até Òsàògiyán, passando por Òrìsà-Oko, Olúwo-fin, Olúorogbo, Òrisà Eteko etc., todos reconhecem em Obátàlá seu representante supremo, Òrisánlá: o grande òrìsà.

Veremos mais adiante que Òrisà-Ògiyán possui características que o distinguem dos outros òrìsà-funfun, da mesma forma que Òrúnmilà.

Um outro traço fundamental dos òrìsà-funfun é sua relação com as árvores. Uma das passagens do mito da criação informa que, para cada ser humano criado por Òrìsàlá, este criava simultaneamente uma árvore. Assim como todas as criaturas lhe pertencem, os "dobles" espirituais das árvores também lhe são atribuídos. Contudo, essa relação parece ser particularmente importante. Os espíritos que residem em algumas árvores consideradas sagradas são chamados Ìwín. Este é precisamente o nome genérico de todos os sacerdotes iniciados de Òrìsàlá, como já indicamos quando falamos dos segmentos do egbé – a comunidade – que constituem o "terreiro" (cf. p. 34s.). Essas árvores sagradas – entre as quais cabe citar particularmente as que foram escolhidas entre os ìròkò, odán, àràbà, akòkó, igí-òpe – são paramentadas com uma tira de pano branco – òjá-funfun – atada em torno do tronco, que constitui o signo àlà dos funfun.

Um dos oriki do iroko apoia a relação entre os òrìsà e as árvores:

Iròkò! Oluwéré, Ògiyán Èleijú.

que se pode traduzir livremente por:

Ìròkò, árvore proeminente entre todas as outras, o Òrisà-funfun (Ògiyán) do âmago da floresta.

As árvores estão associadas a *igbá ìwà sè* – o tempo quando a existência sobreveio – e numerosos mitos começam pela fórmula "numa época em que o homem adorava árvores..."

Veremos mais adiante que os troncos e os ramos das árvores representam os ancestrais masculinos. Os *iwín*, descendentes de Òrìsàlá, detêm uma parte de seu próprio significado e o representam. Reciprocamente, Òrisàlá representa coletiva e simbolicamente o *poder ancestral masculino*.

Esse significado é traduzido no emblema que o distingue por excelência, o *òpásóró* a que já nos referimos. Com efeito, lembremos que foi por meio do *òpásóró* que Òsàlá diferenciou o *òrun* do *àiyé*, estabelecendo os dois níveis de existência.

Lembremos ainda que foi com o *òpásóró* que ele furou o *igí-òpe* – a palmeira – e bebeu sua seiva. Foi essa ação, violação de uma de suas proibições mais graves, que o deixou sem forças, impotente. O mito diz que foi "como se ele bebesse seu próprio sangue", indicando assim que Obàtálà é parente consanguíneo da palmeira.

O *òpásóró* é feito de metal e mede cerca de 120cm de altura. É uma barra com um pássaro na extremidade superior, com discos metálicos inseridos horizontalmente em diferentes alturas, dos quais pendem pequenos objetos, sininhos redondos, sinos em forma de funil e moedas.

O *òpásóró* é um dos objetos mais notáveis e rodeado de considerações e preceitos especiais. Os *òpásóró* são conservados em pé no altar de Òrisàlá, cobertos de pano branco. Na África, não encontramos o *òpásóró* em nenhum dos cultos de Òrisànlá ou Obàtálà. São substituídos pelos *òsùn* que preenchem a mesma função. Geralmente são longas barras de ferro com sinos em forma de funil como aos que acabamos de nos referir. Quando carregados durante as procissões, os Òsùn também estão cobertos de pano branco.

Geralmente os Òsùn são plantados na terra em lugares onde se veneram os ancestrais. O Òsùn deve ficar sempre em pé. Diz-se dele:

Òsùn o! Òsùn dóró kó o má dú búlè.

Ó Òsùn! Òsùn fique erguido, não se deite.

O Òsùn é um Òpá que representa os ancestrais e é utilizado também pelos *Babaláwo* que batem com ele na terra para os invocar. Ele é um *Omoléhin, Omo-èhin*, de que veremos o significado no capítulo seguinte (cf. p. 112s.).

Òsùn e *òpásóró* pertencem à mesma família. O *òpásóró*, òpá-do-mistério, é um *òsùn* mais complexo cujos diversos elementos conformam o símbolo dos *Òrìsà-funfun*; símbolo que revela a relação existente entre *Òrìsàlá* e os ancestres masculinos[6]. Veremos mais adiante que *Baba Olúkòtún*, textualmente Pai-Ancestre-Senhor-do-Lado-Direito, é o *Olórí-égún*, o ancestre supremo, o cabeça dos ancestrais masculinos, evidenciando ainda mais a relação existente entre ancestrais, *òrìsà*, o masculino e o lado direito. Nesse contexto o branco não só representa a criação, o nascimento de seres naturais, como também a relação com ancestrais; concluindo, o branco, poder genitor, representa não só existência genérica no *àiyé*, mas também existência genérica no *òrun* e como tal constitui um dos três elementos que participam na formação de *tudo* o que existe. Mas, simultaneamente, o branco representa, também, a passagem, a transformação, de um nível de existência a outro, assim como o expressa o mito que atribui ao *òpásóró* de *Òrìsàlá* a separação, a diferenciação entre o *àiyé* e o *òrun*. Em todos os ritos de nascimento e de renascimento, o branco representa não só a morte e o renascimento reais, mas também a morte e o renascimento simbólicos ou rituais.

Os *ebora* constituem os duzentos *irúnmalè* da esquerda, encabeçados por *Odùduwà*, a metade inferior do *igbá-odù*, o *àiyé*, a terra. Esse grupo reúne todas as entidades sobrenaturais que detêm o *poder genitor feminino*. Reúne, também junto a elas, todas as entidades-"filhos", frutos da inter-relação dos *òrìsà* e dos *ebora*-genitores femininos, espécie de "ventres fecundados" que lhes dão nascimento e com os quais são classificados.

É no interior da matéria genitora feminina fecundada que se realizarão a interação e a síntese que tornarão possível a materialização de novas entidades.

A água e a terra são os elementos que veiculam o *àse* genitor feminino. Não a água-sêmen, a água-chuva, mas a água dos mares, dos rios, dos lagos, dos mananciais, água "sangue branco" da terra. Nesse

---

[6]. Para obter melhores pormenores sobre o *òpá-sòró*, seus mitos e suas relações com *Òrìsà-Oko* indicamos o trabalho sobre rituais e arte-sacra afro-brasileira de Juana Elbein e Deoscoredes M. dos Santos (1967: 96ss.).

contexto, o branco continuará significando poder genitor e, nesse ponto de vista, *Odùa* também é considerada uma entidade *funfun*. Representação coletiva suprema do poder genitor feminino, é seu significado como elemento genitor que a caracteriza como *funfun*. *Olórun* deu-lhe o elemento terra com que ela criou o *àiyé*, o mundo. Como entidade criadora, ela é *funfun*, mas como representante do *àiyé*, seu *àse* é veiculado pelo "sangue vermelho" e o "sangue preto". Com efeito, um *òjá* – tira de pano – azul-escuro, símbolo do preto, é atado em torno do peito por cima das roupas brancas características das sacerdotisas consagradas a *Odùa*. Também os animais – aves e quadrúpedes – que lhe são sacrificados devem ser de cor escura ou preta[7].

Odùa é cultuada junto com *Òrisàlá* (*Obàtálá*), o mesmo dia da semana lhes é dedicado. Se bem que, no "terreiro", se saúde e culte *Odùduwà* antes de *Obàtálà* e que os textos e invocações sejam bem diferentes, pareceria contudo que ambos os conceitos são equiparáveis e às vezes confundidos.

O branco, representando a criação e o poder genitor, tanto masculino como feminino, parece acentuar ainda mais essa unidade. É comum ouvir-se dizer que *Òrisàlá* é masculino seis meses do ano e feminino os outros seis meses. Não bissexual, mas inteiramente masculino e inteiramente feminino, reproduzindo numa unidade – como no *igbá-odù* – os dois elementos genitores.

Esta equiparação de valores é a base da extensão com que se utiliza a palavra *òrisà*. Se bem que os *òrisà*, *strictu sensu*, sejam as entidades sobrenaturais da direita, representando o masculino, os *iwín*, esse termo também é usado em relação aos *ebora*, quer seja porque um aspecto do branco corresponde aos *ebora*-genitores femininos, quer seja porque os *ebora*-filhos são também descendentes dos *òrisà*. O contrário é impossível. O termo *ebora* quase desapareceu no Brasil e chamam-se de *òrisà* todas as entidades, só os distinguindo por pertence-

---

[7]. Na Bahia, *Odùduwà* não se manifesta em suas sacerdotisas, porque se acredita ser impossível que um ser humano possa receber um *àse* tão poderoso. Ela é invocada e venerada: a roda ritual que fecha todas as cerimônias lhe é dedicada; o primeiro domingo das "águas de *òsàlá*" também é consagrado a ela e a *òrisàlá*.

rem à direita ou à esquerda, pelas cores que lhes são atribuídas, pelos elementos da natureza e funções e atividades que lhes correspondem.

Outra razão que fez cair em desuso o termo *ebora* é o fato de que ele é associado a nações de conflito e de violência. A terra está associada ao que é seco e quente e precisa ser umedecida constantemente. A umidade e o frescor são para o *Nàgô* os atributes mais importantes: significam paz e equilíbrio. Terra úmida é sua simbologia.

Eni to ba d'omi si waju yio tẹlẹ tutu.
Quem versa água diante dele pisará sobre a terra umedecida.

Colocar água sobre a terra significa não só fecundá-la, mas também restituir-lhe seu "sangue branco" com o qual ela "alimenta" e propicia tudo o que nasce e cresce e, em decorrência, os pedidos e rituais a serem desenvolvidos. Deitar água é iniciar e propiciar um ciclo. Sem entrar em pormenores, diremos ainda que "as águas de *Òṣàlá*", pelas quais começa o ano litúrgico *Nàgô* no "terreiro", têm precisamente este significado. Voltaremos a este importante assunto, quando tratarmos das oferendas.

Entre os *ebora* ou *òrisà* genitores da esquerda, estreitamente associada à terra, à lama e às águas que a terra contém, lagos e fontes, distingue-se *Naná, Naná Burúkú, Ná Burúkú* ou *Ná Bùkú*. Sua importância era tanta que, no Daomé, foi considerada como o ancestre feminino de todas as divindades do panteão chamado *Ànàgónu*. Em certas versões, ela é sincretizada com *Mawu*, segundo R. Segurola (1963: 364): "Deus, o Deus Supremo dos Fon e dos *Ewé*; o elemento feminino do casal criador Lisa e Màwú... nada a sobrepassa; o Ser Supremo. Ela é o Deus que criou todos os Vodu... Criador e senhor do mundo"[8].

Em certas casas de culto da Bahia, *Nàná* é colocada na mesma hierarquia que *Òṣàlá* (*Òrisàlá*) e considerada sua mulher. Esse conceito foi até a identificação deles em alguns lugares de Cuba, onde um infor-

---

8. "Dieu; le Dieu Suprême des Fon et des Ewe; l'élément féminin du couple créateur Lise et Mawu... rien ne la surpasse; l'Etre suprême. Elle est Dieu qui créa tous les Vudum... Créateur et maître du monde".

mante declarou a Lydia Cabrera (1954: 306): *"Nana Buluku* é um *Obatala* muito importante. São dois em um: fêmea e macho", ilustrando assim uma identificação dos significados simbólicos de *Nàná* e *Odùa*, ambas elementos genitores femininos relacionados com terra.

Nàná é uma divindade associada aos primórdios da criação e, quando se manifesta em suas sacerdotisas, dança com movimentos lentos e dignos.

Os emblemas, objetos rituais, cantigas, saudações e mitos que constituem seu culto também destacam os três elementos aos quais *Nàná* está associada: água, lama e morte.

A água e a lama aparecem representadas em seu "assento", sobre o qual falaremos mais adiante. Seu significado como genitor feminino é revelado por seu próprio nome: *na*, raiz protossudânica ocidental significando "mãe" e encontrada desde os Fulani no Oeste até os Jukun no extremo Leste[9]. Este aspecto maternal e sua relação com lama, terra úmida, a associam à agricultura, à fertilidade, aos grãos. Uma de suas danças imita a ação de pilar com uma longa mão de pilão num morteiro simbólico.

Para engendrar, ela precisa ser constantemente ressarcida. Ela recebe, em seu seio, os mortos que tornarão possíveis os renascimentos. Esse significado aparece manifestamente em um dos seus *orikì*:

Ìjùkú-Àgbé-Gbà

que, traduzido, significa

Inabitado pais da morte, vivemos (e nele) iremos ser recebidos.

Um outro de seus *orìkì* nos conduz ao mesmo sentido:

Ikú rèé Ìdàgirí.

Isto é morte (algo que) aterroriza.

Esse aspecto de conter e processar coisas em seu interior, esse segredo ou mistério que se opera em suas entranhas escuras, expressa-se pela cor azul-escuro que a representa. Se, por um lado, seu aspecto de força genitora a faz pertencer ao branco – expresso num de seus *orìkì*,

---

[9]. O Prof. R. Armstrong dá uma lista de palavras para "mãe" nas línguas dos subgrupos de toda essa área (p. 65).

Nàná funfun lélé
Nàaná branca branca-neve –
por outro lado, o fato de ela ser um continente, associado com processo e interioridade, conecta-a ao preto.

As cores que a representam são uma combinação de partes iguais de branco e de azul-escuro e é assim que, no colar que distingue suas sacerdotisas, as contas azuis alternam com as contas brancas.

Os mortos e os ancestrais são seus filhos, simbolizados pelas hastes de *àtòrì* (Glyphaea Lateriflora, ABRAHAM: 77), de *odán* (Ficus Thoningii, ABRAHAM: 524) ou pelas nervuras das palmas do *igí-òpe* (Elaeis Guineensis). Os ancestrais, representados coletivamente por um feixe dessas nervuras, constituem o corpo, o elemento básico, não só do *sàsàrà*, emblema de *Obalúaiyé*, filho mítico de *Nàná*, mas também de seu próprio emblema, o *Ìbírí*. Enquanto o *sàsàrà* "é" *Obalúaiyé*, o *ebora*-filho, assumindo a representação dos espíritos da terra, o *Ìbírí* é uma representação transferida de *Obalúaiyé*, o filho contido por *Nàná* e simbolizando seu poder genitor (figs. 9 e 10).

Nàná se caracteriza, quando se manifesta em sua sacerdotisa, por carregar o *Ìbírí* na mão direita. Esse *òpá* é a representação mais importante de *Nàná*. Segundo um de seus mitos de fundamento, "ela nasceu com ele, ele não lhe foi dado por ninguém". Foi chamado *Ìbírí*, que significa "meu descendente o encontrou e trouxe-o de volta para mim". "Quando ela nasceu, a placenta continha o *òpá*. Uma vez nascido, uma das extremidades do *òpá* se enrolou e cobriu-se de cauris e de finos ornamentos. Então eles o separaram da placenta e o colocaram na terra"[10]. O *Ìbírí*, como o *Sàsàrà*, é feito – como já mencionamos – por um atado de nervuras de palmeiras – símbolos dos *òkú òrun* – ornamentado com tiras de couro, búzios e contas azuis-escuras e brancas e deve ser confeccionado por um sacerdote altamente qualificado, preparado para manipular representações tão perigosas. Enquanto está

---

10. Um exame minucioso de *Nàná* e de seus mitos, incluindo a versão completa de onde extraímos esse parágrafo, será encontrado em Juana Elbein e Deoscoredes M. dos Santos (1967: 50-76).

sendo confeccionado, do mesmo modo que para a do *Sàsàrà*, preceitos especiais devem ser observados. Sendo objeto de consagração, contém, em sua parte inferior, os elementos rituais que constituem seu *àse*.

Na África, nas mãos das sacerdotisas de *Nàná* em transe, ele aparece completamente coberto com *osún*, o "sangue vermelho" vegetal. Todos os emblemas significando descendência ou ligação ao poder genitor feminino estão sempre cobertos ou submersos em "sangue vermelho", quer seja *osún* quer *epo pupa*, azeite de dendê.

A relação de *Nàná* com os *òkú-òrun* (descendentes existentes em seu interior) e com a fertilidade (descendentes nascidos de seu "ventre" no *àiyé*) está simbolizada pelo uso abundante de cauris. Os cauris pertencem ao branco, e vamos introduzir aqui um novo aspecto em relação ao branco: os cauris não simbolizam o branco genérico – uma longa tira contínua, uma corrente – representado pelo *àlà*, mas porções do branco, seres individualizados, unidades que resumem ou sintetizam a interação dos dois poderes genitores. Os cauris, desprovidos de seus moluscos, constituem os símbolos por excelência dos dobles espirituais e dos ancestrais. Sua significação é similar à das sementes, de modo particular das nozes do *òpe-Ifá* (Elaeis Idolatrica, ABRAHAM: 523). Em alguns contextos, principalmente como elementos constitutivos do sistema oracular, de *Ifá* e de *Èrìndílógun*, tem um significado quase idêntico.

O significado dos cauris também é semelhante ao das nervuras das palmas do *igi-òpe*. Grupos de cauris – como os feixes de nervuras – fazem parte da parafernália de *Nàná*. Filas de cauris enfiados dois a dois, em pares opostos, formam longos colares chamados *Bràjá* ou *Ibàjá* usados a tiracolo e cruzando-se no peito e nas costas. O uso dos *bràjá*, levados pela sacerdotisa, cruzando-se em diagonal na frente e atrás, indica claramente que os cauris-ancestres-descendentes são o resultado da interação da direita e da esquerda, do masculino e do feminino, e que se referem tanto ao passado, ao poente (atrás) como ao futuro, à nascente (diante).

Por causa do grande número de cauris que *Nàná* usa, é chamada:

Olówó se-in se-in

aquela que é ou possui os cauris visto que s̩e-in s̩e-in é uma palavra onomatopaica que representa o som dos cauris associado à ideia de abundância e riqueza.

Por causa de seu poder, a terra é invocada e chamada a testemunhar em todos os tipos de pactos, particularmente nas iniciações e em relação com a guarda dos segredos. Em caso de litígio ou traição, acredita-se que a terra fará justiça:

kí ilẹ̀ jẹ́ẹ̀rí
Que a terra testemunhe.

É nessa capacidade que *Nàná* é qualificada de

S̩àáláre: Òris̩à láàre
Òris̩à da justiça.

Nos "terreiros", durante os festivais, *Nàná*, manifestada em sua sacerdotisa, dança com o *Ìbírí*, colocando-o sobre as duas mãos, imitando o movimento de ninar uma criança. Um canto de louvor que expressa muitos de seus significados é entoado nessa ocasião:

Enìkan: Ìbírí o (dára) to	*Ìbírí* é precioso
Ẹ̀gbè: S̩àáláàre	*Òris̩à* da justiça
Nàná olú odó	*Nàná* espírito dos mananciais
Ìbíri o (dára) to	*Ìbírí* é precioso
S̩àáláàre	*Òris̩à* da justiça
Olówó s̩e-in s̩e-in	Poderosa dona dos cauris (som dos cauris)

Dos mitos e dos *oríkì* de *Nàná* ainda queremos destacar duas informações que nos serão úteis para relacionar os *òrìs̩à* (na acepção ampla do termo), genitores femininos, com as *Ìyá-àgbà*, ancestrais femininos, do *Ẹgbé Eléye* – sociedade das "possuidoras de pássaros". Sem entrar agora em detalhes, queremos indicar que *Nàná* é um membro importante dessa sociedade, como o expressa seu *oríkì*

Ọmọ Àtiòro okè Ọfa.

Filha do poderoso pássaro *Àtiòro* da cidade de *Ọfa*. Assim também um outro mito nos relata que "no terceiro ano depois da morte de seu pai ela penetrou na floresta para fundar seu próprio Estado e ali tornou-se *Ìyá-lóde-ìlú*", cujo texto *Yorùbá* é o seguinte: *Ní odún keèeta ti bàbáa rèé kú, ni òun náàa bá lo tèdó sí inú igbò, ó sì fi ara rè ṣe Ìyá-lóde-ilú*"[11].

Voltaremos a este título e a seu significado em relação à sociedade *Egbé Eléye* quando tratarmos de *Òṣun* e das *Ìyá-àgbá*.

Com efeito, *Òṣun*, outro poderoso *òriṣà* genitor do lado esquerdo, é considerada como a mais eminente das *Ìyá*, símbolo do feminino, rainha excelsa cujo culto, difundido em todo o Brasil, é originário da terra *Ìjèṣà*. Seu principal templo está situado em *Òṣogbo* e o *Atáója* – o *Oba* da região – é seu principal adorador.

Dizíamos que água e terra veiculam o *àṣẹ* genitor feminino: a água-elemento contido na terra. *Òṣun* é o *òrìṣà* do rio de mesmo nome que atravessa toda a região mencionada acima. No Brasil, ela não está associada a algum rio em particular, mas a todos os rios, córregos, cascatas e mesmo ao mar, visto que a grande entidade *Olôkun*, associada ao mar em país *Yorùbá*, não é cultuada no Brasil.

Òṣun é a genitora por excelência, ligada particularmente à procriação e, nesse sentido, ela está associada à descendência no *àiyé*. Ela é a patrona da gravidez. O desenvolvimento do feto é colocado sob sua proteção como o do bebê até que ele comece a "armazenar" conhecimentos e linguagem. Um texto *Yorùbá*, que faz parte de um longo recital, confirma essa função fundamental de *Òṣun*:

Nígbà tí àun ó sì mọ bọ láti ọdọ Olódùmaré un ló kó okù ọmọ lé lówọ wípé ẹni tí òrìṣà bá sẹ̀dá kalẹ̀ tán, bí Òṣun yò ṣe móọ pín ọmọ fun gbogbo àwọn tí ọmọ kò bá fé gba inú wọn wáyé. Àti bí ọmọ bá nwá nínú, ẹni tí ó mọ ṣe ìtójú rè tí kò fi ní í móọ rí ìdààùnú títí o fi móọ wáyé. Tó bá sí ayé náà, nígbà tí kò tii ní òye tí kòi ti mọ èdèè fò, gbogbo ònà àwòyè rè Òṣun ni wón kó okùn ọmọ lé lowọ. Kò sì gbọdò bínú ẹnìkan pé elèyí ni ọtá mi, kò ye kó bímo tàbí elèyí ni òré mi. Isé tí wọn rán Òṣun oùn nìyí, òun ni Ìyàmi àkókó, òun si ni Olùtójúu àwọn ọmọ láti nú títí di igbà tí yí ní òye táà ñ pè ní àwòyè Òṣun ni àlàwòyé ọmọ. Bi Òṣun ò tí ṣe gbódò bá ẹnìkan sòtá nìyí.

---

11. Cf. nota 7.

"No tempo da criação, quando Òsun estava vindo das profundezas do òrun, Olódùmaré confiou-lhe o poder de zelar por cada uma das crianças criadas por Òrisà que iriam nascer na terra. Òsun seria a provedora de crianças. Ela deveria fazer com que as crianças permanecessem no ventre de suas mães, assegurando-lhes medicamentos e tratamentos apropriados para evitar abortos e contratempos antes do nascimento; mesmo depois de nascida a criança, até ela não estar dotada de razão e não estar falando alguma língua, o desenvolvimento e a obtenção de sua inteligência estariam sob o cuidado de Òsun. Ela não deveria encolerizar-se com ninguém a fim de não recusar uma criança a um inimigo e dar a gravidez a um amigo. A tarefa atribuída a Òsun é como declaramos. Ela foi a primeira Ìyá-mi, encarregada de ser a Olùtójú awon omo (aquela que vela por todas as crianças) e a Álàwòyè omo (aquela que cura as crianças). Òsun não deve vir a ser inimiga de ninguém".

Surge aqui a primeira associação importante: por ser a patrona da gravidez, Òsun está diretamente associada ao corrimento menstrual, ao "sangue vermelho" que é seu àse principal, e às atividades que regem e representam esse corrimento.

É devido a seu simbolismo materno que ela é saudada como Yèyé, sendo ye ou ya uma das mais difundidas raízes significando mãe e fazendo parte de muitas palavras desde as línguas protobantu[12] até a Fulani.

Mas uma outra característica importante, que decorre diretamente de seu poder genitor, é o de ser Ìyámi Àkókó – mãe ancestral suprema – como também indica o texto acima citado.

Vários textos – cantigas, oríkì e mitos – referem-se à sua função de chefe supremo do poder ancestral feminino, fazendo dela o cabeça da sociedade das Ìyá-mi, chamadas também Ìyá-àgbà (as mães anciãs), sociedade à qual aludimos falando de Nàná, o Egbé Eléye, sobre a qual nos estenderemos mais demoradamente no próximo capítulo. Òsun é representada em algumas narrações como um peixe mítico. Em Òsogbo, onde ela é o òrìsà real, atentido pelo Atáója, foi sobre a forma

---

12. Uma longa lista de palavras compreendendo a raiz ye ou ya também é fornecida pelo professor R. Armstrong (p. 55).

de um peixe que Òsun apareceu na margem do rio ao primeiro rei *Laro*, quem faz um pacto com ela. Daí seu título de "*A-tewo-gbaeja*", abreviado *Atáója*, aquele que aceita o peixe[13], e o templo de Òsun foi construído no lugar em que se supõe ter sido concluído o pacto. Òsun é a patrona dos peixes, considerados seus filhos. As escamas de seu corpo os representam. Festivais anuais são realizados fora dos "terreiros" à beira-mar ou em cursos de água para assegurar uma boa pesca e tornar propícios Òsun e outras entidades igualmente associadas com a água como *Yémánjá* e *Òya*. Mas Òsun, além de ser representada como um peixe, também está associada a pássaros como todas as *Ìyá-àgbà*. Da mesma forma que os peixes, os pássaros a representam e são seus filhos. Estes são simbolizados pelas penas da mesma forma que os peixes o são pelas escamas. Seu corpo de peixe ou de enorme pássaro mítico está coberto de escamas ou de penas, pedaços do corpo materno capazes de separar-se, símbolos de fecundidade e procriação. Retornaremos a esse tema quando descrevermos e analisarmos o rito de matança e a significação das penas.

Indicamos que Òsun detém o "sangue vermelho" do corrimento menstrual que indica durante sua permanência o tempo de fecundidade do sexo feminino. Falaremos mais adiante da ambivalência do corrimento menstrual. Queremos, agora, destacar a estreita relação que existe entre corrimento menstrual e a fecundidade de onde deriva o poder máximo das entidades femininas *Nàgô*.

Uma longa história que sintetizaremos o mais possível esclarecer-nos-á a este respeito.

Uma sacerdotisa cujo nome era *Omo Òsun* (filha ou descendente de Òsun) servia a *Òrisànlá* e estava encarregada de zelar por seus paramentos e particularmente por sua coroa. Alguns dias antes do festival anual, umas seguidoras de *Òrisànlá*, invejosas da posição de *Omo-Òsun*, decidiram roubar a coroa e jogá-la nas águas. Quando *Omo-Òsun* descobriu o furto, seu desespero foi profundo. Uma menina que ela criava aconselhou-a a comprar, no dia seguinte de manhã, o primeiro peixe

---

13. Ullie Beier (1957) descreve um festival anual consagrado a Òsun.

que encontrasse no mercado. No dia seguinte,Ọmọ-Òṣun não conseguiu encontrar nenhum peixe e foi somente na sua volta que encontrou um rapaz que trazia um grande peixe à cabeça. Chegando à sua casa Ọmọ-Òṣun não conseguia abrir o peixe. A garota apanhou um pedaço de faca muito usado – *cacumbu* – e facilmente conseguiu fender a barriga do peixe no interior da qual luzia a coroa. Chegando o dia da grande cerimônia, as invejosas sabendo que Ọmọ-Òṣun havia miraculosamente encontrado a coroa, decidiram recorrer a trabalho mágico para desprestigiar Ọmọ-Òṣun em frente a Òrisàlá. Elas colocaram um preparado na cadeira de Ọmọ-Òṣun, situada ao lado do trono de Òrisàlá. Todo mundo estava reunido e esperava em pé a chegada do grande *Oba*. Quando chegou, sentou-se e fez sentar-se todos os presentes. Em seguida pediu a Ọmọ-Òṣun que lhe desse os paramentos. Quando ela quis levantar, foi incapaz de fazê-lo. Tentou veementemente várias vezes até conseguir, enfim, mas o preço do grande esforço foi desgarrar as partes baixas de seu corpo que começaram a sangrar copiosamente, manchando tudo de vermelho. Òṣàlá, cujo tabu é o vermelho, levantou-se, inquieto, e Ọmọ-Òṣun, aturdida e envergonhada, fugiu. Segue-se uma longa odisseia durante a qual Ọmọ-Òṣun foi bater à porta de todos os *òrisà* e nenhum deles quis recebê-la. Enfim, ela foi implorar a ajuda de Òṣun que a recebeu afetuosamente e transformou o corrimento sanguíneo em penas vermelhas do pássaro *odídẹ*, chamadas *ekódídẹ* ou *ikóódẹ* que iam caindo dentro de uma cabaça, colocada para recebê-las. Diante desse mistério – *awo* –, a transformação do corrimento de sangue em *ekódídẹ*, todos regozijaram-se, começando os tambores a rufar e a correrem de todas as partes para assistir ao acontecimento:

Yèyé sawo: Mãe fez mistério

(Mãe conhece segredo, é mistério).

A festa se organizou e todas as noites Òṣun abria as portas para receber os visitantes que, entrando, apanhavam um *ekódídẹ* e colocavam cauris (dinheiro) na cuia colocada ao lado. Todos os *òrisà* vieram tomar parte no acontecimento. Finalmente, o próprio Òṣàlá foi atraído pelas festividades. Apresentou-se em casa de Òṣun e, como os outros, saudou-a fazendo o *dòdòbálè*, apanhou um *ekódíde* e o prendeu em seus cabelos. Um cântico relembra para sempre essa circunstância:

Òdòfin dòdòbálè k'obinrin

Òdòfin (Òrìnsàlà) saúda prostrando-se frente à mulher.

Mesmo o grande *Òrisà Funfun* faz o *dòdòbálè* – alongando-se no solo, tocando-o com o peito em sinal de respeito e de submissão – diante do poder de gestação[14].

O corrimento menstrual representa o poder de gestação. Do mesmo modo que o sêmen é chamado:

Ohun-omokùnrin

o corrimento menstrual é chamado:

Ohun-omobìrin.

Nesse contexto, o vermelho representa o poder de realização, o *àse* de gestação, humana, animal, vegetal, mineral; o *àse* da terra também simbolizado por suas águas que o veiculam. A gestação significa abundância, riqueza. A cor de *Òsun* é o *pupa* ou *pon*, que, em *Nàgô*, significa tanto vermelho como amarelo. *Pón ròrò* é o amarelo-dourado, a cor que caracteriza *Òsun*. O amarelo é, pois, uma qualidade do vermelho, um vermelho-claro e benéfico, significando também "está maduro". Uma outra maneira de dizer vermelho em *Nàgô* é *pupa eyin*, literalmente gema de ovo. Nada poderia ser mais expressivo. Realmente ovo é não só um dos símbolos de *Òsun*, com o qual se prepara uma de suas comidas preferidas, como também o símbolo por excelência das *Ìyá àgbà*, ancestres femininos.

Todos os metais amarelos pertencem a *Òsun*, o ouro e principalmente o bronze – *ide* – metal com que são manufaturados seus braceletes e o *abèbè*, leque ritual sobre o qual falaremos mais adiante. O *às e* vermelho genérico é representado pelo sangue humano e animal, pelo *epo* e o *osùn*, sangue vegetal, e pelos metais vermelhos e amarelos. É igualmente representado, particularmente, pelo mel, sangue

---

14. Essa história faz parte do rico patrimônio transmitido oralmente no *Àse Òpó Afònjà*. Ela foi publicada em sua versão integral sob a forma de livro-objeto por Deoscoredes M. dos Santos (1966).

das flores, doçura e quinta-essência do bom, o àṣẹ rere só comparável ao leite materno.

As penas *ekódíde* pertencem ao vermelho, representam o poder e o *àṣẹ* de *Òṣun-Olórí-Ẹléyẹ* (chefe supremo das possuidoras-de-pássaros), porém elas não simbolizam o vermelho genérico, mas – como os cauris para o branco – representam fragmentos do vermelho, seres individualizados, o elemento procriado.

Yémánjá compartilha de quase todas as características de *Òṣun*. Na Nigéria, associada ao Rio *Ògùn*, é adorada sobre as suas margens e em numerosos templos. Seu culto expandiu-se enormemente no Brasil, não só nos "terreiros" tradicionais, mas também nos grupos mais aculturados. Associada à água, particularmente à do mar, por causa da extensão do litoral brasileiro, é cultuada intensamente pelos pescadores e o povo em geral. Estando *Odùduwà* e *Ọbàtálà* quase fundidos num só conceito, o de *Òṣàlá*, *Naná* em certos casos e às vezes *Yémánjá* vieram a ser consideradas como seu par feminino. Sua significação também está explícita em seu próprio nome:

Yémánjá: ye + ọmọ + eja

Mãe dos peixes-filhos

dos peixes contidos em suas entranhas de água.

Assim como *Odùa*, ela está mais relacionada a poder genitor que a gestação e, como *Nàná*, está associada a interioridade, a filhos contidos em si mesma. É assim que *Yémánjá* é representada pelo branco-incolor, por materiais transparentes – como as contas de cristal de seu colar – e por representações diluídas do preto, azul-celeste ou verde-água. Do mesmo modo que aos *òrìṣà funfun* lhe correspondem os metais prateados com que são feitos todos seus objetos de metal, inclusive seu *abèbè*, leque ritual de que falaremos mais adiante.

Em alguns mitos, ela é considerada como a mulher de *Òrányàn* – descendente de *Odùduwà* e fundador mítico de *Òyó* de quem ela concebeu *Sàngó*, *òrìṣà* patrono do trovão e ancestre divino da dinastia dos *Álaàfin*, reis de *Òyó*.

A relação entre *Yémánjá* e *Ṣàngó* é irrefutável. Nos "terreiros", um "assento" de *Yémánjá* acompanha sempre o *peji* – altar – de *Ṣàngó e ela "come" de todos os sacrifícios que lhe são oferecidos. Ela também é invocada durante a roda de Sàngó*, ritual durante o qual são saudados todos os *ẹbọra* da família de *Sàngó*, vinculados como ele ao símbolo fogo.

O fogo aparece assim como um resultado, como uma interação do elemento água e ar, constituindo um elemento dinâmico. Nesse contexto, o vermelho simboliza igualmente um poder de realização, não só o "sangue vermelho", corrimento menstrual genitor do qual são concebidos os *ẹbọra*-filhos, mas também o "sangue vermelho", *àṣẹ* de realização, o sangue que circula, que dá vida e individualiza.

O vermelho portador desse *àṣẹ*; o preto, o segredo, o processo oculto é indecifrável da interação que permite a aparição do terceiro termo; e o branco, a existência genérica, são os três elementos que, em combinações diversas, simbolizam os *òrìṣà*-filhos.

Cada *òrìṣà*-filho está marcado pelos elementos que lhes deram origem; são as diversas combinações que fazem sua singularidade, associam-nos a aspectos diferentes da natureza e lhes conferem o controle sobre funções específicas.

Precisemos de imediato que, quando classificamos um *òrìṣà* como filho, o fazemos de acordo com seu significado *em relação* à *constelação dos òrìṣà*. Identificado e individualizado, será uma matéria de origem abstrata, um ancestre divino do qual se desprenderão porções ou pedaços para criar seres no *àiyé*, assim como acontece como os *òrìṣà*-genitores. Assim, se voltarmos ao exemplo de *Sàngó*, este será um *òrìṣà*-filho descendente de *Yémánjá* e de *Òrányàn*, assim como será ancestre sobrenatural de todos seus descendentes no *àiyé*. Cada segmento de sacerdotisas no "terreiro" reproduz a constelação "familiar" dos *òrìṣà*. Assim, por exemplo, uma sacerdotisa de *Sàngó* chamará de "mãe" uma sacerdotisa de *Yémánjá*. É durante os rituais e através da possessão que toda a gama mítica de relações é revivida e a constelação "familiar" dramatizada. Os emblemas e principalmente as cores de vestes e paramentos, particularmente a dos colares, colocam em evidência a quem pertencem as sacerdotisas ou quais os *òrìṣà* manifestados.

Assim como *Odùduwà* e *Obàtálà* simbolizam o par genitor, *Odùa* representando todas as genitoras e *Obàtálà* todos os genitores, os *òrìsà-filhos* são representados por *Èsù*. Consagraremos a esse importante *òrìsà* um capítulo inteiro que desenvolverá os elementos que vamos expor aqui sumariamente no que concerne aos outros *ebora*-filhos cultuados no "terreiro".

Falaremos brevemente dos *ibéjì*, gêmeos míticos, no capítulo mencionado acima, e precisaremos então aquilo que nos leva a colocá-los ao lado de *Èsù*.

Todos os *òrìsà* que agruparemos em continuação são chamados *"òrìsà* de rua", *awon òrìsà l'òde*, todos os *òrìsà* do exterior. Tratando-se de *òrìsà-filhos*, o simbolismo de exterioridade parece-nos bastante expressivo.

Dada sua importância na prática ritual e a sua significação, destacamos *Òsányin*, *òrìsà* patrono da vegetação, das folhas e de seus preparados.

As folhas, nascidas das árvores, e as plantas constituem uma emanação direta do poder sobrenatural da terra fertilizada pela chuva e, como esse poder, a ação das folhas pode ser múltipla e utilizada para diversos fins. Cada folha possui virtudes que lhes são próprias e, misturadas a outras, formam preparações medicinais ou mágicas, de grande importância nos cultos, onde nada pode ser feito sem o uso de folhas.

As folhas, como as escamas e as penas, são e representam o procriado. Elas veiculam o "sangue preto", o *àse* do oculto.

Òsányìn é representado pela cor verde, uma qualidade de preto[15].

O "sangue" das folhas, que traz em si o poder do que nasce, do que advém, abundantemente, é um dos *àse* mais poderosos. Em combinações apropriadas, elas mobilizam qualquer ação ou ritual; daí a necessidade constante de seu uso.

---

15. Bascom fornece informação semelhante a esta. Em *Meko*, as contas verdes de *Ifá* foram-lhe mencionadas como pretas.

Por conseguinte, Òsányìn possui um poder ao mesmo tempo benéfico e perigoso, a depender dos vários empregos das folhas. Seu culto é mais ou menos secreto, e, mesmo que não constitua uma sociedade secreta, seus ritos não são públicos. Òsányìn fala com uma voz peculiar atribuída a um pequeno pássaro que o representa. É o pássaro *Eye*. Nos templos consagrados a Òsányìn, na África, diz-se que ele habita no *Igbá Òsányìn* (a cabaça de Òsányìn) e que ele fala quando Òsányìn é consultado.

No Brasil, Òsányìn é representado por um emblema de ferro. Uma barra central, rodeada de outras seis, com um pássaro de ferro sobreposto simboliza uma árvore de sete ramos com um pássaro em seu topo.

O ferro, condutor do "sangue preto", confirma a relação de Òsányìn com o preto. Por outro lado, o pássaro que o simboliza reforça a relação folha-pena e sua simbologia em relação a elemento procriado.

Estreitamente ligados à vegetação e à floresta, devemos mencionar o grupo dos *òrìsà* caçadores entre os quais só distinguiremos Ògún e Òsósi.

Ògún é um *òrìsà* complexo considerado geralmente como filho de *Yémánjá;* mas, em algumas histórias, é considerado como filho de *Òdùduwà*. Em ambos os casos seu pai é Òrìsàlá. Ògún está profundamente associado ao mistério das árvores e consequentemente a Òrìsàlá. Seu "assento" é "plantado" ao pé de um *igí-ìyeyè* (Spondias Latea ou Spondias Monbin) (cajazeira) no Brasil, ou ao pé de um *odán*, de um *akòko* ou de um *àràbà* na Nigéria e no Daomé, e rodeado por uma perene cerca de *pèrègun* (Dracaena Fragrans), chamada Espada de Ògún no Brasil. Às vezes seu "assento" também é plantado" ao pé de um *igí-òpe*, cujos troncos simbolizam a matéria individualizada dos *òrìsà-funfun* e particularmente de Òsàlá. Vimos que as folhas brotadas sobre os ramos e os troncos simbolizam descendentes. As palmas recém-nascidas do *igí-òpe*, chamados *màriwò* (escrita *mònriwò* por ABRAHAM: 428) constituem a representação mais *importante de Ògún*, tão importante quanto seu machete de ferro com o qual ele desbrava os caminhos.

Akóro ko l'aso,
Màriwò l'aso Ògún o!

Màrìwò.
Akóro não tem roupas,
Màrìwò veste *Ògún,*
Màrìwò

(*Akóro* é um tipo de coroa que caracteriza *Ògún*, e veio a ser um de seus nomes).

As origens de *Ògún* datam dos tempos proto-históricos e sua função de *Asiwajú*, aquele que toma a vanguarda, aquele que vai na frente dos outros, o que precede, o converte no símbolo do primogênito que, através de sua agressão, de seu machete, abre o caminho para quem o segue. É um desbravador em todo o sentido do termo. A imagem que seus mitos nos transmitem nos conduz a associá-lo à do homem pré-histórico, violento e pioneiro. Ele caça e inventa as armas e as ferramentas, primeiro de pedra, depois de ferro. Depois de ter sido um destemido caçador, conhecedor dos segredos da floresta, ele se fez ferreiro e soldado. Está associado àquela remota época em que o caçador foi a vanguarda da civilização. Sua primogenitura o converte em irmão quase gêmeo de *Èsù* com o qual se confunde frequentemente; mas o exame pormenorizado de *Èsù* permitir-nos-á apreciar o que os diferencia: enquanto *Èsù* é um símbolo coletivo, um princípio, o elemento terceiro, *Ògún* constitui um aspecto desse símbolo e provavelmente o mais violento (cf. p. 144s.).

Associado a mistério, seu culto na África foi uma sociedade secreta, já desaparecida hoje, de onde as mulheres estavam excluídas. As cores que correspondem a *Ògún* são qualidades do preto: o verde e o azul-escuro. Seus colares são feitos de contas verdes ou azul-escuras, ou então correntes de ferro, metal "sangue preto" do qual ele é o patrono. Está representado por um conjunto de sete ou nove ferramentas de ferro, do tipo fabricado pelos antigos ferreiros *Yorùbá*.

No grupo de *Òde* – caçadores – sobressai *Òsôsì*, o caçador por excelência. Ele compartilha de muitas características de *Ògún*. São "irmãos" na linguagem do "terreiro". Ele se diferencia de *Ògún*, particularmente, porque está ligado diretamente à terra virgem e não especificamente à árvore. Trata-se de um *òrìsà* muito importante na Bahia particularmente nos três "terreiros" *Kétu*. Com efeito, *Òsôsì* é considerado como um dos *òrisà* reais e por isso é chamado de *Álákétu*, título oficial do rei de *Kétu*. Seu culto foi introduzido na Bahia por uma das fundadoras do *àse* do primeiro "terreiro" público na Barroquinha, e *Òsôsì* é considerado fundador dos três "terreiros" que derivaram dele. Isto é importante porque *Òsôsì* é considerado *Àsèsè*, origem das origens, dos descendentes de *Kétu* no Brasil. Como *Ògún*, é associado a um aspecto do preto: suas vestimentas, seus paramentos e as contas de seu colar são azul-claros. O símbolo que o representa é um arco e flecha de ferro. Entre seus paramentos figuram os *oge*, chifres de touro selvagem (do *efon*, Syncerus Caffer Beddingtoni), substituídos no Brasil pelos chifres de touro. Não entraremos na análise do simbolismo do chifre e contentar-nos-emos apenas com chamar a atenção para sua estrutura em forma de cone e sua relação com abundância e elemento procriado (cf. 73s. e 142s.) no *àiyé* e no *òrun*. Essa relação com ascendência e descendência faz com que o seu som seja de uma força inigualável; e um poderoso meio de comunicação entre o *àiyé* e o *òrun*; com efeito, os chifres rituais no culto de *Òde* são chamados *Olugboohun*: o Senhor escuta minha voz.

Em relação ao tema da presente tese, tem relevância especial um outro emblema que caracteriza *Òsôsì*: o *irùkèrè* pronunciado na Bahia *èrùkèrè*. É uma espécie de cetro feito com pelos de rabo de touro presos a um pedaço de couro duro constituindo um cabo revestido de couro fino e ornado com contas apropriadas e cauris. É um dos principais instrumentos utilizado pelos caçadores e detém poderes sobrenaturais. Na África nenhum caçador ousaria aventurar-se na floresta sem seu *èrùkèrè*. É preparado com pós e remédios de diversos tipos, assim como com folhas e fragmentos triturados de animais sacrificados. Antes de serem presas ao *èrùkèrè*, as raízes dos pelos devem durante algum tempo ser imersas num pote com uma combinação de elementos que constituem um *àse* especial, que lhe permitirá adquirir os poderes necessários à sua finalidade.

Não se trata apenas de um emblema profilático; tem o poder de controlar e manejar todo tipo de espíritos da floresta.

Como emblema de Òsòsì, tem um significado semelhante ao do Sàsàrà de Obàlúaiyé. Da mesma forma que as nervuras das palmas representam ancestres ou espíritos das árvores e da terra, os pelos do rabo – da parte posterior, do poente, do passado – representam os ancestres, os espíritos de animais e todo tipo de espíritos da floresta.

Um emblema semelhante é usado por *Oya*, única *ebora*-filha entre os *òrìsà* femininos da esquerda. Esta classificação expressa sua simultânea relação com vários elementos ou materiais de origem: está associada com água e considerada filha de Òsun; está associada à floresta, aos animais e aos espíritos que a povoam, aspecto simbolizado pelos chifres de touro e pelo *èrùkèrè* que fazem parte de seus emblemas; está associada a um aspecto do ar, ao vento e particularmente à tempestade e ao relâmpago (ar mais movimento = fogo); e está associada aos ancestrais masculinos que ela dirige e maneja. Trataremos desse último aspecto no capítulo dedicado aos *égún* (cf. p. 129ss.).

O elemento fogo, ao mesmo tempo interação e resultado, constitui seu aspecto dinâmico e essencial. As vestimentas, os paramentos e as contas do colar que distinguem suas sacerdotisas – as *olóya* – são vermelhos[16]: o vermelho-sangue que circula, o *àse* da realização que move e individualiza. O metal que lhe corresponde é o cobre, de que são feitos todos os seus objetos metálicos, incluindo uma pequena espada que denota seu aspecto agressivo. *Oya* é o aspecto feminino de *Sàngó*, sua mulher segundo os mitos: o casal representa o aspecto masculino e feminino do vermelho individualizado, do vermelho-descendência no *àiyé* e no *òrun*. Mas enquanto *Oya* está relacionada com a floresta e a terra e é inteira e uniformemente vermelha, *Sàngó* está relacionado com a terra e a árvore, a matéria individualizada de Òsàlá, e o colar que o representa é formado de contas vermelhas alternadas com contas brancas; por essa mesma razão, madeira e cobre são os materiais com que se fazem todos os objetos e emblemas que o representam[17].

---

16. O colar das *olóya* é feito de contas especiais chamadas *mònjòlò*, levando uma conta-signo amarelo ouro, representação de sua relação simbólica com Òsun.

17. Lydia Cabrera (1968) se estende longamente sobre a relação de *Sàngó* com a "palmeira real" – *igi-òpe*.

Assim como *Oyà* está representada pelo relâmpago, *Sàngó* está representado pelo trovão. O aspecto de interação aparece outra vez aqui, estando esse significado sublinhado pelo fato de que dessa interação se desprende um corpo, *edùn-àrá* – pedra do raio – considerado a representação do corpo de *Sàngó*, seu símbolo por excelência. Na realidade os *edùn-àrá* são machados de pedra desencavados, que se considera terem sido lançados por *Sàngó*. Os *osé-Sàngó*, inspirados nesses machados de pedra, são "doble" machados característicos que simbolizam esse poder de desprender um corpo resultante de uma interação e são os mais poderosos transmissores de *àse* vermelho, aquele que assegura vida e reprodução. Essa enfática simbologia de elemento procriado, por um lado, irmana *Sàngó* e *Ésù* e, por outro lado, faz do primeiro o antissímbolo da morte. Representa dinastia, conceitualizando uma corrente de vida ininterrupta, expressa pela função de *Aláàfin* "epítome do poder absoluto de realeza", segundo Morton Williams (fig. 11). Isto faz com que apesar de *Sàngó* resumir em si a herança, ou melhor, a imagem coletiva dos ancestrais – expressa pela sua parte de branco, de árvore e de madeira – representa fundamentalmente o poder de realização e de elemento procriado, expresso por sua parte de vermelho, de fogo e de trovão. Se, pela sua matéria de origem ancestral e pelo seu aspecto exterior, ele lembra um ancestre *égún* (um mito conta que *égún* roubou suas roupas), sua função consiste em assegurar a vida individualizada na *àiyé*. *Sàngó* retira-se da cabeça de suas sacerdotisas quando estas estão prestes a morrer. *Sàngó* não fica onde há mortos. Lydia Cabrera (1968: 245), intrigada com esse aspecto de *Sàngó*, perguntou a seus informantes "por que ele tem tanto medo dos mortos". Todos os informantes, unanimemente, responderam que não é uma questão de medo. *"Sàngó* não tem terror dos *iku* (mortos)", *"Sàngó* não foge dos mortos, ele não tem medo de nada", e a resposta é significativa: *"Sàngó* não gosta 'da queleto' frio porque ele está vivo, quente", dando relevo, segundo Lydia Cabrera, "a uma incompatibilidade essencial do deus com a morte". Interpretamos essa incompatibilidade como resultado de ambos pertencerem a categorias diferentes, sendo o "assento" de *Sàngó* absolutamente diferente do de *égún*.

Entre os ẹbọra-filhos, já destacamos Ọbàlúaiyé, filho mítico de Nàná, representado pelo Ṣàṣàrà, o feixe de nervuras de palmeira que revela claramente sua simbologia, imagem coletiva de espíritos ancestrais. Ọbàlúaiyé, fortemente relacionado com a terra e com os troncos e ramos das árvores, transporta àṣẹ preto, vermelho e branco. De fato, as três cores o representam. Não são cores-matizes, qualidades do preto ou vermelho, mas cores nítidas, puras. Seus colares são formados de contas pretas alternando com contas brancas, ou contas vermelhas e brancas, ou pretas e vermelhas. Porém sua matéria de origem é terra e como tal ele é o resultado de um processo interior; seu significado profundo está associado com o preto, com o segredo contido no interior do "ventre fecundado" e com os espíritos contidos na terra que são seus irmãos e dos que ele é o símbolo. O colar que o simboliza por excelência é o *lágídígba*, cujas contas feitas da dura casca da semente existente dentro da fruta do *igí-òpe* – a palmeira – são pretas.

Como Nàná, Ọbàlúaiyé se distingue pela abundância no uso de cauris, não só nos longos colares *bràjá* (cf. p. 88), mas também distribuídos no conjunto de sua vestimenta e paramentos, acentuando sua significação de filho-ancestre. Uma cantiga mostra-o claramente:

Owó nlá bànbà,
Ójiṣẹ̀ owó nlá bànlà,
Owó nlá bànbà
Dinheiro (cauris) grande, imenso,
Mensageiro de riqueza,
Dinheiro grande, imenso.

É o patrono dos cauris e o conjunto de dezesseis búzios (na realidade dezesseis + um)[18] que serve de instrumento ao sistema oracular ẹ̀rindílogun lhe pertence.

Na Nigéria, os sacerdotes do *owó ẹ̀rindílogun* são adoradores de Ọbàlúaiyé e distinguem-se pelo uso, em volta do punho esquerdo, de

---

18. Sobre o pormenor + um, cf. o parágrafo destinado ao exame do *Bara*.

uma tira de pano *igbosu* (tira de pano africano vermelho) onde foram costurados cauris *èsò*[19].

Um dos aspectos mais notáveis de *Obàlúaiyé* e que o distingue completamente dos outros *òrìsà* é o fato de que, quando ele se manifesta em suas sacerdotisas, deve ser recoberto por uma vestimenta sagrada de "palha da costa", de ráfia africana conhecida nos cultos pelo seu nome *Nàgô* de *iko*. Essa roupa, chamada *aso-iko*, cobre todo o rosto da sacerdotisa possuída. O emprego prescrito e exclusivo da ráfia é tão importante que, não havendo *iko* no Brasil, não foi mesmo possível, em virtude da profunda simbologia que lhe é atribuída, adaptar ou transferir seu uso a produtos locais similares, como outros elementos rituais foram adaptados. Até hoje, o *iko* é importado e não admite substitutos nativos.

A vestimenta *aso-iko*, feita de ráfia, consiste numa saieta e num *fila*, chapéu, trançado em forma de cone, cujas fibras superiores formam um tufo ou uma pequena vassoura. Em sua extremidade inferior, as fibras de ráfia são deixadas livres e desfiadas a fim de formar uma cortina densa que cobre inteiramente o rosto da sacerdotisa possuída e desce até o meio do peito. A saieta feita com a mesma ráfia desfiada completa a vestimenta.

O *iko* é um material de grande significado ritual. É essencial e participa de quase todos os ritos ligados à morte. A presença do *iko* é indispensável em todas as situações em que se maneja com o sobrenatural e cuidados especiais devem ser tomados. O *iko* é a fibra da ráfia obtida de palmas novas de *Igí Ògòrò* ou Raphia Vinifera. As fibras devem ser extraídas das talas do olho de palmeira quando novas e erguidas, antes de elas se abrirem e curvar-se. A presença do *iko* indica igualmente a existência de alguma coisa que deve ficar oculta, de alguma coisa proibida que inspira um grande respeito e medo, alguma coisa secreta que só pode ser compartilhada pelos que foram especialmente iniciados.

---

19. *Èsò* é a pronúncia da Bahia. Está registrada pelo *A Dictionary of the Yoruba Language* (1950: 80) *èsà-owo* ou *owó-èsa*: pequenos cauris (Ésa = cauris; *owó* = dinheiro). Anotado por Abraham (p. 165):" *èésòn*: tipo de pequeno caracol.

O fato de Obàlúaiyé cobrir-se de iko e ornar-se com cauris mostra claramente que nos encontramos em presença de um ebora de poder extraordinário relacionado com morte, em que as faculdades destruidoras são de difícil controle; que ele inspira medo e respeito; que constitui uma presença ameaçante possuidora de algo interior, vedado, secreto, misterioso, que, consequentemente, deve ser coberto, isolado e protegido. Sòpòná – Obàlúaiyé sob seu nome mais terrível – impinge doenças epidêmicas, a varíola, a peste bubônica, particularmente as doenças da pele como a lepra e outros males que dão muita febre. Controla esses castigos e, sendo ele quem os impinge, é o único que tem o poder de os suprimir, os prevenir e os manter afastados.

Este é o aspecto mais feroz do vermelho, estreitamente associado a violento calor e por isso é chamado *Baba Igbona* = pai da quentura, *oriki* composto com a palavra *ina*, fogo.

O vermelho o irmana a Sàngó de quem é o irmão mais velho segundo os mitos.

É com sua vassoura sagrada, o Sàsàrà, que Obàlúaiyé limpa, varre as doenças e também as impurezas e os males sobrenaturais.

Obàlúaiyé, Oba + olú + àiyé, Rei de todos os espíritos do mundo, detém e lidera o poder dos espíritos e dos ancestrais que o seguem e ele oculta sob a ráfia o mistério da morte e do renascimento, o mistério da gênese[20].

Devemos, finalmente, mencionar, entre os ebora, Irúnmalè de esquerda, Òsùmàrè, grande píton mítico que, levantando-se das profundezas da terra, atinge o firmamento, atravessa-o de um lado a outro e volta a penetrar na terra. O arco-íris o representa. Òsùmàrè, que transporta em seu corpo todos os matizes, representa as múltiplas combinações possíveis de àse susceptíveis de serem herdadas por um descendente.

Òsùmàrè ègò tì i somò Òlòjà òruru[21].

Òsùmàrè sábio descendente de quem possui faixa vermelha.

---

20. Para o estudo minucioso de *Naná* e Obàlúaiyé indicamos Juana Elbein e Deoscoredes M. dos Santos (1967: 49-75) e para o significado do *iko* a Juana Elbein e Deoscoredes M. dos Santos (1968: 1-14).

21. Ègọ: ài gò: não ignorante.
Òruru: vermelho na língua de *Ifá*.

Filho de *Ọ̀lòjà òruru*, aquela que é ou possui o vermelho genérico, a terra, a grande possuidora e transmissora de *àṣẹ*, cujo poder move toda a existência.

Ọ̀sùmàrè é cultuado no "terreiro" no mesmo templo – *ilé* – que *Nàná*, sua mãe, e *Ọbàlúaiyé*, seu irmão, e cada um é individualizado graças a um "assento" separado. Como *Nàná* e *Ọbàlúaiyé*, ele se paramenta com búzios, com os *bràjá* e com o colar *Lágídígbà*, tornando manifesta sua relação com os conteúdos da terra e os ancestrais.

Ọbàlúaiyé e *Ọ̀sùmàrè* estão relacionados com "transcurso", com destino, enquanto o primeiro é patrono do *Érìndílógún*, o segundo é considerado como um grande *babaláwo*. Segundo um mito, é devido a suas performances inesquecíveis como *babaláwo*, nos alvores da criação, em relação com *Olókun* (patrona dos mares) e com o próprio *Olódùmárè*, que ele fora retido no *òrun*; a seu pedido, é-lhe permitido voltar ao *àiyé* de três em três anos.

É então que ele estende seu *àṣẹ* sobre o mundo, nas primeiras horas da manhã, quando o sol se levanta, e o *àṣẹ* se expande pelo mundo todo e é ativo poderoso. Duas serpentes de ferro – signo do preto – representam-no.

Se me permiti insistir na concepção da direita e da esquerda, não foi só porque, a meu conhecimento, praticamente nada foi escrito, até o presente, sobre esse fundamental aspecto em relação aos *Nàgô* ou *Yorùbá*; se também me permiti repetir-me cientemente a propósito do significado do branco, do vermelho e do preto, tratando de "rodeá-los", de enfocá-los sob todos os ângulos possíveis, é porque acredito que não existe um único elemento que o *Nàgô* não categorize sem ser através desses dois sistemas de classificação simbólica: a localização em relação a um centro e a cor-significado.

Uma vez percebido e compreendido esse traço extremamente importante da ideologia *Nàgô*, uma notável imagem de todo o sistema se delineia. As relações se esclarecem e toda a sua estrutura e "fisiologia" tornam-se mais compreensíveis.

Por isso repetimos com Beidelman (1961: 250) quando em 1961 escrevia: "É surpreendente ver até que ponto essa análise foi pouco associada aos dados africanos"[22] e, certamente, aos dados afro-brasileiros[23]. Desde as minhas primeiras experiências no "terreiro", percebi que o àṣẹ e as cores eram elementos dotados de um significado obscuro e múltiplo que apareciam constantemente. Tudo parecia ser e conter àṣẹ. Por outro lado, todos os membros do egbé, os objetos e os emblemas traziam de uma certa forma a marca dessas cores, pintadas ou representadas por pedaços de pano, contas ou outras substâncias em que as cores eram profundamente significativas.

Presença, transmissão e redistribuição de àṣẹ e emprego simbólico das três cores básicas que o veiculam estão presentes em todos os rituais relacionados com a situação do ser humano, quer seja no contexto social quer seja no seu relacionamento com os outros elementos do universo.

As cores atribuídas a cada òriṣà constituem um meio de classificação que torna explícito seu significado, sua particular esfera de ação e sua pertença.

Sendo os òriṣà e os ẹbọra complexos símbolos protótipos, portadores e transmissores de àṣẹ específicos, que classificam e agem no cosmo, na sociedade e no próprio indivíduo no nível do real e do desconhecido, o conhecimento de seus significados e de suas relações deverá facilitar o exame e a interpretação de ação ritual e das elaborações do egbé. Examinamos os elementos-signos que simbolizam cada òriṣà e o especificam. Os "assentos" individuais e coletivos – àjobọ e ojúbọ[24] – representam-nos. Os elementos-signos que os conformam tornam manifesto seu significado. Trataremos dos "assentos" no capítulo consagrado à individualização.

---

22. "One is surprised at how little such analysis has been concerned with African data".

23. Raros autores foram atraídos pela preponderante presença das cores, mas sem oferecer alguma interpretação. R. Bastide (1961: 197) tenta esboçar um quadro esquemático assinalando algumas características dos òriṣà, entre os quais nomeia as cores, declarando "é claro que não conhecemos todas as relações".

24. Já nos referimos aos àjobọ e ojúbọ no capítulo II em relação aos conteúdos do "terreiro".

VI
O sistema religioso e as entidades sobrenaturais: Os ancestrais

Diferenciação entre òrisà e ancestre: lésè òrisà *e* lésè égún; *o* Ilé-ibo-akú lésè òrisà *e o* Ilé-igbàlè lésè égún. *Os ancestrais da direita e os da esquerda; os* Égún *e as* Ìyá-àgbà: *seu culto, organização e simbologia.*

Insistimos muitas vezes no fato de que, para o *Nàgô*, a existência se desenvolve simultaneamente em dois níveis, diferenciando a vida do *àiyé* da do *òrun*. Essa concepção estende-se aos habitantes do *òrun*, diferenciando os *òrìsà*[1] dos ancestrais. Introduzimos essa distinção desde o momento em que começamos a falar dos *Irúnmalè*. Enquanto os *Irúnmalè*-entidades-divinas, os *òrìsà*, estão associados à origem da criação e sua própria formação e seu *àse* foram emanações diretas de *Olórun*, os *Irúnmalè*-ancestres, os *égún*, estão associados à história dos seres humanos.

Pertencem a categorias diferentes: os *òrìsà* estão especialmente associados à estrutura da natureza, do cosmo; os ancestrais, à estrutura da sociedade.

Alguns autores sustentam que os *òrìsà* são ancestrais divinizados, chefes de linhagens ou de clãs que, através de atos excepcionais durante suas vidas, transcenderam os limites de sua família ou de sua dinastia e de ancestres familiares passaram a ser cultuados por outros clãs até se tornarem entidades de culto nacional. Não é nosso propósito discutir

---

[1]. De agora em diante utilizaremos o termo *òrìsà* na sua acepção mais ampla, abrangendo os *ebora*, de acordo com o uso corrente no "terreiro", e o termo *Irúnmalè* para designar todas as entidades sobrenaturais, quer se trate dos *òrìsà* quer dos ancestrais.

aqui os méritos da hipótese de uma longínqua gênese humana dos òrìṣà. O que nos importa, no quadro do presente trabalho, é descrever e interpretar os fatos e o sistema tal qual os *Nàgô* hoje os vivem e compreendem. Sob esse ponto de vista, a separação das entidades em duas categorias bem definidas é terminante: de um lado os òrìṣà, entidades divinas, e, do outro, os ancestrais, espíritos de seres humanos.

Abrir uma discussão sobre a origem humana das divindades seria debater a gênese das teogonias, penetrar no domínio da teologia, do gnosticismo ou da psicologia e, em todo caso, abrir um interrogante que atinge todas as religiões. São os deuses uma realidade extra-humana inapreensível ou projeções de nossas necessidades individuais e/ou coletivas? Insistimos em que não cabe aqui tomar posição a esse respeito.

O fato de que os òrìṣà com seus mitos e lendas – parábolas que nos permitem apreender seu significado – constituem uma constelação familiar e o uso fácil e extensivo da palavra òrìṣà pode induzir a compará-los aos seres humanos.

Para os *Nàgô*, os òrìṣà não são *égún*. Distinguem-se duas práticas litúrgicas bem diferenciadas, dois tipos de organizações e de instituições, dois sacerdócios: o culto dos òrìṣà e o culto dos *égún*; os "terreiros" *lésè-égún* e os "terreiros" *lésè-òrìṣà*. Os *àṣe* de fundação[2] são totalmente diferentes assim como os "assentos" de *égún* são diferentes dos de òrìṣà.

Cada liturgia tem seus fundamentos esclarecidos no corpo dos *Odù*, nos textos rituais e, principalmente, na prática ritual. Qualquer que seja o prestígio de um *égún*, ele nunca será cultuado junto aos òrìṣà. Reciprocamente, o fato de que um òrìṣà se manifeste em sua *adóṣu* – sacerdotisa iniciada no culto dos òrìṣà – quando de um festival de *égún* constitui uma razão suficiente para suspender a cerimônia até que sejam tomadas providências para "despachar" o òrìṣà.

Há na prática ritual incontáveis exemplos indicando claramente que òrìṣà e *égún* pertencem a duas categorias distintas, cujas fronteiras às vezes parecem bem sutis.

---

2. Cf. p. 40-44.

Se os pais e antepassados são os genitores humanos, os òrìsà são os genitores divinos; um indivíduo será "descendente" de um òrìsà que considerará seu "pai" – *Baba mi* – ou sua "mãe" – *Ìyá mi* – de cuja matéria simbólica – água, terra, árvore, fogo etc. – ele será um pedaço (cf. individualização, p. 234s.). Assim como nossos pais são nossos criadores e *ancestres concretos e reais*, os òrìsà são nossos criadores simbólicos e espirituais, nossos *ancestres divinos*. Assim cada família considerará um determinado òrìsà como o patriarca simbólico e divino de sua linhagem, sem o confundir com seu ou seus *égún*, patriarcas e genitores humanos, cultuados em "assentos", em datas e de formas bem diferenciadas. O culto dos òrìsà atravessa as barreiras dos clãs e das dinastias. O òrìsà representa um valor e uma força universal; o *égún*, um valor restrito a um grupo familiar ou a uma linhagem.

Enquanto o òrìsà interiorize, no ser humano, elementos da natureza e a sua pertença a uma ordem cósmica, o *égún* interioriza a sua pertença a uma estrutura social limitada.

Os òrìsà regulam as relações do sistema como totalidade; os *égún*, as relações, a ética, a disciplina moral de um grupo ou de um segmento.

A separação que se estabelece entre òrìsà e *égún* é tão rígida que até os *égun* das *adósù* falecidas – porque elas foram iniciadas e pertencem aos òrìsà – são venerados os locais e "assentos" diferentes dos dos outros *égún*.

Já dissemos que o "terreiro" *lésè òrìsà* contém o *Ilé-ibo-akú*, totalmente separado e distante dos *Ilé-òrìsà*; no "terreiro" *lésè égún*, os ancestrais são invocados e cultuados no *Ilé-ìgbàlè* do qual falaremos mais adiante.

Por enquanto, é importante destacar que, em nenhum caso, se deve confundir o *llé-ibo-akú*, a casa onde os mortos são adorados no "terreiro" *lésè-òrìsà*, com o *Ilé-igbàlè*, casa de culto dos *égún lésè égún*. No *Ilé-ibo*, são venerados os espíritos das *adósù*, sacerdotisas iniciadas no culto dos òrìsà. No *Ilé-ìgbàlè*, são adorados os *ará-òrun* em geral e os espíritos daqueles iniciados no mistério dos *égún*.

Da mesma forma, os ritos funerários e os "assentos" dos mortos são diferentes nos dois cultos.

Os *Nàgô* praticam rituais funerários chamados *Àsèsè* no Brasil. Ainda hoje, continuam a adorar não só seus ancestres familiares, mas também as grandes figuras que fundaram os cultos da Bahia. Estas últimas, conhecidas com o nome de *Èsà*, constituem os primeiros ancestres coletivos dos "terreiros" afro-brasileiros. São adorados durante o *Pàdé* ou *Ipàdé*, cerimônia propiciatória, e estão "assentados"[3], com outros mortos ilustres da seita, no *Ilé-ibo-akú* onde se encontram os *ojúbo*, coletivos para todas as *adósu* falecidas – um para os homens e um para as mulheres. Voltaremos às cerimônias do *Pàdé* e *Àsèsè* (cf. caps. 8 e 10).

Assim como os *òrìsà*, os *égún* são classificados segundo pertençam à direita ou à esquerda, os primeiros agrupando os ancestrais masculinos, os *Baba-égún*, e os da esquerda, os ancestrais femininos, as *Ìyá-àgbà* ou *Ìyá-mi*. Assim *como* os ancestres masculinos têm sua instituição na sociedade *Egúngún*[4], as *Ìyá-mi*, que constituem sua contraparte feminina, têm a sua na sociedade *Gèlèdé*[5] e também numa outra sociedade pouco conhecida, o *Egbé E'lééko*.

Vimos, quando do nosso estudo do *Igbá-odù* e depois de ter examinado os *òrìsà*, que *Odùduwà* é o símbolo coletivo do poder ancestral feminino, cabeça dos *Irúnmalè* da esquerda, que *Obàtálà* ou *Òrìsàlá* é o símbolo coletivo do poder ancestral masculino, cabeça dos *Irúnmalè* da direita, e de que *Ògún* simboliza o filho primogênito. São precisamente as divindades que representam os princípios e são símbolos do feminino, do masculino e do elemento procriado, que aparecem em todos os textos sagrados onde é revelada a criação de *Égún*.

---

3. "Assentados" significa textualmente sentados; essa palavra é um derivado do termo "assento" – *idí* – representação simbólica e lugar de veneração de toda entidade sobrenatural. "Assentar" significa plantar e consagrar o "assento" e "assentado" é seu particípio passado: estar "assentado", estar plantado e consagrado.

4. Para uma análise detalhada do culto *Égún*, cf. Juana Elbein e Deoscoredes M. dos Santos (1969, edição efetiva em 1971) onde figura uma lista bibliográfica sobre a questão (p. 80-82).

5. A respeito da sociedade *Gèlèdé*, cf. Ullie Beier (1956) e Peggy Harper (1970).

Veremos assim que em certos mitos o poder ancestral feminino passa a ser representado por Òṣun e em outros por Oya; que o poder ancestral masculino passa a ser representado por Orúnmìlà, um òrìṣà funfun muito particular a que nos referimos mais adiante; que o símbolo de elemento procriado, atribuído a Ògún, passa a ser frequentemente representado por Èṣù.

Devemos chamar a atenção para um aspecto importante. Enquanto os ancestres femininos – com exceção de ocasiões muito extraordinárias – parecem não ter representações individualizadas no àiyé, tendo seus símbolos um significado coletivo, os ancestres masculinos têm, além de seus símbolos coletivos, representações individualizadas bem definidas. Não falamos dos "assentos", mas das formas corporais que os representam. Vamos explicar-nos. Além dos "assentos" e dos símbolos coletivos, a adoração dos ancestres masculinos toma toda sua significação pelo fato de os espíritos de alguns mortos do sexo masculino, especialmente preparados, poderem tomar uma forma corporal e serem invocados em circunstâncias determinadas através de ritos bem definidos. São os *Égún* ou *Egúngún*, antepassados conhecidos, que levam nomes próprios, estão vestidos de maneira que os singulariza e são cultuados pelos membros de sua família e seus descendentes.

Esse não é o caso das *Ìyá-àgbà*. Suas aparições materializadas no decorrer das cerimônias *Gèlèdé* ou *E'lééko* simbolizam aspectos coletivos do poder ancestral feminino.

Enquanto os antepassados femininos agrupados no singular *Ìyá-mi* (minha mãe) ou mais especificamente *Ìyá-mi Òsòròngà* (minha mãe Òsòròngà[6]) representam uma totalidade, uma massa, um grande "ventre" simbolizado pelo *igbá* – cabaça – os antepassados masculinos, os *Égún* representam tanto indivíduos simbolizados pelos *òpá*, paus, varas ou ramos, como uma totalidade simbolizada pelo tronco *Òpá-kòko* fincado na terra.

Símbolo individual ou coletivo, a representação material de *Égún* sempre está unida à terra. *Égún* é um descendente, um *Irúnmalè*-filho e os mitos o confirmam.

---

6. Sobre as *Ìyá-mi* cf. Raymond Prince (1961) e Pierre Verger (1965).

Ancestre para os *ará-àiyé*, ele sempre é um "descendente" de *Odùa* e de *Obàtálà* na constelação do *òrun*.

Já dissemos, falando de *Òrìsànlá*, que o *òpá-sóró* e os *òsùn*, varas de ferro que representam os ancestrais, pertencem à mesma família de símbolos. Ressaltamos, nessa ocasião, que o *òsùn* sempre deve estar erguido e indicamos que se trata de um *omo-èhin*, um jovem, um descendente.

Essa concepção de entidade-filho assemelha *Egún* aos *òrìsà*-filhos (descendentes dos genitores divinos: *Ògún*, *Obàlúaiyé*, *Sàngó* etc.), cujos significados diversos são herdados e reproduzidos pelos ancestrais. *Ikú*, Morte, é sua representação coletiva. Concebido como um homem, Morte é um símbolo masculino O aspecto masculino de *Ikú*, claramente explícito na linguagem cotidiana, aparece em numerosas histórias. Um exemplo válido:

Òjòntarígì nìkan náà ni obìnrin Ikú[7]

Òjòntarìgì era a única mulher de Morte.

Ikú é um *Irúnmalè* do lado esquerdo e, consequentemente, *strictu sensu*, um *ebora* do grupo dos "filhos". Como eles, é um guerreiro e é representado por um *òpá*, o *Kùmòn*, símbolo que também faz parte dos emblemas de *Obàlúaiyé*. O *Kùmòn* é um maço de cerca de trinta centímetros de comprimento, às vezes com a cabeça talhada, que pode ser maciça ou apresentar vagamente a forma de um crânio. É ao mesmo tempo um emblema poderoso e perigoso. Serve para matar. *Ikú* é uma entidade dotada de significado próprio e específico, tem seu *ihùwasé*, isto é, existência e natureza próprias. Não fica num lugar fixo, mas roda em torno do mundo para realizar seu trabalho.

Ikú está profundamente associado ao mito da gênese do ser humano e à terra.

"Quando *Olórun* procurava matéria apropriada para criar o ser humano (o homem), todos os *ebora* partiram em busca da tal matéria. Trouxeram diferentes coisas: mas nenhuma era adequada. Eles foram

---

7. Verso de *Ifá* duma história do *Odù ògúndà Mégi* (ABIMBOLA, 1969: 399).

buscar lama, mas ela chorou e derramou lágrimas. Nenhum *ebora* quis tomar da menor parcela. Mas *Ikú, Òjègbé-Aláso-Òna*, apareceu, apanhou um pouco de lama – *eerúpé* – e não teve misericórdia de seu pranto. Levou-o a *Olódùmarè*, que pediu a *Òrìsàlá* e a *Olúgama* que o modelaram e foi ele mesmo quem lhe insuflou seu hálito. Mas *Olódùmarè* determinou a *Ikú* que, por ter sido ele a apanhar a porção de lama, deveria recolocá-la em seu lugar a qualquer momento, e é por isso que *Ikú* sempre nos leva de volta para a lama"[8].

Examinaremos novamente esse mito no capítulo final. Queremos apenas assinalar aqui a relação de *Ikú* com os ancestrais e com a terra. Também neste mito aparece a relação entre os dois planos da existência, entre os *ará-àiyé* e os *òkú-òrun*. Abimbola (1971: 3) escreve: "Visto que os *àgbà* (os anciãos) depois de sua morte vão ao *òrun* e mudam imediatamente de *status* para vir a ser *okú-òrun* (ancestrais)... os *Yorùbá*, espiritualmente falando, não concebem nenhuma separação entre o *àiyé* e o *òrun*"[9]. Se os ancestrais são os espíritos dos *ará-àiyé*, estes, por sua vez, renascem dos ancestrais; sua matéria de origem – a lama tirada da terra – é a mesma. *Ikú* restitui à terra o que lhe pertence, permitindo, assim, os renascimentos e, desse ponto de vista, Morte é um instrumento indispensável de restituição e um símbolo importante.

Todo renascimento está relacionado com os ancestrais. A restituição de matéria simbólica e o renascimento – *àse* veiculado pelos três "sangues" – é que mantêm a relação e a harmonia entre os dois planos

---

[8]. "When *Olórun* was looking for a suitable material to create human being (man), all the *ebora* went to look for it. They brought different things: but none of them were suitable. They went to take mud but it cried, and shed tears. None of the *ebora* would then take a bit of it. But *Ikú, Òjègbé-Aláso-Òna*, came out, took a bit of the mud – *eerúpé* – and was not merciful to its weeping. He took it to *Olódùmarè*, who asked *Òrìsala and Olúgama* to mould it and He himself breezed into it. But *Olódùmarè* said to *Ikú* that, bacause he was the one who took out a bit of mud, he will hive to replace it there et anytime – that is why *Ikú* takes us back to mud each time" (Juana ELBEIN e Deoscoredes M. dos SANTOS, 1971a).

[9]. "Since the *àgbà* (elders) at death go to *òrun* and immediately change their status to become *okú-òrun* (ancestors)... it means that spiritually speaking, the *Yorùbá* do not conceive of any separation between *àiyé* and *òrun*".

da existência. Os ancestrais são a garantia da continuidade, da evolução, da prosperidade. A própria vida no *àiyé* depende deles. A terra, a *Igbá-nlá*, a grande cabaça, ao recebê-los restitui sua capacidade genitora e, fecundada pela água-sêmen, converter-se-á no "ventre fecundado" de onde tudo nasce e se expande tanto no *àiyé* como no *òrun*. Isto está ilustrado magnificamente em duas histórias de *Ifá*: no *Ìtan-Òsètùwá*, que transcreveremos e traduziremos integralmente no capítulo seguinte, e em outro *ìtan* que pertence ao *Odù-Òsá-méji*, transcrito por P. Verger (1966: 151s. e 202s.). O primeiro *ìtan* expressa o profundo significado do sacrifício como elemento básico do mecanismo de restituição e subsequente fertilização e regeneração da vida individualizada no *àiyé*; o segundo explicita a aparição de *Égún* – a vida individualizada no *òrun* – e a gênese do símbolo que o expressa – sua vestimenta *òpá*, da que se destaca o *abala*, conjunto de tiras multicolores de pano, de *òjá* – como resultado da "fertilização" de *Odùa*, *Ìyá-nlá*, símbolo coletivo do poder ancestral feminino, por *Obàtálà*, símbolo coletivo do poder ancestral masculino. Indicamos mais acima que representantes desses poderes aos quais vem juntar-se um símbolo-filho aparecem em todos os textos que fazem alusão à criação de *Égún*. Vejamos, em resumo, o *ìtan* de que falamos.

Três *òrìsà*, *Odùa*, *Òbàrìsà* (= *Obàtálà* = *Òrìsàlá*) e *Ògún* vêm, do *òrun*, instalar-se sobre a terra. *Odùa* é a única mulher e ela se queixa a *Olórun* por não ter nenhum poder. Este elege-a Mãe para a eternidade. Entrega-lhe *àse* sob a forma de uma cabaça contendo um pássaro e recomenda-lhe que se mostre prudente no que se refere ao uso do poder que ele lhe outorga.

"Lati ìgbà náà ni Olódùmarè ti fun obirin l'àse"
Desde aquela época, *Olódùmarè* outorgou *àse* às mulheres.

Elas exercem todas as atividades secretas.

"O mú Éégún jáde
O mú Orò jáde
Gbogbo nkan, kò si ohun ti ki se nigba náà"
Ela conduz *Égún*
Ela conduz *Orò*
Todas as coisas, não há nada que ela não faça nesse tempo.

Todos os lugares de adoração encontram-se em seu *ika*, no quintal onde *Òbàrìsà* não pode penetrar. Este, vendo seu poder diminuído, consulta *Ifá* e é aconselhado a fazer uma oferenda constituída de *igbín* – caracóis – e um *pasòn*, uma haste de *àtòrì*. *Ifá* adverte-o para que tenha muita paciência e astúcia para conquistar *Ìyá-mi* e sair vitorioso. Com efeito, *Ìyá-mi* esquece as recomendações de *Olódùmarè* e abusa de seu poder em relação a *Òrìsàlá*, sempre prudente. Finalmente *Ìyá-mi* insiste para que vivam juntos em sua morada, já que juntos vieram do *òrun* e já que *Ògún* está ocupado com suas ferramentas e suas guerras. *Òbàrìsà* concorda. Uma vez na vivenda, adora sua cabaça com os *igbín* e bebe sua água. Ele oferece a *Odù* que, negligentemente, aceita. A água parece-lhe deliciosa e ela também come, com *Obàtálà*, a carne dos *igbín*.

"*Odù náá gba omi igbín, o mu ú.*
Nigbati Odú mu omi igbín tán, inú Odù nrò diedie".
Odù recebe a água de caracol para a beber.
Quando *Odù* bebeu, o ventre de *Odì* se apaziguou.

Obàtálà se queixa: ele lhe revela todos os seus segredos e ela continua a esconder-lhe os seus. *Odùa* o conduz ao *ika*, descobre para ele a vestimenta-símbolo de *Égún*, revelando-lhe seu segredo. Eles estão juntos e juntos adoram *Égún*. Quando *Odùa* sai, ele apanha as vestimentas, as modifica, veste-as e, tomando do *pasòn* na mão, sai a percorrer a cidade. Sabe falar como os *ará-òrun*. Todos reconhecem-no como o verdadeiro *Égún* e o aclamam. *Odùa* reconhece "seus" panos e admite que *Òbàrìsà* torna presente *Égún* melhor do que ela. Ela ordena a seu pássaro de pousar no ombro de *Égún*; com o *àse* de *eléye*, tudo o que *Égún* prognostica e diz se realizará. *Égún* está completo. *Eléye* e *Égún* andarão juntos. Quando *Òbàrìsà* regressa, *Odùa* entrega-lhe o poder de manejar *Égún* e se retira para sempre de seu culto. Só *eléye* indicará seu poder e marcará a relação entre *Égún* e a *Ìyá-mi*.

"*Gbogbo agbára ti Égún si nlò, agbára eléye ni*".
Todo o poder que utilizará *Égún* é o poder de *eléye*.

Òrìsàlá aceita e rende homenagem ao poder de gestação da mulher:
"*E kúnlè o! e kúnlè f'obirin o!*
E obirin l'o bí wa, o k'awa ló d'enia".

Ajoelhemo-nos, ajoelhemo-nos diante da mulher!
A mulher nos pôs no mundo, permitindo nossa existência como seres humanos.

O final nos lembra imediatamente o do mito do Òṣùn, Olóri-Ìyámi-eléye, em que Òrìsàlà também presta homenagem ao poder de gestação ao ver o sangue de Ọmọ-Òṣùn transformado em ekódíde (cf. p. 92s.).

Desse importante relato interessa destacar várias informações:

1) Divindades-símbolos dos princípios feminino e masculino e do elemento procriado vêm povoar o mundo.

2) *Odùa* é delegada para representar *Ìyá-mi*, nossa mãe, para a eternidade.

"O ní, iwọ ni o ó sì mú ilẹ̀ àiyé ró".
Ele (*Olódùmarè*) diz, você, você sustentará a terra.

Olórun lhe transmite o àṣẹ que lhe permitirá exercer sua função.

3) Esse poder está simbolizado por *uma cabaça contendo um pássaro, igbá-eye*, dada diretamente por *Olórun*. Isso faz de *Ìyá-mi, eléye*, proprietária do pássaro, assinalando assim a semelhança do poder de *Odìa* com o de *Nàná, Òṣun, Yémánjá* e todos os *òrìsà* genitores femininos.

Reinterpretando, podemos dizer que o poder feminino é expresso por uma cabaça-ventre que contém em seu interior o poder de gestação, o "sangue vermelho", veiculado pelo corrimento menstrual, as penas *ekódíde* símbolo de procriação[10]. O pássaro contido no *igbá* representa simultaneamente o poder de gestação e o elemento procriado. Tanto as *Ìyá-mi* são simbolizadas por pássaros como os *òrìsà*-filhos: *Èṣu, Òsányìn, Òṣòsì, Ṣàngó* etc.

4) *Ìyá-mi* conhece todos os lugares secretos que contêm *Égún, Orò* etc. e nos que *Obàtálá* ainda não tem acesso.

---

10. Lembre-se da história em que o corrimento sanguíneo de *Ọmọ Òṣun* é transformado em *ekódide* (cf. p. 92-95).

Reinterpretando, *Ìyá-mi*, cabaça-ventre, "conhece-contém", os símbolos-filhos-pássaros ainda não renascidos, lugar onde *Òbàrìsà* ainda não penetrou[11].

5) *Òbàrìsà* vai consultar *Ifá* para descobrir o meio de contrabalançar o poder de *Ìyá-mi*; faz oferendas de *igbín-símbolo*-sêmen e de uma chibata agressiva, *opá* de *àtòrì – pasòn* – uma vara-chicote. *Òbàrìsà* revitaliza seu poder masculino.

6) *Odùa* e *Òbàrìsà* vão viver juntos.

7) *Òbàrìsà* se fortifica por meio do "sangue-sêmen-branco" do *igbín* e o oferece a *Odùa* com que ele o compartilha: o "interior" de *Odùa* se apazigua. Ela declara que nunca "comeu" nada melhor. A água do *igbín* também é chamada *omi-èrò*, a água que apazigua, que torna propício.

8) *Odùa* permite que *Òbàrìsà* penetre no lugar onde ela guarda *Égún* no seu quintal e revela a *Obàtálà* o segredo de *Égún*. Juntos eles adoram *Égún*. No entanto, como ainda está sob o domínio de *Odùa*, *Égún* ainda não está individualizado, não tem voz própria, não tem o *ké*, a que já nos referimos (p. 48-50) que o identifique.

9) *Òbàrìsà* modifica a veste-símbolo de *Égún*. Quando está sob o poder de *Ìyá-mi*, no ventre-terra, *Égún* não tem rosto, não vê e não fala; *Obàtálà* lhe faz um rosto-símbolo inserindo-lhe o *àwòn*, peça de rede, por onde ele poderá ver e falar. Ele também agrega o *òpá-ìsan*, a vara-chicote à representação. O símbolo material de *Égún* se completa. *Égún* adquire voz, identifica-se. Resultado da interação do poder feminino que lhe dá a matéria-prima de sua vestimenta exterior e do poder masculino que o completa, dá-lhe um rosto e constitui seu esqueleto, seu âmago, *Égún* é reconhecido e honrado publicamente.

---

11. Interessante notar que é no *ika* – quintal – que *Ìyá-mi* tem instalados *Égún*, *Oró* etc. O *ika* também é chamado *èhìnkùlé* e consequentemente ligado a *èhìn*, o atrás, o poente, os ancestrais; mas principalmente é chamado *àgbàlá*, substantivo derivado do verbo *gba*: contém, recebe (à + gbà + lá), nesse sentido trata-se de um lugar-continente. Voltaremos à questão quando tratarmos da placenta. Num outro verso, o *ika* é comparado a *igbó*, "mato", o espaço-"mato", perigoso, povoado de espíritos a que fizemos alusão em relação aos conteúdos do "terreiro" (cf. p. 34s.).

10) Odù também o reconhece, libera e envia seu pássaro que, veiculando seu *àṣẹ*, conferirá a *Égún* poder de realização e independência. O pássaro e *Égún* se identificam.

"Idi rè nyìí Éégún pẹlu elèyẹ nwọn fi tun ni irẹ́pọ̀".

É por essa razão que *Égún* e *elèyẹ* estão unidos (fusionados, constituem símbolos paralelos, seres-filhos de *Igbá-nlà*).

Mesmo *Égún* dependendo de *elèyẹ*, do poder de *Ìyá-mi* para ser e se multiplicar, ela lhe outorgou a independência. A partir desse momento, nenhuma mulher poderá representar *Égún*. Seu interior é fornecido por *Òrisàlá*, princípio ancestral masculino e, como tal, *Égún* só pode ser servido e manipulado pelos homens.

Esse mito também faz sobressair que *Odùa*, como a terra, deve ser "umedecida", fecundada para ser apaziguada, ressaltando novamente o valor extraordinário conferido à procriação, à mantença harmoniosa do ciclo dinâmico da existência.

Uma outra história do *Odú Ogbè Ògúnda* (apud VERGER, 1966: 146) conta de modo similar como *Orúnmìlá* (substituindo *Ọbàtálà*) apazigua *Ìyá-mi* com a ajuda de *Èṣu*, que, em sua qualidade de filho, de princípio de vida individualizada, conhece os segredos da procriação. A história é muito longa e seu elemento fundamental é um enigma que *Orúnmìlá* deverá ser capaz de resolver, para garantir sua própria existência e a dos seres humanos. Deverá adivinhar o sentido da seguinte frase: "Elas dizem, lançar; *Orúnmìlá* diz, agarrar" é isso sete vezes. *Orúnmìlá* responde que elas vão lançar um ovo sete vezes e ele deverá agarrá-lo num punhado de algodão. *Orúnmìlá* é perdoado e também os filhos dos seres humanos"[12]. Os nascimentos podem continuar. Para que a vida dos seres continue, *Orúnmìlá* deve conhecer o enigma da fecundação, a relação de ovo com algodão. O ovo[13], ele-

---

12. "Elles disent, lancer. *Orúnmìlá* dit, attraper" et ceci sept fois. *Orúnmìlá* répond qu'elles vont lancer un oeur sept tois et qu'il devra l'attraper dans de la bourre de coton. *Orúnmìlá* est pardonné et les enfants des êtres humains également".

13. Já falamos do símbolo ovo a propósito do poder de gestação e da significação do vermelho (cf. p. 94s.).

mento-signo feminino, deve ser "agarrado" pelo algodão[14], elemento-signo masculino. Resolvido o enigma, "agarrar um ovo no punhado de algodão", fecundar *Ìyá-mi*, estabelece a relação harmoniosa feminino-masculino que torna possível a continuidade da existência.

Essa intensa necessidade atribuída a *Ìyá-mi* de constantemente ter de ser restituída e umedecida para poder procriar abundantemente é a base da forte ambivalência atribuída ao poder feminino, expresso nos mitos e na prática ritual, necessidade essa que está diretamente em função dos requerimentos de que ela é objeto – abundância de grãos, de inhame, de filhos, de dinheiro etc.

No primeiro mito, *Ìyá-mi*, interrogada por *Olódùmarè* sobre como ela se servirá dos pássaros e de seu poder, responde que "matará aqueles que não a escutarem; que ela dará dinheiro e filhos aos que pedirem..."[15]

A ambivalência que reveste seu poder é expressa claramente numa outra história do *Odù Ogbé Òsá* em que se conta que as *Ìyá-mi-eléye*, ao chegar ao *àiyé*, distribuíram-se sobre sete árvores, representando sete tipos de atividades diferentes: "sobre três dessas árvores, elas trabalham para o bem; sobre outras três elas trabalham para o mal; sobre a sétima elas trabalham tanto para o bem quanto para o mal"[16] (VERGER, 1966: 147). Como aconteceu com tantos outros elementos, o significado de *Ìyá-mi* foi "deteriorado" à medida que aumentavam o interesse e as publicações de pesquisadores estrangeiros a esse respeito.

Assim como o *àse* veio a ser "magical charms" (patuás mágicos) e, na melhor hipótese, "uma ordem", *Ìyá-mi*, nossa mãe, sustentadora do mundo, transformou-se em bruxa no sentido mais pejorativo possí-

---

14. Também já fizemos alusão ao símbolo algodão em relação a *òrìsàlá* e ao significado do branco.

15. "Elle tuera ceux qui ne l'écouteront pas; qu'elle donnera argent et enfants à ceux qui le demanderont..."

16. "Sur trois d'entre eux elles travaillent pour le bien; sur trois autres elles travaillent pour le mal; sur le septième elles travaillent et pour le bien et pour le mal".

vel. Em lugar de constituir um símbolo integrado capaz de aplicar seu poder, seu àṣe, de acordo com um determinado contexto, Ìyá-mi, despojada de sua função primordial de geradora de vida, fica reduzida à condição de destruidora e assassina e descrita como tal. Assim, enquanto recentemente um autor nigeriano classificava Ìyá-mi entre os inimigos mais destruidores do ser humano, um psiquiatra ocidental (PRINCE, 1961) nos fornece o exemplo mais típico de uma análise efetuada "desde fora", onde mesmo o símbolo mais representativo do poder de gestação de Ìyá-mi, o ẹkódíde, é mencionado como signo destruidor, sem que o autor tenha a menor ideia de seu significado (p. 796). Àṣe converte-se em sinônimo de bruxaria, o culto de Ìyá-mi num pacto vergonhoso entre o sacerdote e a bruxa (p. 799) e o símbolo inteiro confunde-se com uma representação perseguitória e castradora (fantasia tão cara à nossa psiquiatria)[17].

Vimos que as Ìyá-mi, também conhecidas sob os nomes de Eléyẹ, Àjẹ́, Eníyán, Ìy-àgbà (segundo VERGER, 1965: 142, "a anciã, a pessoa idosa, a mãe idosa e respeitável"[18]), para poderem cumprir sua função, devem ser fecundadas, umedecidas, restituídas. É isto que constitui a base de seu aspecto agressivo, que analisaremos mais adiante; a restituição e a redistribuição de àṣe constituem não só o motor do culto das Ìyá-mi, mas também do culto de todos os Irúnmalè.

A dicotomia do símbolo Ìyá-mi fez com que o estudo dos ancestres femininos fosse separado do da religião Nàgô; consideradas destruidoras e antissociais, o estudo dos ancestres femininos foi limitado e associado ao estudo da bruxaria. Nada é mais inexato. Não só as Ìyá-mi possuem suas representações coletivas divinas entre os òrìṣà genitores femininos como também elas são cultuadas e invocadas jun-

---

17. Até onde podem conduzir as interpretações influenciadas, fundadas em posições preconcebidas, é o que se pode deduzir do fato de que a palavra Àjẹ, uma das designações de Ìyá-mi, "pareceria ser uma contração de Ìyá jẹ, significando "mãe come" ("would apper to be contraction of Ìyá jẹ meaning mother eats"), quando o verbo não é jẹ mas jẹ́ ser. O resultado da adição à + jẹ́ = Ajẹ́ fica ainda a ser analisado do ponto de vista linguístico.

18. "L'ancienne, la personne âgée, la mère âgée et respectable..."

to a todos os *Irúnmalẹ̀* durante os rituais do "terreiro"; particularmente durante o *Pàdé*, todas são cultuadas na representação de *Ìyá-mi-Òsòròngà*. Vimos no capítulo precedente, nos mitos examinados, que *todos* os *òrìṣà* femininos são representações coletivas das *Ìyá-n-láawa*, nossos grandes ancestres femininos.

Odùduwà, *òrìṣà* da criação, é *Igbá-nlá*, a grande cabaça, o princípio feminino do branco, *Ìyánlá* por excelência.

Òṣun, grande protetora da gestação, é *Ìyá-mi-Àkókó*, mãe ancestral suprema.

E *Olórí Ìyá-àgbà Àjẹ́ Eléye*, chefe supremo de nossas mães ancestrais possuidoras de pássaros. E também

Ògágun ati Ògájùlo ninu awon Ìyá-mi Òsòròngà.
Chefe supremo, comandante entre todas as *Ìyá-mi-Òsòròngà*.

Naná, patrona da lama, matéria-prima da vida, é:
Omọ Àtìóro oké Ọfa.
Descendente do grande pássaro *Àtìóro* da cidade de *Ọfa*.

Yémánjá, *Oya*, *Ewa* etc., todas são *Ìyá-eléyẹ* possuidoras da cabaça com o pássaro, símbolo de seu poder.

As sacerdotisas, suas descendentes no *àiyé*, também são associadas ao poder dos pássaros.

A grande sacerdotisa responsável pelo culto de *Sàngó*, *Ìyá-Nàso*, é:
Ìyá-Nàsó Òyó Àkàlà màgbó Olódùmarè.
Ìyá-Nàsó d'Òyó venerável pássaro *Àkàlà* de *Olódùmarè*.

Lembremos que a imagem do pássaro se identifica com a do peixe que adquire um significado semelhante ao do pássaro, do mesmo modo que as penas e as escamas, pedaços do corpo materno, representam por igual símbolos de fecundidade e do poder de gestação das *Ìyá-mi*.

Na Bahia, *Òṣun* e *Yémánjá* estão associadas às sereias, morando em determinados lugares do mar. É interessante notar que a sereia, mulher-peixe, é a reformulação de um antigo símbolo grego, animal fabuloso metade mulher, metade pássaro, com busto de mulher, patas de galináceo, com penas frondosas formando cauda e longas asas, vivendo sobre penhascos solitários no meio dos mares[19].

O pássaro representante de *Ìyá-mi* também figura em vários contos na qualidade de ancestre protetor. Assim, por exemplo, na história intitulada "Cidade de *Òyó*" (DOS SANTOS, 1961: 42), o pássaro que aparece e guia a pequena *Idetí* é sua mãe falecida.

Na Nigéria e no Daomé, o culto das *Ìyá-mi* está organizado na sociedade *Gèlèdé*. Pessoalmente pouco sabemos sobre sua organização, fora das descrições e dos dados aparecidos nas raras publicações.

A sociedade *Gèlèdé* existiu no Brasil. Sua última sacerdotisa suprema foi *Omóniké*, que tinha o nome católico de Maria Júlia Figueiredo, uma das *Ìyá-làse* do mais antigo "terreiro" *Nàgô*, o *Ilé Ìyá-Nàsó*. Com sua morte, cessaram-se de celebrar os festivais anuais bem como a procissão que se realizava no bairro da Boa Viagem. Uma parte dos objetos rituais, entre eles interessantes paramentos de cabeça esculpidos, foram levados ao *Àse Òpó Àfònjá* e as oferendas e ritos eram celebrados todos os dias 8 de dezembro, aproveitando o feriado em louvor a Nossa Senhora da Conceição da Praia, associada a *Òsun*. Nesse dia, cultuava-se não só as *Ìyá-mi* mas também a *Onilè*, símbolo coletivo dos ancestres masculinos. *Omóniké* tinha o título de *Ìyálóde-Erelú*, o que constitui em si mesmo um interessante fragmento de informação.

De fato, *Ìyálóde* não é apenas um dos títulos de *Òsun* e de *Nàná*, é também, como o diz Abraham (p. 322), o cabeça da sociedade *Ìyálóde* de cada comunidade, constituindo um título civil. "A *Ìyálóòde* reúne as mulheres para discussões públicas que lhes interessam. Antigamente elas possuíam escravos. Uma rica *Ìyá-lóòde* costumava assegurar aos guerreiros de sua cidade os melhores fuzis produzidos em Lagos: *Tinúnbu*, célebre *Ìyá-lóòde*, mantinha o exército de *Abéòkúta* em sua integridade"[20].

---

19. Vimos maravilhosos exemplos dessas sereias em vários mosaicos dos séculos II e III d.C., preservados no Museu Bardo, sala VIII s/n., sala X no chão A. 1, sala XXVII n. 2884.

20. "The *Ìyálóòde* calls the women together for public discussions about their concerns. They formerly, owned slaves. A rich *Ìyálóòde* used to ensure that all the warriors of her town-ship had the best guns Lagos could produce: *Tinúnbu*, a famous *Ìyá-lóòde,* even supported the whole *Abéòkúta* Army".

A *Ìyálóde* representa todas as mulheres de sua comunidade no palácio, no conselho e nos tribunais locais. Segundo Pierre Verger (1965: 148) "ela mesma arbitra, fora do tribunal, as diferenças que surgem entre as mulheres"[21].

Ìyálóde é o título mais honorífico que uma mulher pode receber e que a coloca automaticamente à cabeça das mulheres e da representação no *àiyé* do poder ancestral feminino. O *abèbè,* leque ritual, a que já nos referimos em relação a *Òsun* e *Yémánjá,* é seu emblema, símbolo da cabaça-ventre com o pássaro-procriação (ELBEIN DOS SANTOS & DOS SANTOS, 1967: 93-94) (fig. 12).

Abraham (1962: 453) informa que o título *Erelú* é da representante das mulheres na sociedade secreta *Ògbóni*, complexa instituição religiosa e política que compreende representantes de todos os segmentos da sociedade e que contrabalançava antigamente o poder dos reis, particularmente em *Òyó* e em outras grandes cidades Yoruba[22]. Não se conhece equivalente dessa organização no Brasil. Permite-nos portanto inferir que o significado do título de *Erelú* é independente da sociedade *Ògbóni* e que a posição da *Erelú* nessa deve decorrer de sua função em relação à população feminina e ao poder das *Ìyá-mi*, de cujos símbolos a *Erelú* parece estar encarregada.

Peggy Harper (1970: 68) indica que, na aldeia de *Ìjìó*, a *Ìyálàse* é o chefe da sociedade *Gèlèdé*. Como já vimos, qualquer que seja o título da sacerdotisa suprema, ela será sempre a *Ìyálàse*, máxima depositária de *àse* de qualquer *egbé*.

Homens e mulheres podem fazer parte da sociedade *Gèlèdé*, mas sua cúpula constitui uma sociedade secreta feminina e sua função consiste em cultuar as *Ìyá-àgbà*.

---

21. "El e arbitre, elle-même, hors du tribunal, les différends qui surgissent entre les femmes".

22. Cf. S.O. Biobaku, 1949, e P.M. Williams, 1960 e 1969.

Os festivais são públicos. Abraham (p. 254) escreve: "procissões são realizadas, mas sem intenção de amedrontar: depois da dança, presentes são oferecidos ao público"[23].

Todos os autores concordam com que os festivais de Gèlèdé se realizam a fim de propiciar a fecundidade e a fertilidade, "apaziguar" e fazer propício o enorme poder das *iyá-mi*.

As representações femininas, durante o festival Gèlèdé, enfatizam a feminilidade. Mas o símbolo de seu poder está representado por Èfè, o "pássaro"-filho, símbolo masculino e do elemento procriado. Èfè sai do "mato" na escuridão da noite, como se saísse do inferior da grande cabaça e, por sua presença, assegura a boa vontade das *Ìyá-mi* e seu poder de gestação[24].

"O propósito da Sociedade Gèlèdé é propiciar os poderes místicos das mulheres... cuja boa vontade deve ser cultivada porque é essencial para a continuidade da vida e da sociedade"[25] (Guide to the Nigerian Museum: 26). E um informante de Picton (1964-1965) esclarece: "A Gèlèdé é para esfriar a vila (*etutu*)"[26], apaziguar, umedecer, restituí-la.

Pouco se sabe sobre a sociedade *E'léékò*. Assim como *Odùa*, *Òsun*, *Yémánjá* e *Nàná* encabeçam a sociedade Gèlèdé, *Obà* encabeça a sociedade *E'léékò*. Não temos conhecimento da existência de um tal *egbé* no Brasil, se bem que seu título principal de *Ìyá-egbé* é o que ostenta a chefe da comunidade feminina nos "terreiros" *lésè egún*. Por outro lado, *Obà*, representação coletiva dos ancestres femininos venerados nessa sociedade, é cultuada nos "terreiros" *lésè òrìsà*.

---

23. "Parades are held, but without intent to frighten: after the dancing, presents are given to the public".

24. Essa relação esclarecer-se-á melhor no capítulo seguinte quando trataremos de relação *Ìya-mi – Èsù*.

25. "The purpose of 'the Gèlèdé Society is to propiciate the mystic powers of women... whose good will must be cultivated because it is essential for the continuation of life and society".

26. "The Gèlèdé is to make the town cool (*etutu*)".

A relação entre *Obà* e a sociedade secreta feminina parece estar confirmada por uma das cantigas com que ela é saudada:
1. Obà E'lééko
2. Àjà òsì
3. Àjàgbà E'lééko
4. Àjà òsì
5. Orò awo mogbo Obà
6. Àjàgbà E'lééko
7. Àjà òsì.

1. *Obà* da sociedade *E'lééko*
2. Guardiã da esquerda
3. Anciã guardiã da sociedade *E'lééko*
4. Guardiã da esquerda
5. Ritual do mistério é entendido por *Obà*
   (significando que ela é muito versada nos poderosos ritos secretos)
6. Anciã guardiã da sociedade *E'lééko*
7. Guardiã da esquerda.

Obà está associada à água e à cor vermelha; e, colocada à frente de uma sociedade de *Ìyá-mi*, pareceria ser o princípio ou o símbolo mais antigo de *Òsun* e de *Oya*. Chamam-na "avó", no "terreiro". As três são consideradas mulheres de *Sàngó*, isto é, o princípio feminino do vermelho; *Obà*, sendo a mais velha das três, representa o aspecto mais antigo ou arcaico.

Obà, sendo um símbolo genitor feminino, é evidente que deve pertencer aos *Irúnmalè* do lado esquerdo; é o que ilustra muito bem a cantiga entoada em sua honra no "terreiro". De fato, todas as *Ìyá-àgbà* pertencem ao lado esquerdo.

Ao contrário, os ancestres masculinos, os *Égun*, pertencem ao lado direito. Como já dissemos estão encabeçados por

Olúkòtún Olóri Égún.

O Senhor do lado direito, chefe supremo dos *Égún*.

Já dissemos que os espíritos das *adosù* são cultuados no *Ilé-iboakú*, isolado dos outros *Ilé*, no próprio "terreiro" de *òrìsà*; esses espíritos são cultuados junto aos dos *Èsà*, primeiros ancestres coletivos dos afro-brasileiros, os antepassados fundadores dos "terreiros" de *òrìsà*.

Mencionamos também o fato de que os antepassados, em geral, são adorados em "terreiros" separados e são objeto de um culto em que a forma e a organização diferem totalmente do dos *òrìsà*[27].

Os ancestrais adorados em território *Yorùbá* também foram e são objeto de adoração no Brasil. Alguns desses ancestres representam linhagens, quer seja de famílias quer seja de dinastias reais; outros são protetores de certas cidades e regiões e alguns, preenchendo funções particulares, representam diversos aspectos da morte.

Aqueles ancestrais que tomam formas corporais constituem os *Égún* ou *Egúngún*. É em volta desses *Égún*, cuja origem se situa na África e que foram trazidos para o Brasil, que se formaram grupos de culto que tinham como contraparte, na África Ocidental, os grupos do culto *Egúngún*.

A primeira brevíssima referência escrita (duas linhas) a respeito da presença do culto de *Égún* no Brasil aparece em 1896 na obra pioneira de Nina Rodrigues (1935: 156). Entretanto, há evidências da origem de vários "terreiros" *Égún*, fundados pelos africanos, no decorrer do primeiro terço do século XIX. Só mencionaremos, sumariamente, os nomes dos que foram mais famosos.

Terreiro de Vera Cruz, fundado em torno de 1820 por um africano chamado Tio Serafim, em Vera Cruz, Ilha de Itaparica.

Terreiro de Mocambo, fundado por volta de 1830 por um africano chamado Marcos-o-Velho para distingui-lo de seu filho, na plantação de Mocambo, na Ilha de Itaparica.

Terreiro de Encarnação, fundado por volta de 1840 por um filho do Tio Serafim, chamado João-dois-Metros por causa de sua altura excepcional, no povoado de Encarnação.

Terreiro de Tuntun, fundado em torno de 1850 pelo filho de Marcos-o-Velho, chamado Tio Marcos, num velho povoado de africanos denominado Tuntun, na Ilha de Itaparica.

---

27. Já fizemos alusão a um trabalho efetuado recentemente sobre o culto *Égún* (cf. nota 3). O que segue está baseado nesse trabalho.

Todos esses "terreiros", e alguns outros que não enumeramos, eram bem conhecidos e existiram aproximadamente entre 1820 e 1935 funcionando regularmente, segundo seus calendários litúrgicos, com hierarquias e rituais bem definidos. Os *Òjè*, sacerdotes do culto de *Egúngún*, se conheciam, visitavam as diversas casas de culto e participavam de cerimônias que se desenvolviam fora de seus próprios "terreiros". Assim constituíam uma fraternidade, uma espécie de maçonaria de características bem definidas. Os nomes e as atividades de muitos desses *Òjè* são bem conhecidos. Seus descendentes diretos e outros iniciados por eles nas antigas casas de culto continuam a praticar os rituais e conservam até hoje duas casas de culto de *Égún*, atualmente as únicas existentes no Brasil. O *Ilé-Agbóula* na Ilha de Itaparica foi fundado durante o primeiro quarto deste século e descende em linha direta dos antigos "terreiros". O *Ilé-Oya*, de fundação muito mais recente, é apenas um ramo do precedente.

Essas casas de culto dos *Egúngún* herdaram dos antigos "terreiros" não só a liturgia e a doutrina, não só o conhecimento do mistério e dos segredos do culto, mas também os *Égún* ancestrais que são e já foram objeto de adoração nos antigos "terreiros".

Com o tempo, a esses *Égún* de origem africana agregaram-se os *Égún* dos vários *Òjè* mortos na Bahia e que, durante suas vidas, foram suficientemente eminentes para merecer a honra de vir a ser os guardiães mortais da cultura *Nàgô*.

"O objeto primordial do culto *Egúngún* consiste em tornar visíveis os espíritos ancestrais, em manipular o poder que emana deles e em atuar como veículo entre os vivos e os mortos. Ao mesmo tempo que mantém a continuidade entre a vida e a morte, o culto *Egúngún* também mantém estrito controle das relações entre vivos e mortos, estabelecendo uma distinção muito clara entre os dois mundos: o dos vivos e o dos mortos" (os dois níveis da existência).

"Com efeito, os *Baba* trazem para seus descendentes e fiéis o benefício de sua bênção e de seus conselhos, mas eles não podem ser tocados e ficam sempre isolados dos vivos. Sua presença é rigorosamente controlada pelos *Òjè* e ninguém pode aproximar-se dos *Egúngún*.

Os *Egúngún, Baba Égún*, ou simplesmente *Baba*, espíritos daqueles mortos do sexo masculino especialmente preparados para ser invocados, aparecem de maneira característica, inteiramente recobertos de panos coloridos, que permitem aos espectadores perceber vagamente formas humanas de diferentes alturas e corpo. Acredita-se que sob as tiras de pano que cobrem essas formas encontra-se o *Égún* de um morto, um ancestre conhecido ou, se a forma não é reconhecível, qualquer aspecto associado à morte. Nesse último caso, o *Egúngún* representa ancestres coletivos que simbolizam conceitos morais e são os guardiães de herdados costumes e tradições. Esses ancestres coletivos são os mais respeitados e temidos entre todos os *Egúngún*, guardiães que são da ética e da disciplina moral do grupo"[28] (ELBEIN DOS SANTOS & DOS SANTOS, 1969: 85) (figs. 13, 14).

A presença de *Égún* é o signo mais evidente da continuidade da vida.

No símbolo *Égún* está expresso todo o mistério da transformação de um ser-deste-mundo num ser-do-além, *de sua convocação* e de *sua presença* no *àiyé*. Esse mistério, *awo*, constitui o aspecto mais importante do culto *Égún*. A esse respeito uma cantiga declara:

1. *Gẹ́gẹ́ orò aṣo la rí*   De acordo com os ritos, roupas (é o que) vemos

2. *La rí, la rí,*   (é o que) vemos; (é o que) vemos,

---

[28]. "In fact, the *Baba* bring to their descendants and followers the benefits of the blessing and advice, but they cannot be touched and always remain isolated from the living. Their presence is rigourously controlled by the *òjè* and nobody can approach the *Egúngún*. The *Egúngún, Baba Égún*, or simply '*Baba*, spirits of those dead males specially prepared so as to be invoked, appear in characteristic form, totally covered by coloured cloths, permitting the onlookers to vague y perceive human forms of different heights and sizes. It is believed that under the strips of cloth which cover the bodily forms is the *Égún* of a dead person, a known ancestor, or, in the event that the bodily form is not recognizable, some aspect related to death. In the latter case the *Egúngún* represent collective ancestors who symbolize moral concepts and are the guardians of inherited customs and traditions. These collective ancestors are the most respected and feared of a l the *Egúngún*, keepers as they are of the ethics and moral discipline of the group".

3. *Gẹ́gẹ́ orò aṣọ lèmon* De acordo com os ritos, tiras de pano (é o que) vemos,
4. *A ko mọ̀ Baba* Nós não sabemos, Pai.

Da morte só vemos suas roupas exteriores, as tiras de pano, mas tanto o mistério da transformação, o *awo*, quanto *Ikú* ou os elementos que são extensão dele (lembremos que morte é do sexo masculino), não são, nem podem ser conhecidos. Como exige o segredo da Sociedade *Egúngún*, não é possível conhecer e não se deve procurar saber aquilo que está oculto sob as tiras de pano.

Se, no mito que mencionamos, *Égún* é filho, resultado da relação harmoniosa entre o poder masculino, representado por *Obàtálà*, e o poder feminino, representado por *Odúa*, num outro mito *Égún* é o nono filho de *Oya*[29] e de *Ṣàngó* (por sua vez *òrìṣà*-filhos na constelação das entidades divinas).

O mito conta que *Oya* era a mulher de *Ògún* e não podia ter filhos. Ela consultou um *Babaláwo* que revelou que ela só poderia ter criança de um homem que a possuísse com violência. E foi assim que *Ṣàngó* a tomou. *Oya* teve nove filhos dele. Os oito primeiros nasceram mudos. Novamente, *Oya* foi consultar o *Babaláwo* que lhe disse que fizesse sacrifícios. O resultado foi o nascimento de *Égún* ou *Egúngún*, que não era mudo, mas só podia falar com uma voz inumana.

Isto refere-se à particular maneira de falar de *Égún*, sobre a qual voltaremos a tratar mais adiante.

Oya, única *òrìṣà*-filha, herdeira do princípio feminino do vermelho, representa o poder do pássaro, é o princípio genitor feminino que é a base da existência de *Égún*.

De fato, *Oya* é a rainha e a "mãe" dos *Égún*. Ela é venerada ao lado dos *Égún* e é quem comanda o mundo dos mortos. Um de seus *oriki*, nomes atributivos, já mencionado, é:

Ìyá-mẹ́sàn-òrun
Mãe dos nove *òrun*,

---

[29]. Os aspectos de *Oya* que examinaremos aqui complementam os que descrevemos no capítulo precedente (cf. p. 110s.).

os nove filhos do mito que representam os *ará-òrun*, habitantes dos nove espaços do *òrun*. É simbolizando tal aspecto que ela manipula o *èrùkèrè* (cf. p. 100s.).

Igualmente importante é a relação estabelecida pelo mito entre *Sangó* e *Égún*. Vimos que *Sangó* simboliza dinastia; nesse sentido, é a imagem coletiva de ancestrais. Se bem que pertençam a categorias diferentes (*Sangó* se separa dos mortos e representa principalmente descendência), *Égún* herda características de *Sangó*. Este, em sua qualidade de *òrìsà*, e *Égún*, na de ancestre, representam dois níveis de um mesmo símbolo, expressos no mito pela fórmula: *Égún-filho-de-Sangó*. Não é surpreendente, pois, que os cultos de *Sangó* e de *Égún* sejam originários da mesma região, de *Òyó*, a terra *Yorùbá* propriamente dita e que os habitantes – *ará-àiyé* – dessa região considerem *Sangó* como o símbolo de sua dinastia real.

Um outro mito também ilustra o nascimento de *Égún*, seu culto passando das mãos da mulher às do homem, a tensão entre os dois sexos, *Ogun* símbolo-filho-primogênito assumindo o papel de primeiro *Égún* "liberado" e a retirada das mulheres do culto dos ancestres.

"No começo do mundo, a mulher intimidava o homem desse tempo, e o manejava com o dedo mindinho. É por isso que *Oya* (conhecida mais comumente nos cultos afro-brasileiros sob o nome de *Iyãsan*) foi a primeira a inventar o segredo ou a maçonaria dos *Egúngún*, sob todos seus aspectos. Assim, quando as mulheres queriam humilhar seus maridos, reuniam-se numa encruzilhada sob a direção de *Iyãsan*. Ela já estava ali com um grande macaco que tinha domado, preparado com roupas apropriadas ao pé do tronco de um *igi*, árvore, para ele fazer o que fosse determinado por *Iyãsan* por meio de uma vara que ela segurava na mão, conhecida com o nome de *ìsan*. Depois de cerimônia especial, o macaco aparecia e desempenhava seu papel seguindo as ordens de *Iyãsan*. Isso se passava diante dos homens que fugiam aterrorizados por causa dessa aparição. Finalmente, um dia, os homens resolveram tomar providências para acabar com a vergonha de viverem continuamente sob o domínio das mulheres. Decidiram então ir a

Orúnmìlà (deus do oráculo *Ifá*) a fim de consultar *Ifá* para saber o que poderiam fazer para remediar uma tal situação.

Depois de ter consultado o oráculo, Orúnmìlà lhes explicou tudo o que estava acontecendo e que eles deveriam fazer. Em seguida ele mandou Ògún fazer uma oferenda, *ebo*, compreendendo galos, uma roupa, uma espada, um chapéu usado, na encruzilhada, ao pé da referida árvore, antes que as mulheres se reunissem. Dito e feito, Ògún chegou bem cedo à encruzilhada e fez o preceito com os galos de acordo com o que Orúnmìlà ordenou. Em seguida, ele pôs a roupa, o chapéu e pegou a espada em sua mão. Mais tarde, durante o dia, quando as mulheres chegaram e se reuniram para celebrar os ritos habituais, de repente, viram aparecer uma forma terrificante. A aparição era tão terrível que a principal das mulheres, isto é, que estava à frente, *Iyãsan,* foi a primeira a fugir. Graças à força e ao poder que tinha, ela desapareceu para sempre da face da terra. Assim, depois dessa época, os homens dominaram as mulheres e são senhores absolutos do culto. Proibiram e proíbem sempre às mulheres penetrar no segredo de toda sociedade de tipo maçônico. Mas, segundo o provérbio, "é a exceção que faz a regra", os raros exemplos de sociedades secretas às quais eram autorizadas a participar em território *Yorùbá* continuaram a existir em circunstâncias especiais. Isso explica por que *Iyãsan-Oya* é adorada e venerada por todos na qualidade de Rainha e Fundadora da sociedade secreta dos *Egúngún* na terra"[30].

Se bem que as mulheres não possam ser imortalizadas sob a forma de *Égún* (assinalamos que, uma vez mortas, as mulheres constituem símbolos coletivos, cabaça-massa) e sejam excluídas das atividades secretas da seita, elas detêm alguns títulos e algumas funções. Participam ativamente das cerimônias do culto, oferecem sacrifícios, e lhes é permitido principalmente entoar cânticos característicos dos *Egúngún* por ocasião dos festivais anuais.

---

30. História do *Odù-Éjì-Ologbon*, transmitida oralmente e muito conhecida no "terreiro" *Àse Òpó Afònjá*. Transcrita por Juana Elbein e Deoscoredes M. dos Santos (1969: 88).

O "terreiro" onde se cultuam os *Égún* é fisicamente organizado em três unidades ou espaços:

1) Um espaço público, frequentado sem restrições por iniciados e fiéis, compreendendo uma parte do grande salão onde são realizados os rituais públicos.

2) Um espaço semiprivado transitado unicamente pelos iniciados de todas as categorias sem distinção e onde às vezes um não iniciado pode ter acesso se está acompanhado de um sacerdote do culto. Compreende a outra parte do grande salão, onde estão o trono e as cadeiras correspondentes aos *Égún* mais elevados na hierarquia, os *Egún-àgbà*.

É nesse espaço que os *Égún* aparecem publicamente para receber as oferendas, dançar, cantar, benzer, dar mensagens, enfim "visitar" e festejar ao lado de seus descendentes.

Esse espaço também é composto de uma área aberta situada entre o grande salão e o *Ilé-awo*, a casa do segredo da terceira unidade. Nessa área aberta se encontra um montículo de terra onde está fincada uma vara de *àtòrì* ritualmente preparada. Trata-se do *Onilẹ̀*, representação coletiva dos patronos da terra, que cada "terreiro" *Égún* deve possuir. *Onilẹ̀* é um *Irúnmalẹ̀* adorado pelos *Elégun*, sacerdotes dos *Égún*. Sempre deve ser o primeiro a ser venerado e o primeiro a receber as oferendas.

Onilẹ̀ iba re   *Onilẹ̀ vós sois venerado*
Onilẹ̀ mo júbà   *Onilẹ̀ eu vos apresento meus humildes respeitos.*

3) Um espaço privado onde só os iniciados em último grau, os *Òjẹ̀*, têm acesso. Neste espaço, encontra-se o *Ilé-awo*, com o *Ìgbàlẹ̀*, comumente chamado *Bàlẹ̀* ou *Lésànyìn*, onde se encontram os "assentos" individuais de alguns *Égún-àgbà* e o grande "assento" coletivo, o *Òpá-kòko* ao pé do qual se encontra o *ojúbọ*. Já nos referimos, várias vezes, ao *Òpá-kòko*, *òpá* + *akòko*, o tronco preceitual fincado na terra e feito de grosso galho da árvore *akòko*, ou, em sua ausência, de qualquer árvore sagrada. Já examinamos o papel simbólico das árvores sagradas e a relação de troncos e ramos com as varas òsùn[31], símbolos dos ancestrais. Delgados galhos de *àtòri*, ou de uma árvore semelhante, chamados *isan*, tidos na mão dos *Òjè*, servem para invocar os ancestrais e também os representam.

Os *Òpá*, os *isan*, os ramos, os bastões, os cetros rituais são de vital importância no culto *Egúngún*. Uma cantiga entoada pelos *Egúngún* da Bahia nos permite sentir a importância atribuída ao *Òpá*:

Olórun,   Olórun,
Olórun Olóopá,   Olórun, o ser supremo, e o mestre do *Òpá*,
Olórun.   Olórun.

É como se *Olórun* tivesse delegado uma parte de seu próprio poder ao *Òpá*. Diante do *òpá-kòko* e dos "assentos" individuais encontram-se os *ojúbo*, pequeninos orifícios cavados na terra. Nesses orifícios são colocados, no início da cerimônia, um pouco de cada oferenda.

É precisamente no *Ìgbàlè* que os *Òjè* invocam os *Egúngún*. Para esse fim, eles se servem do *isan*, a vara ritual; apanhando-a firmemente na mão direita, os *Òjè* batem a terra três vezes, pronunciando simultaneamente as fórmulas secretas. Na terceira invocação, os *Égún* devem responder. Sendo habitantes da terra, é precisamente dela que surgirão os *Egúngún*. Os *Òjè* servem-se do *isan* não só para chamar os *Égún*, mas também para os guiar e, enfim, para os reenviar por meio de fórmulas conhecidas apenas por eles. Segundo as circunstâncias, os *Òjè* podem invocar os *Égún* em qualquer lugar fora do *Ìgbàlè*. Se bem que o *Baba Égún* surja geralmente do *Lésànyìn*, também pode aparecer em outros lugares se as circunstâncias o exigem, mas esse caso é excepcional.

---

31. Os *òsùn* são na realidade uma variedade de *òpá*, daí sua relação com as árvores e os ancestrais. Em *Fon*, eles têm o nome de *asen*. Sua relação simbólica com as árvores também é sublinhada por uma lenda: "A lenda faz alusão a uma palmeira que teria tido dezesseis brotos implantados sobre seu tronco, quatro por quatro, espaçados de um a dois metros. Seria em memória dessa palmeira que fizeram o primeiro *asen akrelele*" (MAUPOIL, 1943: 175). ("La légende fait allusion à un palmier qui aurait eu seize petits bourgeous implantés sur son tronc, quatre par quatre, espacés de un à deux mètres. Ce serait en souvenir de ce palmier que l'on fit le premier *asen akrelele*").

Através do *isan*, os *Òjè* não só manipulam os *Égún* mas também os separam do mundo dos vivos. Um *ìsan*, colocado horizontalmente sobre o solo, impede o *Baba* de ir além do lugar onde está colocado. O *ìsan* também pode ser envergado como um chicote pelo *Égún*. Essa situação é motivo de terror porque implica a cólera dos ancestrais e a ameaça de um castigo.

Os membros de um "terreiro" *Egúngún* constituem uma sociedade secreta masculina. Cada uma dessas sociedades possui um lugar e uma organização que lhe são próprias. Porque todos os sacerdotes de todos os "terreiros" *Egúngún* são iniciados em um segredo comum, pertencem a uma maçonaria que os faz todos irmãos. A organização dos vários "terreiros" difere pouco uma da outra.

Podemos distinguir várias categorias de membros, segundo os vários graus de iniciação, de antiguidade e de deveres específicos. A passagem de uma categoria à outra é marcada por ritos bem definidos e só pode ser obtida pela conduta individual dos membros e o voto favorável dos mais antigos. São os antigos quem decidem se as qualidades pessoais e a conduta dos noviços lhes permitem ser iniciados em graus mais avançados nos mistérios do culto.

O primeiro grau de iniciação, dos noviços, compreende os *amúìsan* que ainda não conhecem os segredos da seita e não sabem invocar os *Égún*. Os futuros *Òjè* serão escolhidos entre os *amúìsan* que deverão passar por novos ritos de iniciação. Os *Òjè* constituem o corpo sacerdotal do culto. Estão unidos por um pacto concluído entre eles com os espíritos ancestrais, pacto aperfeiçoado durante a segunda iniciação pela ingestão de elementos simbólicos entre os quais figuram pitadas de terra. Essa introjeção de terra, de folhas e de ervas rituais, *àse* específico, lhes permitirá cumprir suas funções ao mesmo tempo em que sela sua relação com o além. Depois de sua iniciação, o *Òjè* empreende uma longa aprendizagem e desenvolve paulatinamente seu *àse*, que lhe permitirá atingir funções com responsabilidades cada vez maiores. O grupo mais elevado na hierarquia está constituído pelos *Òjè-àgbà*, os anciãos. É desse grupo que será escolhido o chefe supremo, o *Òjè* mais antigo do "terreiro" chamado

Alágba Baba Màrìwò
Alágba, pai dos *Màrìwò*.

Màrìwò é o nome simbólico dos *Òjè*, associado às palmas desfiadas do *igi-òpe*, os descendentes da palmeira, identificada com ancestrais (cf. p. 98s.).

O *Alágba*, como todos os *Òjè-àgbà*, possui seu *Òtún* e seu *Òsì*, cada um com funções bem determinadas. Cada "terreiro" *Égún* tem seu *Alágba*, e o *Alapini* é o chefe supremo de toda a seita.

Alapini Ìpekun Òjè
Alapini, *Òjè* detentor do título absoluto.

Além dos sacerdotes, títulos honoríficos – *oyè* – são atribuídos a fiéis importantes do culto, homens e mulheres. Esses constituem o grupo dos *Ìjòyè*.

Os *Òjè* são, pois, os intermediários entre os vivos e os mortos. Têm a responsabilidade de tornar os espíritos ancestrais visíveis e fazê-los aparecer em público.

O *Òjè* que zela por um ou mais *Égún* é chamado *atókè*, registrado também por Abraham (p. 27) sob o nome de *atokùn*. O *atókè* sempre faz parte dos *Òjè* anciãos e é responsável pela invocação do ou dos *Égún* que zela.

Cada *Égún* possui vestimentas características e um *ké* que o distingue[32]; eles carregam emblemas específicos e têm cantigas e formas de saudação que os identificam.

O que mais caracteriza a roupa do *Égún* é o *abala*, conjunto de tiras de pano multicores, que caem como uma cortina, presas numa parte sólida, quadrada ou redonda, que forma o topo do *abala*. O conjunto da vestimenta é profusamente paramentado com espelhos, cauris, guizos e contas (fig. 15). Possui o *awon*, a peça de rede com a aparência de um rosto, inserido numa espécie de macacão que aparece vagamente sob o *abala*. Os *Égún* se distinguem em várias categorias que podemos reunir em dois grandes grupos: os *Égún-àgbà* que acabamos de

---

32. Falamos do *ke*, som ou exclamação, signo de individualidade, no capítulo III (cf. p. 49s.).

descrever e os *Apááràká* que não têm *abala*, mas apenas um pano muito colorido de forma quadrada ou retangular; sem *awon*, são desprovidos de rosto e voz. São mudos e não identificados. Enquanto os *Égún-àgbà* representam os ancestrais de famílias importantes, os *Apááràká* são espíritos novos que, por várias razões, não puderam chegar ao estado *àgbà* e cujos ritos de formação não foram acabados.

Os *Égún* falam de uma maneira muito particular: alguns com uma voz rouca e cavernosa. Outros falam muito baixo, mas com uma voz muito aguda. Essa particular maneira de falar já foi mencionada a respeito do mito que descreve as relações de *Oya* com os *Egúngún*.

Enquanto os oito primeiros filhos de *Oya* com os *Ará-òrun* e os *Apááràká* são mudos, os *Égún* falam com uma voz que não é humana.

Abrir a fala do *Égún* é uma fase fundamental dos ritos de preparação e de invocação dele. Como vimos no mito da criação de *Égún*, este completa seu nascimento só depois que *Obàrìsà* lhe outorga um rosto e lhe permite identificar-se através da fala.

A maneira de *Égún* falar é chamada *ségi*[33], na Bahia, e sua palavra tem força de lei.

O *Egúngún* é a voz direita do ancestre; sua palavra é sacrossanta. Se no sistema oracular os ancestrais se expressam através de suas representações simbólicas – as nozes da palmeira *Òpé-Ifá* ou os cauris – no culto de *Égún*, a mensagem dos ancestrais é direta.

No "terreiro" *Ilé Agbóula*, os festivais são realizados seguindo um calendário litúrgico muito bem definido[34]. Esses festivais também incluem os ritos não periódicos: iniciação de *Amúisan* e de *Òjè*, instalação dos detentores de títulos etc. Além desses festivais, só são celebra-

---

[33]. Abraham (1950: 585) indica na palavra "*se* (A. 1. II): *Séégi:* O *Egúngún* falava com uma voz muito aguda e trêmula" ("The *Egúngún* spoke in a fluty high treble voice"). Também indicado no *A Dictionary of the Yoruba Language* (205): "*Ségi*: falar como um *Egúngún*, falar com um tom não natural" ("To speak like an *Egúngún*, to speak on unnatural tone").

[34]. Encontra-se o calendário anual e a descrição de cada ciclo ritual em Juana Elbein e Deoscoredes M. dos Santos (1968: 104s.).

dos rituais imprevistos, provocados por situações de emergência da comunidade, ou ritos funerais – *Àsèsè* – sobre os que nos estenderemos mais adiante.

Como no culto dos *òrìsà*, o mecanismo de base que rege o culto dos *Égún* é a transmissão e redistribuição de *àse*, fundamentalmente elaborado através de rituais de oferenda e sacrifício que examinaremos no capítulo IX.

Não é fácil se fazer aceitar e ser iniciado no *awo*, o secreto mistério do culto. Outrora, na Bahia, os mais eminentes representantes da religião e das tradições *Nàgô*, isto é, os que tinham o conhecimento mais profundo, pertenciam a esse culto. Ainda hoje, o fato de conseguir ser aceito no culto *Égún* representa um grande privilégio, obtido por herança ou em virtude de excepcional mérito pessoal. A tradição oral sustenta que apenas as pessoas bem nascidas, os *omo-bíbi*, têm o direito de ser *Atókè* e de materializar os *Égún*.

Como as *Ìyá-mi*, ancestres femininos, os *Égún* têm também uma forte carga de ambivalência. O poder que detêm, a função de garantir a imortalidade individual e a imortalidade da comunidade preservando sua estrutura social através da imposição e observância dos costumes e preceitos morais, fazem-nos os zelosos guardiães da comunidade. É preciso evitar descontentá-los ou irritá-los, se se quer assegurar a continuidade normal da existência.

Compreende-se facilmente que o *Òjè-àgbà* munido de tal responsabilidade e da manipulação de tais poderes sobrenaturais deva possuir uma personalidade muito marcante. Geralmente silenciosos e observadores, habituados a tratar com a morte, a invocar os mortos, possuem uma profunda sabedoria da vida e encaram todos os acontecimentos com uma calma e naturalidade extraordinárias.

O poder feminino, metade inferior do *Igbá-odù*, é exercido e regulado pelos *òrìsà* femininos e pelas *Ìyá-mi-àgbà*, e por seus representantes no *àiyé*, as mulheres organizadas nos *egbé* femininos, as sociedades *Gèlèdé*, *E'lééko* ou nos segmentos femininos do "terreiro", à frente das quais se encontra a *Ìyá-lóde*, a *Ìyálòrìsà* ou a *Ìyálàse*.

O poder masculino, metade superior do *Igbá-odù*, é exercido e regulado pelos *òrìsà* masculinos e pelos *Baba-Égún*, e por seus representantes no *àiyé*, os homens organizados nos *egbé* masculinos, a sociedade *Égún*, ou nos segmentos masculinos do "terreiro", à frente dos quais se encontra o *Alágba*, o *Babalòrisà* ou o *Babalàse*.

Os dois poderes equilibram-se e comunicam-se entre si graças à entidade-filho cujos elementos constitutivos encontram-se simbolicamente contidos no *Igbá-odù*. *Èsù* é seu representante por excelência, como veremos no capítulo seguinte.

VII

Princípio dinâmico e princípio da existência individualizada no sistema Nàgô: Èṣù Bara

Significados, mitos e representações: o Òkòtó, *símbolo de multiplicação e crescimento;* Èṣù Yangí, *pedra laterita, protoforma universal e símbolo de matéria individualizada;* Èṣù *e sua situação de terceiro elemento ou elemento procriado;* Èṣù Òjíṣéebo *ou* Elérù, *transportador e patrono das oferendas;* Èṣù enú-gbárijo, *princípio da comunicação e relação entre* Èṣù *e* Ifá; Èṣù Òna *e suas relações com o destino;* Èṣù, *portador do Egán, símbolo do* àṣẹ, *propulsor do sistema* Nàgô.

Este estudo de *Èṣù* é uma síntese e uma elaboração atualizada de dois trabalhos anteriores (ELBEIN DOS SANTOS & DOS SANTOS, 1971 A e B).

Devo reconhecer que tanto a presente tese como um futuro trabalho em gestação foram inspirados e decorrem diretamente de um estudo sistemático empreendido sobre o *Pàdé*, cerimônia que resume e dramatiza a concepção simbólica do sistema religioso *Nàgô* e o significado, a estrutura e as relações simbólicas de *Èṣù*.

Além da motivação poderosa provocada pela complexidade e riqueza do símbolo estudado, a análise de *Èṣù* se impõe como imprescindível para a compreensão da ação ritual e do sistema como totalidade.

De fato, *Èṣù* não só está relacionado com os ancestrais femininos e masculinos e com suas representações coletivas, mas ele também é um elemento constitutivo, na realidade o *elemento dinâmico,* não só de todos os seres sobrenaturais, como também de tudo o que existe.

Nesse sentido, como *Olórun*, a entidade suprema protomatéria do universo, *Èsù* não pode ser isolado ou classificado em nenhuma categoria. É um princípio e, como o *àse* que ele representa e transporta, participa forçosamente de tudo. Princípio dinâmico e de expansão de tudo o que existe, sem ele todos os elementos do sistema e seu devir ficariam imobilizados, a vida não se desenvolveria. Segundo as próprias palavras de *Ifá*, "cada um tem seu próprio *Èsù* e seu próprio *Olórun*, em seu corpo" ou "cada ser humano tem seu *Èsù* individual, cada cidade, cada casa (linhagem), cada entidade, cada coisa e cada ser tem seu próprio *Èsù*", e mais, "se alguém não tivesse seu *Èsù* em seu corpo, *não poderia existir*, não saberia que estava vivo, porque é compulsório que cada um tenha seu *Èsù* individual". Assim como *Olórun* representa o princípio da existência genérica, *Èsù* é o princípio da existência diferenciada em consequência de sua função de elemento dinâmico que o leva a propulsionar, a desenvolver, a mobilizar, a crescer, a transformar, a comunicar.

"Em virtude da maneira como *Èsù* foi criado por *Olódùmarè*, ele deve resolver tudo o que possa aparecer e isso faz parte de seu trabalho e de suas obrigações. Cada pessoa tem seu próprio *Èsù*; o *Èsù* deve desempenhar seu papel, de tal modo que ajude a pessoa para que ela adquira um bom nome e o poder de desenvolver-se"[1].

"*Olódùmarè* fez *Èsù* como se fosse um medicamento de poder sobrenatural próprio para cada pessoa. Isso quer dizer que cada pessoa tem à mão seu próprio remédio de poder sobrenatural podendo utilizá-lo para tudo o que desejar. *Èsù* exerce as mesmas funções para todos os *ebora*. Só os seres humanos não podem ver seu *Èsù* particular. Os *ebora*, os *òrisà* e todos os *Irúnmalè* podem ver-se a si próprios, acompanhados de seu *Èsù*, fato que lhes permite executar tudo o que

---

1. "Ntori pé Èsu bí Olódùmarè é ti mòó sí, ni pé irú ònà nkan gbogbo tó jé isée rè, enikéni ti Èsù bá si wá pèlú rè, Èsù yí, ò n láti móo se àwon isé yí ni ònà ti ó jé irànwó ati àgbega orúko àti agbára gbogbo fún Olúwaa rè" (recitado pelo Babaláwo Ifátoogun de Ilobu).

têm necessidade, de acordo com as maneiras específicas e os deveres de seu *Èṣù*"[2].

De fato, cada *òrìṣà* possui seu *Èṣù*, com o qual ele constitui uma unidade. Na realidade, é o elemento *Èṣù* de cada um deles que executa suas funções[3]. No "terreiro", cada *òrìṣà* é acompanhado de seu *Èṣù* particular. Nos ritos de oferenda, eles "comem" juntos. O nome de cada *Èṣù* acompanhante é conhecido, invocado e cultuado junto ao *òrìṣà*, como elemento indestrutivelmente ligado a este. De fato, como é bem conhecido, *Èṣù* será invocado e servido antes mesmo do *òrìṣà* a quem acompanha. As razões dessa prioridade irão se esclarecendo à medida que analisarmos os diferentes aspectos de *Èṣù*.

Um outro fragmento, pertencendo este ao *Odù Ogbè-Ìretè*, explica igualmente que *Èṣù* deve fazer parte de tudo o que existe: "*Odù Ifá* explica tudo o que concerne aos vários *Èṣù* e como vieram diferenciar-se e distribuir-se no mundo. Se bem que sejam numerosos, sua natureza e origem são únicas. Todos os *Odù* de *Ifá* que existem no mundo têm seu próprio *Èṣù* individual. Todos os *ebora* e os *òrìṣà*, que são os *irúnmalè*, cada um deles tem seu próprio *Èṣù* à parte. Da mesma forma, todos os animais, cada um, tem seu próprio *Èṣù* de acordo com as espécies. Todos os peixes nas águas têm seu próprio *Èṣù*. As árvores, incontestavelmente, têm o seu poder à parte.

Olódùmarè criou *Èṣù* como um *ebora* todo especial de maneira tal que ele deve existir com tudo e residir com cada pessoa. Em virtude de suas competências[4] e poder de realização, de sua inteligência e natureza dinâmica[5], o *Èṣù* de cada um deverá dirigir todos os seus caminhos na vida. É *Ifá* quem fala e revela para nos permitir sabê-lo.

---

2. Texto Yorùbá em Juana Elbein e Deoscoredes M. dos Santos (1971 A: 16-17, 26-7).

3. Um longo texto com o nome dos *òrìṣà*, dos *Èṣu* e dos *Odù* que os acompanham e as funções que eles desempenham é incluído num dos trabalhos de Juana Elbein e Deoscoredes M. dos Santos (1971 A: 10-28).

4. A palavra *Yorùbá ilanọn* significa literalmente: "traçar" ou abrir novos caminhos, o que constitui uma das principais atividades de *Èṣù*, como veremos mais adiante.

5. *Irìn*, termo que significa literalmente viajar, fazendo alusão à natureza de *Èṣù*, que tem o poder de transportar-se rapidamente de um lugar para outro.

Vemos, assim, a partir dos textos acima, amplamente confirmados pela prática litúrgica, que a função de Èṣù consiste em solucionar, resolver todos os "trabalhos", encontrar os caminhos apropriados, abri-los ou fechá-los e, principalmente, fornecer sua ajuda e poder a fim de mobilizar e desenvolver tanto a existência de cada indivíduo como as tarefas específicas atribuídas e delegadas a cada uma das entidades sobrenaturais.

É *Ifá* quem diz:

"Ó ní, òkòtò,	Ele diz: *Òkòtó* (pião-caracol),
Ó ní, Agbegbe lójú	Ele diz: ele tem um amplo cume oco.
Bée ló sì n fi esè kan gogogo	Assim *Òkòtó* com uma só perna
Pòòyì rányìnrànyìn kálẹ̀"[6].	Rola por toda a superfície do solo.

Uma análise da imagem *Òkòtó* com quem *Èṣù* está associado é essencial. Já mencionamos o *Òkòtó* em relação com o significado dinâmico do triângulo e do cone (cf. p. 73). O *Òkòtó* é uma espécie de caracol e aparece nos motivos das esculturas e como emblema entre os que fazem parte do culto de *Èṣù*. Ele consiste em uma concha cônica cuja base é aberta, utilizado como um pião. O *Òkòtó* representa a história ossificada do desenvolvimento do caracol e reflete a regra segundo a qual se deu o processo de crescimento (figs. 15 e 16); um crescimento constante e proporcional, uma continuidade evolutiva de ritmo regular (fig. 5). O *Òkòtó* simboliza um processo de crescimento. O *Òkòtó* é o pião que apoiado na ponta do cone – um só pé, um único ponto de apoio – rola "espiraladamente" abrindo-se a cada revolução, mais e mais, até converter-se numa circunferência aberta para o infinito (cume oco).

Esse *Odù* foi-nos recitado pelo *Babálawo Ifátoogun* para ilustrar as múltiplas variedades de *Èṣù – oriṣiriṣi Èṣù –* para explicar seu papel como fator de expansão e de crescimento a partir de um único *Èṣù –* o pé do *Òkòtó, Âgbà Èṣù –* de cuja natureza as múltiplas unidades participam. *Òkòtó* ilustra não só que os *Èṣù*, "apesar de numerosos, sua na-

---

[6]. Texto *Yorùbá*, na íntegra, em Juana Elbein e Deoscoredes M. dos Santos (1971 A: 91-109).

tureza e sua origem é única", mas também ele explicita o significado dinâmico, sua maneira de crescer e de se multiplicar "em espiral". Èṣù é UM multiplicado ao infinito. Em numerosos textos e cantigas encontra-se essa relação de Èṣù com o número 1. Assim, numa parte do *ìtan* que ilustra esse *Odù*, conta-se que, quando Èṣù acabou de se preparar para vir do òrun ao àiyé já que "queria abençoar aqueles que não eram numerosos na terra, e porque ele percebia claramente que as cidadezinhas se lastimavam amargamente por não crescer", ele convocou todos os seus descendentes no òrun, "os filhos de seus filhos, de geração a geração", e os contou durante longo tempo: "eram mil e duzentos. Àgbà Èṣù, ele próprio, o rei de todos, acrescentou UM a seu número, o que fez 1201". Maupoil (1943: 368) interpretou também que "a adição de uma unidade ao número redondo (quarenta ou duzentos) evoca a continuação... o número redondo, ao contrário, ...marca uma paralisação na numeração, logo, por analogia, uma paralisação das relações sociais das partes, um limite[7, 8].

Essa capacidade dinâmica de Èṣù que tanto permite a Ṣangó lançar suas pedras de raio como a Òsányìn preparar seus remédios, esse poder neutro que permite a cada ser mobilizar e desenvolver suas funções e seus destinos, é conhecido sob o nome de *agbára*. Èṣù é o Senhor-do-poder, *Elẹgbára*, ele é ao mesmo tempo seu controlador e sua representação (fig. 16).

Ọlọ́run delegou esse poder a Èṣù ao entregar-lhe o Àdó-iràn, a cabaça que contém a força que se propaga. O Àdó-iràn constitui um de seus principais emblemas e está presente nos "assentos" e em numerosas esculturas sob a forma de uma cabaça de longo pescoço apontando para o alto que Èṣù carrega em sua mão. Segundo os iniciados, Èṣù só precisa apontar seu *àdó* para transmitir a força inesgotável que tem (fig. 17).

---

7. Já fizemos alusão a mais UM, quando falamos dos quatrocentos *Irúnmalè* da direita e duzentos *Irúnmalè* da esquerda.

8. "L'adjonction d'une unité au chiffre rond (40 ou 200) évoque la continuation... le chiffre rond, au contraire, ... il marque un arrêt dans la numération, donc, par analogie, un arrêt dans les rapports sociaux des parties, une limite..."

Èṣù Elegbára é o companheiro inseparável de Ògún, a ponto de chegarem a confundir-se. No "terreiro", rituais especiais devem ser celebrados durante a iniciação dos Ològún – sacerdotes de Ògún – para evitar que Èṣù se manifeste neles, o que ultrapassaria suas forças. Com efeito, nos "terreiros" tradicionais, Èṣù não se deve manifestar. Princípio dinâmico e símbolo complexo que participa de tudo o que existe, sua força abstrata acompanha e só pode ser representada "por meio de" Ògún que o representa.

Èṣù, como Ifá, possui um culto e sacerdotes, mas por causa de seu significado está ligado a todos os cultos dos Irúnmalè, tanto òrìṣà como ancestrais, participando de todos eles. Se Ògún o representa, é em virtude de sua semelhança simbólica. Ògún é o filho primogênito na constelação dos òrìṣà, Èṣù é o primogênito do universo.

Examinando a concepção do universo (p. 62s.), resumimos um mito de gênese sobre a aparição dos elementos cósmicos entre os quais se destaca Èṣù-Yangí, pedra vermelha de laterita, como a protoforma, primeira matéria dotada de forma detentora de existência individual; lama dotada de forma, desprendida da terra, resultado da interação de água + terra; lama, matéria-prima, da que Ikú tomou uma porção para modelar o ser humano. Yangí, constituído da mesma matéria de origem, converte-se, assim, no primogênito da humanidade. Fragmentos de laterite cravados na terra indicam o lugar de adoração de Èṣù e constituem seus representantes diretos. Yangí é a representação mais importante de Èṣù. É invocado no "terreiro":

Èṣù Yangí Ọba Baba Èṣù = Èṣù Yangí Rei pai de todos os Èṣù.

Èṣù Yangí, o Èṣù ancestre ou Èṣù-Àgbà, o Èṣù pé do Òkòtó, rei de todos seus descendentes, Èṣù-Ọba, é o Pai-ancestre, mas, ao mesmo tempo, o primeiro nascido. Esse significado de Èṣù está expresso no seu apelativo Igbá-Kẹta, a terceira pessoa, o terceiro elemento (textualmente, a terceira cabaça). Seu caráter de descendente está expresso em muitos mitos; particularmente esclarecedora é a história Atòrun d'òrun Èṣù, do Odù Ogbè-Hunle, sobre o nascimento e a propagação de Èṣù no àiyé e nos nove espaços do òrun. Esse signo apareceu para Orúnmìlà quando ele foi consultar os Babaláwo,

Nijó ti nlo rèé tóro omo,
Lódò Òrìsà Ìgbò-wújì[9].
No dia em que ele foi requerer uma criança
a *Òrìsà Ìgbò-wújì* (*Òrisanlá*).

A história conta que, nas remotas origens, *Olódúmarè* e *Òrisànlá* estavam começando a criar o ser humano. Assim criaram *Èsù*, que ficou mais forte, mais difícil que seus criadores: *"Èsù si le ju àwon mejeji lo"*. *Olódùmarè* enviou *Èsù* para viver com *Òrisànlá*; este colocou-o à entrada de sua morada e o enviava como seu representante para efetuar todos os trabalhos necessários. Foi então que *Òrúnmìlà*, desejoso de ter um filho, foi pedir um a *Òrisànlá*. Este lhe diz que ainda não tinha acabado o trabalho de criar seres e que deveria voltar um mês mais tarde. *Òrúnmìlà* insistiu, impacientou-se querendo a qualquer preço levar um filho consigo. *Òrisàlá* repetiu que ainda não tinha nenhum. Então perguntou: "Que é daquele que vi à entrada de sua casa?" É aquele mesmo que ele quer. *Òrisàlá* lhe explicou que aquele não era precisamente alguém que pudesse ser criado e mimado no *àiyé*. Mas *Òrúnmìlà* insistiu tanto que *Òsàlà* acabou por aquiescer. *Òrúnmìlà* deveria colocar suas mãos em *Èsù* e, de volta ao *àiyé*, manter relações com sua mulher *Yebìírú*, que conceberia um filho. Doze meses mais tarde, ela deu à luz um filho homem e, porque *Òsàlá* dissera que a criança seria *Alágbára*, Senhor do Poder, *Òrúnmìlà* decidiu chamá-la *Elégbára*. Assim, desde que *Òrúnmìlà* pronunciou seu nome, a criança, *Èsù* mesmo, respondeu e disse:

Ìyá, Ìyá	mãe, mãe
Ng o je Eku	Eu quero comer preás.

A mãe respondeu:

Omo naa jeé	Filho, come, come,
Omo naa jeé	Filho, come, come,
Omo l'okùn	Um filho é como contas de coral vermelho
Omo ni de	Um filho é como cobre,

---

9. A versão bilíngue completa dessa história foi transcrita, traduzida e analisada por Juana Elbein e Deoscoredes M. dos Santos (1971 A: 31-49).

Ọmọ ni jìngindìnríngín	Um filho é como alegria inestinguível.
A mu se yì, mú s'òrun	Uma honra apresentável, que nos
Ara ẹni	representará depois da morte.

Então *Òrúnmìlà* trouxe todas as preás que pôde encontrar. *Èṣù* acabou com elas. No dia seguinte, a cena se reproduziu com *Èṣù* pedindo e devorando todos os peixes frescos, defumados, secos etc. que existiam na cidade. No terceiro dia, *Èṣù* quis comer aves. Gritou e comeu até acabar com todas as espécies de aves. E sua mãe cantava todos os dias os versos acima e ainda acrescentava:

Mo r'omo ná	Visto que consegui ter um filho,
Ají logba asọ	o que acorda e usa duzentas vestimentas diferentes,
Ọmọ máa	Filho, continue a comer.

No quarto dia, *Èṣù* disse que queria comer carne. Sua mãe cantou como de hábito, e *Òrúnmìlà* trouxe-lhe todos os animais quadrúpedes que pôde achar: cachorros, porcos, cabras, ovelhas, touros, cavalos etc.; até que não ficou um só quadrúpede, *Èṣù* não parou de chorar.

No quinto dia, *Èṣù* disse:

Ìyá, Ìyá,	mãe, mãe,
Ng ó je ó!	Eu quero comê-la!

A mãe repetiu sua canção: Filho come, come, filho come, come e foi assim que *Èṣù* engoliu sua própria mãe.

Òrúnmìlà, alarmado, correu a consultar os *Babaláwo*, que lhe recomendaram fazer a oferenda de uma espada, de um bode e de quatorze mil cauris. *Òrúnmìlà* fez a oferenda.

No sexto dia depois de seu nascimento, *Èṣù* disse:

Bàbá, Bàbá,	Pai, Pai,
Ng ó je ó ó!	Eu quero comê-lo!

Òrúnmìlà cantou a canção da mãe de *Èṣù* e quando este se aproximou, *Òrúnmìlà* lançou-se em sua perseguição com a espada e *Èṣù* fugiu. Quando *Òrúnmìlà* o reapanhou, começou a seccionar pedaços de seu corpo, a espalhá-los, e cada pedaço transformou-se em um *Yangí*.

Òrúnmìlà cortou e espalhou duzentos pedaços e eles se transformaram em duzentos *Yangí*. Quando *Òrúnmìlà* se deteve, o que restou de *Èsù* ergueu-se e continuou fugindo, *Òrúnmìlà* só pôde reapanhá-lo no segundo *òrun* e lá *Èsù* estava inteiro de novo. *Òrúnmìlà* voltou a cortar duzentos pedaços que se transformaram em duzentos *Yangí*. Isto repetiu-se nos nove *Òrun* que ficaram assim povoados de *Yangí*. No último *òrun*, depois de ter sido talhado, *Èsù* decidiu pactuar com *Òrúnmìlà*: este não devia mais persegui-lo; todos os *Yangí* seriam seus representantes e *Òrúnmìlà* poderia consultá-los cada vez que fosse necessário enviá-los a executar os trabalhos que ele lhes ordenasse fazer, como se fossem seus verdadeiros filhos. *Èsù* assegurou-lhe que seria ele mesmo quem responderia por meio dos *Yangí* (pedaços de laterita) cada vez que o chamasse. *Òrúnmìlà* perguntou-lhe sobre sua mãe que havia sido devorada; *Èsù* devolveu sua mãe a *Òrúnmìlà* e acrescentou:

1. *Òrúnmìlà ki o maa késí oun*
2. *bi ó bá féé gba gbogbo àwon nkan*
3. *bi eran ati eye*
4. *ti òun je ti àiyé*
5. *pé òun ó máà ràn án lówó*
6. *láti gbà padà fún láti owo àwon omo aràiyé.*

1. *Òrúnmìlà* deveria chamá-lo
2. Se ele queria recuperar a todos e
3. cada um dos animais e das aves
4. que ele tinha comido sobre a terra;
5. ele (*Èsù*) os assistiria para
6. reavê-los *das mãos da humanidade.*

Òrúnmìlà e *Yébìírú* reinstalaram-se na cidade de *Iworo*, e a partir desse momento ela começou a dar à luz muitos filhos de ambos os sexos. A história continua com o translado para *Kétu*, a invocação de *Èsù* para os proteger da guerra, a vinda de *Èsù* do *òrun* para os defender, a volta a *Iworo*, ensinando-lhes *Èsù* como preparar e sagrar seu "assento", transferindo-lhe seu *agbára* que executaria todos os "trabalhos" que lhe fossem solicitados e acaba por uma saudação, um *oríkì* alusivo a suas características:

Èṣù j'òkó, j'elédè.   *Èṣù* come cachorros,
                                    come porcos.
Bara nyan gbégí gbégí gbégí.   *Bara* anda senhorilmente,
                                    balançando se para a
                                    direita e para a esquerda.
Ogun gbogbo nlo   Todos os atacantes se afastam
Kóró, kòrò-kóró.   Quando ele vem chegando
                                    senhoril e sutilmente.

No mito de gênese dos elementos cósmicos, *Èṣù* é o resultado da interação de água + terra, elemento masculino + elemento feminino, da mesma forma que na história acima *Èsu* é filho de *Òrúnmìlà* + *Yébiirú*, do branco e do vermelho. Como na história anterior, ele é o primeiro-nascido da criação e, como tal, transferido para a terra. É concebido por um casal e, num processo de expansão, ele se multiplica ao infinito. *Èṣù*-descendente introjeta e se identifica com todos os seres da existência – ingere não só todos os animais, mas também sua mãe, ventre-continente da humanidade – e, "cortado" pela espada de seu pai, se dividirá e se reproduzirá, povoando todo o *àiyé* e todo o *òrun*. Cada um dos pedaços-descendentes é um indivíduo que transporta uma parte do simbolismo próprio a *Èṣù*, indo ao encontro do conceito que todo ser, toda matéria individualizada no *àiyé* ou no *òrun*, forçosamente deve estar acompanhada de seu próprio *Èṣù*. Vimos que o número duzentos não é apenas um número convencional significando uma grande quantidade, designa também os *ebora*, os *Irúnmàlè* da esquerda que agrupa as entidades femininas e as entidades-filhos, todos acompanhados de seu *Èṣù*, seu elemento propulsor. Duzentos são os *Èṣù*-descendentes, mais 1, o *Èṣù*-tronco ou base, a ponta do *Òkòtó*, repetindo a imagem de mil e duzentos descendentes mais 1 da história *Orisirisi Èṣù*, + 1 indicando continuação e expansão. Cada um dos duzentos *Èṣù*-símbolos detém em si o princípio dinâmico e da multiplicação e veicular-los-á ao ser ou ao emblema transferido do *òrun* ao *àiyé*.

Dessa história, rica em informações, como a que se refere às relações de *Èṣù* com *Kétu* (particularmente interessante porque na Bahia os "terreiros" *Kétu* dão a *Èṣù* o título de *Alakétu*, senhor ou rei do povo

Kétu), queremos destacar a relação que o *itan* estabelece entre o povoamento ou o nascimento de descendentes, com a voracidade agressiva do recém-nascido e a *devolução ulterior de tudo o que foi engolido* – devido ao pacto – particularmente a restituição da mãe-símbolo, *Yébìirú*, *yé + bi + irú*: a mãe que dá nascimento a filhos de todo tipo, o ventre-continente da humanidade a que fizemos alusão.

A restituição da mãe e de tudo o que tinha sido ingerido através de oferendas não só restabelece a harmonia, mas transforma o descendente no símbolo de fecundidade e de transmissão do *agbára*, a força simbolicamente contida no *àdó-iràn*.

Essa função de *Elebo*, Senhor-das-oferendas, é fundamental para melhor compreender o simbolismo de *Èsù*. Magnificamente explicitado por um *itan* do *Odù Òṣe Tùwá*, apesar de sua extensão, daremos a versão completa:

Èyè ni ìtán Òṣetùá odù ifá. Ìtàn Èsù ní ònà ti Èsù gbà tí n fi'n gbé ebo lo sí eṣè Olódùmarè, àti ibùfín. Ibùdà ebo, tí Èsù fi jé òjíṣé ebo láyé-lórun.

Òṣetùá ló so gbogbo ìtumò àwon àbájáde ìtàn wòn yí gbangba b'yí. Nínú ìtàn 'yí, bí òrò Òrúnmìlà, nínú àso yéni i rè, ó wí bá'yí: Ó ní –

    Kóunkórò
    N lawo Èwí ayé
    Olórùn mu dèdè èdè kanlé
    Awo o gbàun-gbàun!

5.   Àwon Alákà ní n be lódò
    Wón n tèè tútù niniini.
    Àwon wòn yí ni Babaláwo
    To dífá fún Irínwó Irúnmolè.
    Ojù kòtún

10.   Wón dá fún igba molè
    Ojù kòsì
    A dífá fún Òsun
    Sèngè sín Olóòyà iyùn
    Níjò tó siketàdínlógún

15.   Gbogbo irúnmolè wá sóde ìsálú àyé.
    Nígbà tí Olódùmarè

Tí ó rán àwọn òrìsà métàdínlógún 'yí
Wá sí òde ayé pé kí wọn ó má tẹ ilé àyé dó.
Wọ̀n sí rọ̀ sí ayé ní igbà yí
20. Nnka tí Olódùmarè é kó wọithin
Láti òde òrun tí ó jẹ́
Ópómúléró ayé fún igbésí àwọn ọmọ ènìyàn
àti àwọn ẹbọra.
Olódùmarè é kó wọn wí pé
25. Bí wọ́n bá dé ayé,
Kí wọn ó lá igbó orò,
Kí wọ́n ó sì la igbó éégún
Tí ọn n pè ní Igbó Ọpa.
Ò ní ki wọn ó sì la Igbódù fún Ifá
30. Tí wọn ó! gbé mọ́ọ lọ rè é tènìyàn nífá.
Ón ní kí wọn ó la pópó
Fún òrìsà, kí wọn ó mọ́ọ pe ibẹ̀ ní igbóòòsà.
33. Gbogbo àwọn igsèsi ojúbọ 'yí
Olódùmarè é kó wọn
35. Àti b'wọn ó ti mọ́ọ ṣe gbogbo àwọn ètùtù wọ̀n 'yi
Tí kò fi ní sí àsìpa ikú
Àbí rì rààgàn, láirọ́mọ bí
Kó mọ́s sí.
Àti ò ṣi kó mọ́ ṣe sí nì àyé
40. Àti àrùn àìmòdí,
Kó mọ́ ṣe mọ́ọ ṣelè sí wọithin
Àti àlùbà, kó mọ́ ṣe wà fún wọithin
Ìparun àti iràta, kó mọ́ ṣe sí fún wọithin.
Gbogbo nnkọn wọ̀n 'yí ni Olódùmarè é
45. Fi kó àwọn òrìsà métàdínlógún 'yí
Ó sì rán wọn pé kí wọn ó mọ́ọ lọ sí ilé àyé
Láti mọ́ọ lọ rè é ṣe gbogbo rè
Níghà tí wọn rọ̀ sí òde àyé
Lóòótọ́ wọ́n làgboro.
50. Wọ́n lagbó eégún
Wọ́n lagbó Ifá tí à n pè nígbóódù
Wọ́n sì tún la pópò fún òrìsà

      Tí à n pè nigbóòòsà.
      Wón ṣe gbogbo àwọn ètò wọnwọn yí
55. Bí ènìyàn kán bá wà tí àra a rẹ̀ ọ̀ bá á le
      Tó bá lọ dáfá lówó Òrúnmìlà,
      Tó bá jẹ́ pé eégún ni ọ́ bá gbà á sílẹ̀,
      yíò sọ fún pé à fi kí wọn ó múu lọ
      Sí Igbó eegún, nígbó ìgbàlè
60. Láti lọ ṣe ètùtù éegún fúun.
      Láti ṣé éegúun tírẹ̀ náà fúun;
      Tí ó móọ sìn, tò jẹ́ pé eégún 'yi
63. Ni ó móọ dáàbò ó.
      Bí enìkán bá wà tó bá jé obìnrin
65. Tọ́ bá nràgàn,
      Wọn ó rè é dá Ifá fúun.
      Kí Orúnmìla sọ wípe,
      Kí Orúnmìlà sọ wípe, Òṣun ní kí elé'yí
      Kó móọ lọ rè é gbagbo o rè lódó.
      Bí elòmíinbbá wà,
70. Tọ́ bá jẹ́ pé òsì ló fẽ́ móọ taá
      Tí Orúnmìlà bá dá Ifá fúun,
      Ó leé jẹ pé oró ni yíò jẹ́ eni tí
      Ó lè bá elé'dá rẹ̀ ṣe pó,
      Yíò sí sọ fúun wí pé;
75. Oró ni kó móọ lọ rè é bọ.
      Wọn ó sì múu lọ sí Igbórò.
      Wọn n bá gbogbo àwón ìnkan wọ̀n yi bò,
      Títí, gbogbo bí wón ti n ṣe àwọn ètùtù wọnwọn yí,
      Wọn ò ké sí Òṣun.
80. Nígbà tí wón bá lọ síigbó eégún
      Tàbigbó orò ni,
      Tàbí Igbó Ifá ni,
      Tàbí Igbóòòsà ni
      Ti wón bá dé,
85. eran tí wón bá pa níbẹ̀,
      Òmìíín lè jẹ́ ewuré
      Òmìíín lé jágbò,

Òmìíín le já'gùntàn
Ó lè já die,
90. Òsun ni won óò kóo fún
Wí pé kó lo rè é sè é.
Won á ní, tó bá ti sè é,
93. Kò tùn gbodò je nbè mó,
Torí pé àwon n gbée lo sí òdòomolè,
95. Ni ibù sebo ni.
Gbogbo nèkan tí wón n se
Òsun bèrè sí í na àse iyà mi síi!
Ase iyà mi Ajé 'ysì n ba gbogbo o rè jé.
Eni tí ón ba so pé kò ní í kú, ín kú.
100. Eni tí on ba so pékò ní í yè
Eléyùn yé' yè.
Eni tí ó bá so pé yó' rí omo bí,
Yó' tún móo ràgàn béè náà ní.
Olókùnrùn tí ón bá so pé yiò sàn,
105. Òjòjòo rè kò nì ì fúyé.
Nnkan 'yí ni wón lójú wí pé
Ase Olódùmarè kì í mò ó selèe!
Gbogbo nnkan tí Olódùmarè é kó àwon
N náà làwón dán wò, tí gbogbo rè ó bára mu 'yí.
110. Èwo ni kí àwon ó se?
Nígbà tí wón peraa won ní ìpàdé,
Òrúnmìlà sì mú èsi wá wí pé
Òróo wa 'yí kò seé fi ogbón mò
Bí kò se pé kí òun ó bi Ifá léèrè!
115. Bá'yí ni Òrúnmìlà bá gbé ìpòrí' rè já'de,
N ló bá dá Ifá, ó sí wó Odú tó wá 'yí títí.
Wón n porúko Odù 'yi ní Òsetùá.
Ó sì wòó lo síwá, ó wò ó lo sé-hìn
Gégé bí ìsolè sí òròo rè gbogbo,
120. Òrúnmìlà sì mú èsì wá fún àwon Odú yó'kú
Tì wón péjo wípé, kò ní síse, kò láise
Èyin òrìsà Irúnmolè 'yí

123. À fi ká wá Olòye àti Ologbón
     Tí a lè rán sí Olódùmarè wá

125. Láti fún lábò òrò yí
     Irú nnkan tí yó' bá tún bá ríse nípaa rè,
     Tí nnkan wòn yí ó fi móo yanjú.
     Tí kò sì nì móo tì sónà bá'Yí mó.
     Wón so bá'yí wípé, kò ní síse,

130. Kò lái se, iwo Òrúnmìlà náá
     Ni oó' wá lo sí òdòò rè
     Òrúnmìlà dide nlè,
     Ó lo fi ogbón inúu rè, ó fi mú ata!
     Ó fimòràn ó fi móbi!

135. O tódùn ó sòdùn ké
     Òrúnmìlà fa osùn rè tu.
     Igi tó lágbára ó gbé Òrúnmìlà!
     Ó lo sí àjùlé Olódùmarè.
     Nbè ni Òrúnmìlà bá Èsù Òdàrà

140. Tí Èsù jó kó sí ilé Olódùmarè.
     Èsù tí lè é so fún Olódùmarè pé
     Ohun tí n bã gbogbo ise ayé jé mó àwon lówó-
     Àwon kò so fún eni tó se iketàdínlógún àwon
     Wípé kó mó bá àwon kálo

145. Nítorí náà, òrun ni ń ba gbogbo rè jé.
     Olódùmarè é gbò.
     Bi Òrúnmìlà ti dé
     Tó kò gbogbo ejóo won 'yító rò ó
     Bá'yií ni Olódùmarè é so fúun wìpé:

150. K'won ó lo rè é ké sí eniketàdínlógúun woithin
     Láti móo mú lo gbogbo ibi ètùtù
     Tí wón ń bá lo.

153. Nítorí pé kò sí Ògbón míín mó
     Tí òun ó'kó won ju ohun tí óùn ti so fún ùun lo.

155. Nígbà tí Òrúnmìlà dé ilé ayé,
     Ó ké si gbogbo àwon irìsìà wòn yí jo, ó
     Tún fún won ní abò.

Wọ́n bá ké sí Òṣun pé
Kọ́ báwọn ká lọ sí ibi tí àwọn ń gbé ń lọ rèé
160. Ṣe ètùtù ní igbó eègún.
Òsún ta wípé òun kò ní lọ láíláí.
Wọ́n bèrè síí be Òsún títí,
Gbogbo o wọn bí ọ́n tí ń dòbálè
Bẹ́ẹ̀ ni wọ́n ń tún tèríba fúun.
165. Òsún ní bú gbogbo o wọn kárikárí.
Ó bú Òrìṣà-Nlá!
Ó bó'gún
Ó bú Olófin Oódúà!
Ó bú Òrúnmìlà!
170. Ó bú Òsànyìn!
Ó bú Òrànfẹ̀ẹ!
Ó bú gbogbo o wọn kárí bẹ́ẹ̀ tán,
Nígbà tí ó di òjó'kejì,
N lỌ̀sún bá gbàpè.
175. Wọ́n ní kó mòo káló
Ó ní òun kò ní lo láiláií.
Ó ní nnkan ni ẹ lè ṣe.
Nígbà tí ọ̀rọ̀ 'yí súu yín bá'yí
Ó ní oyún tóùún ní sínú
180. Tí ẹ bá lè jẹ́ pé,
Ẹ mọ ọ̀nà tóúùn fi lè bíi lọ́kùnrin
A jẹ́ wí pe ní
183. Òun ó fà á fúun yín kó mọ́ọ báa yin lọ.
Tí òún bá bíi lóbìnrin,
185. Ẹ ti mò dájú!
Òràn 'yi tán ní inú òun
Ó kù díè-díè-díè.
Kée mò pé dájúdájú.
Ayé 'yí yó' parun
190. Tí wọn ó' tún òmíìn dá ni
Sùgbọ́n tọ́ bá bí okùnrin, a jé pé
Olòrun ọ́' bá yín seé on-nùun.
Bá'yín ni Òriṣààlá bá ké sí àwọn òrìṣà yó'kú pé
Emi ni àwọn lè ṣe

195. Tí ọmọ 'yí ó' fi jé okùnrin?
Wọ́n ní kò ní sise, kò lái se,
Àfi kí gbogbo àwọn ó mòọ lo rè é
Táá ní àse tí Olódùmarè é fáwọn ní ojoojúmó
Pé kó lè baà jéeòkùnrin.
200. Ní ojoojúmó ni gbogbo o wọn n lọ rè é táá ni àse.
Tí wọn n sọ wípé:
'Ìwọ Òsun, okùnrin ni oó'bí –
Ọmọ bí ń be nìnuú re!
Gbogbo wọn ó! si wí béè
205. Wọn ó sì se tó lée lórí!
Ní ojoojúmó títí, àgbà tó dijó ti Òsún bímọ.
Ò we ọmọọ rè,
Wọ́n ní kó jé káwọn ó ríi,
Ọnní, ó di ọjọ́ mé' sán ló'ní.
210. Nigbà tó di ọjọ́, ọjọ mé'sán,
Ló bá ké sí gbogbo wọn jo,
Níjọ́, 'yí ni ìkọmọ síse,
213. N ló bèrè pé à ń kó ọmọ ó já'de,
Ló bá fi ọmọ hàn wọ́n!
215. Ó gbée ka òrìsà lówọ́
Bó'rìsá ti ye ọ̀mọ wò tó jókùnrin, ó ni
'músòòò............!
Gbogbo àwọn yòókù ni
'Músòòò............!
220. Ni oníkálukù bá ń gba ọmọ 'yí,
Ni wọ́n bá ń súre fúun.
Wọ́n ní àwọn dúpé tí ọmọ 'yí jé okùnrin.
Wọ́n ní àwọn dúpé tí ọmọ 'yí jé okùnrin.
Wọ́n ní irú orúkó wo ló yé kí àwọn sọ́?
225. Òrìsà ní se bí e mó pé
Ojóojúmó ni àwọn ń ta Ìyáa rè láse pé
Kó lè bí ọmọ 'yí lókùnrin,
Njé ní!
Kómọ 'yí ó kúkú mọ́ọ jé

156

230. À-ṢE ÙW-Á
   Wọ́n ni eè mọ̀ pé àṣe tó àwọn n ta
   Ló tu ọmọ 'yí wá sí ayé.
   Bí kò tilè̟ fé̟ é̟ wáyé lókùnrin télè̟
   Áṣe àwọn ló tùú wá.
235. N wọ́n ń pe ọmọ ní
   Àṣetùwa.
   Ní ìgbà tí ó yá,
   Òrúnmìlà ó se Ifá fún ọmọ 'yí.
   Bí gbogbo wọ́n ti gbọ́dò̟ ni Ikin ìpò̟rí,
240. Wó̟n sì mú Ifá 'yí
   Wó̟n riín!
   Wó̟n riín!
243. Wón boó!
   Àkókò ó tó láti lọ rè é tè̟ é̟ nífá
245. Kí wọn ó mọ odù tí
   Ó bá tè̟ é̟ ní Ifá láyé.
   Ní wón bá mú ló sí igbó Ifá
   Tí à ń pé níGbó'dù
   Nígbà tí Ifá ó bi Ò̟ṣé̟ òun Òtúá
250. N ló bí ọmọ 'yí.
   Òrúnmìlà ní ọmọ tó Ò̟ṣé̟ òun Òtúá bí
   Tó̟ jé̟ pé Àṣetúá lá n pè é télé̟,
   Ó ní kí wọn ó kúkú mòo pè fí ń Ò̟ṣetùá.
   Bí'yí ní wón n bá fií pé ọmọ 'yí ní
255. Orúko Odù Ifá tó bíi ni Ò̟ṣetùá
   Nítorí pé O Àṣetùá ní orúkọ rè̟ é̟ jé̟ télé̟.
   N ni ọmọ 'yí bá ń pè̟lúu wọn, àmọn odù yó'kú;
   Láti móọ lọ sí ibi ètùtù gbogbo
   Tí wọ́n ń ṣe fún ayé.
260. Bá'yí ni gbogbo nnkan tí Olodùmarè é kọ́ wọithin.
   N ni kò bà jé mó
   Tí ón bá sọ pe ní
   Èniyàn kò ní kú
   Yíò sì yé ló̟ò̟ó̟tó̟.

265. Kò ní kù. Tí òn bá só pé
    Ènìyàn ó' lówó
    Yíò sì lówó lóòótó.
    Tí ón bá so wípé ni àgàn yíò bímo,
    Yíò sì bímo lóòótó.
270. Oóko tí Òsun páàpàá soomo 'yí níjó náà,
    Ó nì, Osò ń ló bé'yí
    Nítorí pé Àjé ni òun
273. Òún sì bímo, ó jè okùnrin.
    Ó ní, Osó ni kí omo 'yí ó móo jé
275. N ni wón fi ń pe Òsetùá ní Akin Osó;
    Nínú àwon Odù Ifá àti
    Àwon àgbà òrìsá métàdínlógún 'yí
    Wón wá so bá'yí wí pé
    Gbogbo ibi tí àwon àgbààgbà bá pé sí
280. Ó di òrànyàn kí omo 'yí
    Kó móo bá won pé síbè.
    Tí wón ò bá rí enì ketàdínlógún 'yí
    Won ò gbodò dá ìmòràn kankan.
    Tí ón bá dámòràn;
285. won ò gbedò fi òpin sí imònràn náà.
    Ó yá wàjì!
    Òd á wá dá lóde ayé,
    Òhé he!
    Ìrì ò sè
290. Ó dí odún keta
    Tó'jó ti rò.
    Ilé ayé férèé bàjé tán
    Ni wón bá lo rè é da Ifáa àjàláyé.
    Nágbà tí Òrúnmìlà dá I fá àjàláyé fún won
295. Ó só bá'yí wí pé
    À fi kí àwon ó rú ebó
    Kón ó rúu!
    Káwon ó lo rè é gbée fún Olódùmarè
    Kì Olódùmarè ó leè síjú àànú wo ayé,

300. Kó mọ̀ se kó ìhà kan tàbí èyìn sí ayé 'yí,
    Láti mójú tóo fún àwọn
    Nítorí Olódùmarè ni kò ko ibi ara síi ayé
303. Ti ọ́ bá si ń bá bá yi lọ
    Iparun kò jinà mọ́.
305. Ó kù sí dèdè.
    Tí àwọn bá ì leè se Ìrúbọ 'yi
    Àánú àwòn láti máa se Olódùmarè nígbá gbogbo.
    Láti mọ́o fi àwọn sí ìrántí ìtọ́jú ayé 'yí
    Bá'yí ni ó bá rú ẹbọ kalẹ́.
310. Wọ́n fi ewúrẹ́ kan,
    Agùtàn kan,
    Ajá kan àti adiẹ ẹ kan,
    Èyẹlé kan, ekuú kan
    Ẹja à kan, èniyàn kan
315. Àti erinlá kan pẹ̀lú
    Eyẹ è gbó kan
    Èyẹ òdàn kan,
    Eranngbó kan
    Ẹran òdàn kan
320. Eranlé
    Gbogbo ètùtù 'yí
    Eérìndínlógún eèpè epó
    Tí wọn fi sílẹ̀ nìjó náà.
    Eyin adjẹ
325. Aso àà níná mérìndínlógún
    Wọ́n se ìrúbọ 'yí pẹ̀lú ewé Ifá.
    Tí ó ǹ láti ní nínú.
    Wọ́n wá di ẹrú ẹbọ 'yí kalẹ̀,
    Wọ́n ní kí Èjì Ogbè páápàá
330. Ó wá gbé ẹbọ 'yí lọ sí òdò Olódùmarè
    Ó gbè ẹbọ dórun.
    Wọn ò sílẹ̀kùn.
333. Èji Ogbè é padà wáyé.
    Ó dijọ́ kejí

335. Òyèkú Méjì í gbée
 Ò padà wáyé.
 Won ò sílèkùn.
 ìwòrì Méjì í gbébo 'yí
 Òdí Méjì,
340. Ìrosùn Méjì,
 Òwónrín Méjì,
 Òbà̀ à Méjì,
 Òkànràn Méjì,
 Ògúndá Méjì
345. Òsá Méjì,
 Ìká Méjì.
 Òtúrúpòn Méjì,
 Òtáá Méjì,
 Ìrètè Méjì,
350. Òsé Méjì,
 Òfún Méjì
 Won ò rónà,
 Olórun kò sílèkùn.
 Bá'yí ni wón so pé
355. Kí eniketàdínlógún àwon náà
 Kó wá se agbáraa rè
 Káwón ó tó mò pé
 Kó sí agbára mó.
 Bá'yí ni Òsetùá,
360. Ló bá lo sí òdò àwoon Babaláwo ò kan
 Pé kí won ó ye òun wò.
 Àwon Babaláwo 'yí n jé
363. A tépo,
 A repo
365. Àwon méjèèjì ní fà ákàrà nu wó
 A dífá fún Akin Osó òmo Eníràre
 Níjó tí n gbèbo lo sí òde òrun kokooko.
 Ó ní kó rúbò
 Ó ní tó bá rúbó tán,

160

370. Wọ́n níbi tí ó tóríi rè̩ dáfá,
Wọ́n ní yó' gbáyí nbè̩ púpò̩.
Wọ́n ní yíò sì tún jè pé
Ìpò tí ó rù nbè̩
Wọ́n ní láíláí ipò yí kó ní párẹ́,

375. Wọ́n ní, iyí tí ò̩ gbà ńbè̩
Wọ́n ní iyì náá,
Iyí kò a tán ní.
Wọ́n ní yó' wá á ri arúgbó 'kan Iójú ò̩n,
Wọ́n ní, kó seé lóore.

380. Bá'yí ní Ò̩setùá bá rúbọ tán;
Eyelé mè'fá,
Adiẹ mé'fà pèlú egbààfà ló fi ṣe ètùtù 'yi.
Ní agbà tí ń bò̩,
Lò̩ bá pàdé arúgbó kan

385. Ebo 'yí tó rù, È̩sù ló gbèe fún
Ọ́ pàdé arúgbó 'yí lójú ò̩nà,
Arúgbó 'yí jé ẹni ìgbà ìwàsè̩.
Ó ní Akin Osó!
nílé wo lò̩ ń lọ ló'ni?

390. Ó láwọn tí ní gbókìkí i yín nílé Ọlófin wípé
È̩ ń gbè̩bo ò̩ kan o sóde òrun àbgétì
Gbogoo àwọn àgbààgbà Odú

393. Ó ni, lBéè̩ ni
Ó ní 'ṣe iwọ ló wá á kàn ló'ní?

395. Ó ní òun lò̩ mò̩ kàan o.
Ó ní, 'njẹ́ o ti jeun ló'ní?
Ó ní òún ti jeun.
Ó ní, tó̩ọ ba dóúún
Sọ pó̩ò̩ lọ ló'ní'

400. Ó ní, egbàà tóo fúun 'yí,
Ó ló tójó mé'ta tóùùn tí rí owó ra ońjẹ jẹ mọ.
Ó ní, 'sọ pó̩ò̩ lọ lò̩'ní.'
Ó ní 'tó bà lọla,
Móọ jẹ, móọ mu,

405. Tó fi dóún,
    Ò ní kóo gbé ẹbọ náà
    Ó lónjẹ aye tí àwọn gbogbo tí ń lọ ń jẹ
    Ni kò jé ki àwọn Olórun kí wọn ó silẹ̀kùn
    Bí Ọba Àjàláyé

410. Gbogbo Odù Itá sì pé sílẹ̀
    Wọn ló ti yá o.
    Ìwọ ló kàn ló'ní,
    Láti gbé ẹbọ 'yí loórun.
    Bóyá wọn á silẹ̀kùn fúnwo

415. Ó ní ó di lólá kóun ó tó ó lọ
    Nígbà tí òún ò gbó tì lá'ná.
    Nígbà tilẹ̀ é mọ́ níjọ́ kejì,
    N ni Òsetùá ló bá lọ rèé bá Èsù,
    Ó ní, èwo ni kóun ó ṣe?

420. Èsù ní 'Hìín?'
    'A sé ìwọ́ jẹ́ lè wá wí fú òun
    Kó tó di wípé oó lọ?'

423. Ó ló ti parí!
    Ó ní ló'ní ni wọn ó silẹ̀kùn náà fún ọ.

425. Ó nì, ǹjẹ́ o ti jẹun?
    Ò ní'yá arúgbé kan wí fún òun lá'ná wí pé
    Òun ó mò jẹun.
    N ni òun pèlú Èsù ni wón bá gbéra
    Ló bá di òde òrun.

430. Nígbà tí wọn ó'dé òrun
    Wón ti silẹ̀kùn kalẹ̀.
    Sí sí ni ón kálẹ̀kùn ńlẹ̀.
    Bí ón tí gbé ẹbọ í Ólódùmarè tọ́ yẹ ẹ́, wò
    Olódùmarè é ní, 'Hààà!

435. E wo ìgbà tó'jó ti rò sóde ìsálayé
    N jé ayé ò tí fèèé parun tán bá'yí?
    Kí lè ń'rí í jẹ bá'yí?
    Òsetùá ò wulẹ̀, fẹnu wí nnkankan mọ́
    Olódùmarè kó okùn òjò fúun.

440. Ó sì kó gbogbo nnkan ròrùn tí wọn ó mọọ lọ nílé ayé
Ó kòo fúun.
Ón ní, kó mọọ bọ̀ wá.
Bí wọ́n ti díde ńlẹ̀ nilé Olódùmarè.
Bẹ́ẹ̀ ló tú kókó kan níbi òjò yí,
445. N lòjó bá bẹ̀rẹ̀ lóde ayé láti mọọ rọ́.
Nígbà tí Òsetùá rọ̀ dé òde ayé,
Ilé ilá lọ̀ kọ́ yà,
Ò bá Ilá,
Ilá ti so Ogún.
450. Ilá tó se wípé
Ewé orí i rẹ̀ ó pé méjì,
Òmíìn ò tiẹ̀ ní ewé lórí rárá mọ́.
453. Nígbà tí ó dé ilé ìròkò,
Ogbòn ọmọ ní ìròkò so.
455. 'Gbà tó délée yáyá (i = e. sọ̀ko yòkòtó)
Àádóta ọmọ ló so.
Nhóbá yá sí ilé ọ̀pẹ̀ kan rìwòrìwò,
Tí ń be ódó Awọ́nrinmógún
Ọ̀pẹ́ rudi mẹ́rìndínlógún
460. Nígbà tọ́'pé rú di meríndínlógun
N ló bá wá yà sí ilé Ọba Àjàláyé
Àsẹ́ tí doyún nlé ayé,
Àtọ́ tí domọ.
Òkùnrù tí ń be ní'búlẹ ti díde.
465. Gbogbo ilé ayé ti dún, ó rinrin.
Nnkan tútú ú ti toko dé.
Isú ta,
Àgbàdó gbó
Òjò ń rọ̀.
470. Odò gbogbókún.
Inú aráyé ti dùn.
Bósetùá ti dé
Ngbé ni wọ́n gbée gorí ẹsin.
Wọ́n tún fẹ́ẹ̀ lẹ̀ gbé ẹsiin rẹ̀ pàápáá nílẹ̀.

475. Níbi tí ènìyàn gbogbo pó dé,
    Tí wón sáàá ń yò mòọ
    Gbogbo àwọn elèbùn
    Lápá òtún.
    Lápá òsì,
480. Ni ón ń Pósetùá
    Ìwọ lo gbébọ dórun.
    Èééééé tón gbée dórun 'yí pọ́......
483. Tètè gba owóo tèmi 'yí
    Kóọ bá ń'gbébo o tèmi náà dórun.
485. Òsetùá!
    Tètèt tètè gbààààà!
    Òsetùá!
    Gba ebọ o tèmií!
    Iye ebùn gbogbo ti Òsetù rí.
490. Èsù Òdàrà ló lo rè é kó gbogbo è fún.
    Nígbà tó kóọ fún Èsù,
    Èsù ni, 'Hìín!
    Gbogbo 'jó tóùún ti ń jíse ẹbọ,
    Kó sí eni tí ń fi oore rèẹ́ sàn un bá'yí!
495. Iwọ Òsetùá!
    Gbogbo ẹbọ tí òn bá rú lóde ayé,
    Tí ón ò bá kóo fún o,
    Kóo wá móọ gbée fún òun
    Òun ò ní gba ẹbọ náà dà mọ́.
500. Bá'yí ni ó fi jé wípe,
    Tí àwọn awo bá rúbọ,
    Odù Ifá'yówù tí ó bá yó sí'bérèrè ẹní wá bèrè
    À fi tí ón bá pe Òsetùá
    Kí Òsetùá ó leè fi isèẹbọ 'yi lòọ́ jé fún Èsù.
505. Nítorí pé ní owóọ rè ni Èsù ti n gba ìrùbọ.
    Láti gbée lo sí òde òrun.
    Nítorí pé
    Ngbà tí Èsù fún raarè
    Tí n gba ẹbọ lówọ́ aráyé

510. Lọ síbùfún àti bùdà,
Kó sí oore kankan tí wón ń fi ṣeé nípaa rẹ̀
Tí ìgbà tí Ọ̀ṣetùá tó gbẹ̀ ebọ
513. Tí Èṣù sì lo rẹ̀ é bá seé ọ̀nà ọ̀run àti
Ṣe dé ọ̀dọ̀ Olódùmarẹ̀ 'yí.
515. Tí ón fi silẹ̀kùn fúun.
Irú oore tí Èṣù pàdà rì ní ọ̀dọ̀ Ọ̀ṣetùá
Ó tí jó lójú pípọ̀.
N lòún Ọ̀ṣetùá bá jọ mulẹ̀
Dé ibi wípé,
520. Gbogbo ebo tí ón bá rú
À fi kóọn ó móọ fi rán Ọ̀ṣetùá síùn.
Bá'yí ni Ọ̀ṣetùá bá ti ṣe jé
A-jísé-ebọ fún Èṣù.
Èṣù Òdàrà ń ló bá dìí.
525. A-jísè-fun-Olódùmarè-kokoko-Ióṛun.
Bí àwọn Odú Ifá 'yí ti se sọ Ìtumọ̀ Èṣù pẹ́lú Ọ̀ṣetùá
Tí wón fi jé òkan náà nínú agbẹ́bọ yún ọ̀run
Òun nìyí.

Esta é a história de *Ọ̀ṣetùá* tal qual é revelada pelo *Odù Ifá*. Diz a história como *Èṣù* chegou a transportar todas as oferendas aos pés do *Olódùmarè*, fazendo aceitá-las e como *Èṣù* se tornou o Encarregado-e-Transportador de Oferendas *Òjíṣe-ebọ*, na terra e no *ọ̀run*. *Ọ̀ṣetùá* é o oráculo que relata claramente o desenvolvimento dessa história da maneira como segue. Diz ele:

> Que devia consultar
> o porta-voz-principal-do-culto-de-*Ifá*;
> a nuvem está pendurada por cima da terra...,
> Babaláwó-dos-tempos-imemoriais,
> 5. [10] Os-"siris"-estão-no-rio
> a-marca-do-dedo-requer-*Yèrèòsún* (pó adivinhatório de *Ifá*).
> Estes foram os *Babaláwo* que jogaram *Ifá* para
> os quatrocentos *Irúnmalè*, senhores do lado direito, e

---

10. A numeração das linhas corresponde aos versos na versão *Yorùbá*.

10. jogaram *Ifá* para os duzentos *malè*, senhores do lado esquerdo.
    E jogaram *Ifá* para *Òsun*,
    que tem uma coroa toda trabalhada de contas,
    no dia em que ele[11] veio a ser o décimo sétimo dos *Irúnmalè*
15. que vieram ao mundo,
    quando *Olódùmarè* enviou os *òrìsà*,
    os dezesseis, ao mundo,
    para que viessem criar e estabelecer a terra.
    E vieram verdadeiramente nessa época.
20. As coisas que *Olódùmarè* lhes ensinou
    nos espaços do *òrun* constituíram os pilares de fundação
    que sustentam a terra para a existência de todos
    os seres humanos e de todos os *ebora*.
    Olódùmarè lhes ensinou que
25. quando alcançassem a terra,
    deveriam abrir uma clareira na floresta, consagrando-a
    a *Orò*, o *Igbó Orò*.
    Deveriam abrir uma clareira na floresta, consagrando-a
    a *Eégún*, o *Igbó-Eégun*
    que seria chamado *Igbó-Òpá*.
    Disse ele que deveriam abrir uma clareira
    na floresta consagrando-a a *Odù-Ifá*, o *Igbó Odù*,
30. onde iriam consultar o oráculo a respeito das pessoas.
    Disse ele que deveriam abrir um caminho para os *Òrìsà*
    e chamar esse lugar *igbó òrìsà*, floresta, para adorar os *òrìsà*.
    Olódùmarè lhes ensinou a maneira como deveriam resolver
    os problemas de fundação (assentamento) e adoração dos
    ojúbo (lugares de adoração)
35. e como fariam as oferendas
    para que não houvesse morte prematura,
    nem esterilidade, nem infecundidade,
    que não houvesse perda,
    nem vida paupérrima, não houvesse nada
    de tudo isso sobre a terra.

---

11. *Òsetùá*.

40. Para que as doenças sem razão
não lhes sobreviessem,
que nenhuma maldição caísse sobre eles,
que a destruição e a desgraça não se abatessem
sobre eles.
45. *Olódùmarè* ensinou aos dezesseis *òrisà* o que eles deveriam realizar
para evitar todas essas coisas.
Ele os delegou e enviou à terra,
a fim de executarem tudo isso.
Quando vieram ao *òde-àiyé*, a terra,
fundaram fielmente na floresta o lugar de adoração de *Orò*,
o *Igbó-Orò*.
50. Fundaram na floresta o lugar de adoração de *Eégún*.
Fundaram na floresta o lugar de adoração de *Ifá* que chamamos *Igbódú*.
Também abriram um caminho para os *òrisà*,
que chamamos *igbóòòsa*.
Executaram todos esses programas visando a ordem.
55. Se alguém estava doente,
ele ia consultar *Ifá* ao pé de *Òrúnmìlà*.
Se acontecia que *Eégún* podia salvá-lo,
dir-lho-iam.
Seria conduzido ao lugar de adoração na floresta de *Eégún*,
ao *Igbó-Ìgbàlè*
60. para que ele fizesse uma oferenda a *Egúngún*.
Talvez que um de seus ancestrais devesse
ser invocado como *Eégún*,
para que o adorasse, a fim de que
esse *Eégún* o protegesse.
65. Se havia uma mulher estéril,
Ifá seria consultado, a respeito dela,
a fim de que *Orúnmìlà* pudesse indicar-lhe a decocção de *Òsun*
que ela deveria tomar.
70. Se havia alguém que estava levando uma vida de miséria,
Orúnmìlà consultaria *Ifà*, a respeito dele.
Poderia ser que *Orò* estivesse

associado à sua própria entidade criadora.
Orúnmìlà diria a essa pessoa que
75. é a Orò que ela devia adorar.
E ela seria conduzida à floresta de *Orò*.
Eles seguiram essas práticas durante muito tempo.
Enquanto realizavam as diversas oferendas,
eles não chamavam Òsun.
80. Cada vez que iam à floresta de *Eégun*,
ou à floresta de *Orò*,
ou à floresta de *Ifá*,
ou à floresta de Òòsà,
85. a seu retorno, os animais que eles tinham abatido,
fossem cabras,
fossem carneiros,
fossem ovelhas, fossem aves,
90. entregavam-nos a Òsun para que ela os cozinhasse.
Preveniram-na que quando ela acabasse de preparar os alimentos,
não devia comer nenhum pouco, porque deviam ser
95. levados aos *Malè*, lá onde as oferendas são feitas.
Òsun começou a usar o poder das mães ancestrais –
àse Ìyá-mi –
e a estender sobre tudo o que ela fazia
esse poder de *Ìyá-mi-Àjé*, que tornava tudo inútil.
Se se predissesse a alguém que ele ou ela não fosse morrer,
essa pessoa não deixava de morrer.
100. Se fosse proclamado que uma pessoa não sobreviveria,
a pessoa sobrevivia.
Se se previsse que uma pessoa daria à luz um filho,
a pessoa tornava-se estéril.
Um doente a quem se dissesse que ele ficaria curado
105. não seria jamais aliviado de sua doença.
Essas coisas ultrapassavam seu entendimento,
porque o poder de *Olódùmarè* jamais tinha falhado.
Tudo o que *Olódùmarè* lhes havia ensinado eles o aplicavam,
mas nada dava resultado.

110. Que era preciso fazer?
Quando se congregaram numa reunião,
Orúnmìlà sugeriu que,
já que eles eram incapazes de compreender o que se estava
   passando por seus próprios conhecimentos,
não havia outra solução senão consultar *Ifá* novamente.

115. Em consequência, Orúnmìlà trouxe seu instrumento
   adivinhatório,
depois consultou *Ifá*.
Contemplou longamente a figura do *Odù* que apareceu
e chamou esse *Odù* pelo nome de *Òṣetùá*.
Ele o olhou em todos os sentidos.
A partir do resultado definitivo de sua leitura,

120. Orúnmìlà transmitiu a resposta a todos os outros *Odú-àgbà*.
Estavam todos reunidos e concordaram que não havia outra
   solução para todos eles,
os *òrìṣà-irúnmàlẹ*, senão encontrar um homem sábio e instruído
que pudesse ser enviado a *Olódùmarè*,

125. para que mandasse a solução do problema
e o tipo de trabalho que devia ser feito para o
   restabelecimento da ordem,
a fim de que as coisas voltassem a normalizar-se, e
nada mais interferisse em seu trabalho.
Diziam que tudo o que acontecesse,

130. ele, Orúnmìlà, deveria ir até a *Olódùmarè*.
Orúnmìlà ergueu-se. Serviu-se de seu conhecimento para
   utilizar a pimenta,
serviu-se de sua sabedoria para tomar nozes de *obi*,

135. despregou seu *òdùn* (tecido de ráfia) e o prendeu no seu ombro,
puxou seu cajado do solo,
um forte redemoinho o levou, e
ele partiu até os vastos espaços do outro mundo para encontrar
   Olódúmarè.
Foi lá que Orúnmìlà reencontrou *Èṣù Òdàrà*.

140. *Èṣù* já estava com *Olódùmarè*.
Èṣù fazia sua narração a *Olódùmarè*. Explicava que
aquilo que estava estragando o trabalho deles na terra

era o fato de eles não terem convidado a pessoa que constitui
a décima sétima entre eles.
145. Por essa razão, ela estragava tudo.
Olódùmarè compreendeu.
Assim que *Orúnmìlà* chegou, apresentou seus agravos a
Olódùmarè.
Então *Olódùmarè* lhe disse que deveriam ir e
150. chamar a décima sétima pessoa entre eles
e levá-la a participar de todos os sacrifícios
a serem oferecidos.
Porque, além disso,
não havia nenhum outro conhecimento que Ele lhes pudesse
ensinar
senão as coisas que Ele já lhes havia dito.
155. Quando *Orúnmìlà* voltou à terra,
reuniu todos os *òrìsà*
e lhes transmitiu o resultado de sua viagem.
Chamaram *Òsun* e lhe disseram que ela deveria segui-los
por todos os lugares onde deveriam oferecer sacrifícios,
160. mesmo na floresta de *Eégún*.
Òsun recusou-se:
ela jamais iria com eles.
Começaram a suplicar a *Òsun* e ficaram prostrados um
longo tempo.
Todos começaram a homenageá-la e a reverenciá-la.
165. *Òsun* os maltratava e abusava deles.
Ela maltratava *Òrìsànlá*,
maltratava *Ògún*,
maltratava *Orúnmìlà*,
170. maltratava *Òsányìn*,
maltratava *Orànfe*,
ela continuava a maltratar todo mundo.
Era o sétimo dia, quando *Òsun* se apaziguou.
Então eles lhe disseram que viesse.
175. Ela replicou que jamais iria,
disse, entretanto, que era possível fazer uma outra coisa

      já que todos estavam fartos dessa história.
      Disse que se tratava da criança que levava no seu ventre.
180. Somente se eles soubessem como fazer para que ela desse à
         luz uma criança do sexo masculino,
      isso significaria que
      ela permitiria então que ele a substituísse
      e fosse com eles.
      Se ela desse à luz uma criança do sexo feminino,
185. podiam estar certos de que essa questão
      não se apagaria em sua mente.
      Ficariam aí pedaços, pedaços e pedaços.
      E eles deveriam saber com certeza que
      esta terra pereceria;
190. deveriam criar uma nova.
      Mas se ela desse à luz um filho-homem,
      isso queria dizer que, evidentemente, o próprio *Olórun* os
         tinha ajudado.
      Assim apelou-se para *Òrisàlá* e para todos os outros *òrísà*
195. para saber o que deveriam fazer para que a criança fosse
         do sexo masculino.
      Disseram que não havia outra solução
      a não ser que todos utilizassem o poder – *àse* –
      que *Olódùmarè* tinha dado a cada um deles; cada dia
         repetidamente
      deveriam vir, para que a criança nascesse do sexo masculino.
200. Todos os dias iam colocar seu *àse* – seu poder –
      sobre a cabeça de *Òsun*,
      dizendo o que segue.
         "Você *Òsun*!
      Homem ele deverá nascer,
         a criança que você traz em si!"
      Todos respondiam "assim seja", dizendo
205. *"tó!"* acima de sua cabeça...
      Assim fizeram todos os dias, até que chegou
      o dia do parto de *Òsun*.
      Ela lavou a criança.
      Disseram que ela deveria permitir-lhes vê-la.

210. Ela respondeu "não antes de nove dias".
Quando chegou o nono dia, ela os convocou a todos.
Esse era o dia da cerimônia do nome, da qual se originaram todas as cerimônias de dar o nome[12].
Mostrou-lhes a criança,

215. e a pôs nas mãos de Òrìsà.
Quando Òrísààlá olhou atentamente a criança
e viu que era um menino, gritou:
"Músò"...! (Hurra...!)
Todos os outros repetiram "Músò"...!

220. Cada um carregou a criança;
depois o abençoaram.
Disseram: "somos gratos por esta criança ser um menino".
Disseram: "que tipo de nome lhe daremos?"

225. Òrísà disse: "vocês todos sabem muito bem que
cada dia abençoamos sua mãe com nosso poder
para que ela pudesse dar à luz uma criança do sexo masculino,
e essa criança deveria justamente chamar-se

230. À-S-E-T-Ù-W-Á (poder trouxe ele a nós)"
Disseram: "acaso você não sabe que foi o poder do àse,
que colocamos nela, que forçou essa criança a
vir ao mundo,
mesmo se antes ela não queria vir à terra sob a forma de
uma criança do sexo masculino?
Foi nosso poder que a trouxe à terra".

235. Eis por que chamaram a criança Àsetùwá.
Quando chegou o tempo,
Orúnmìlà consultou o oráculo Ifá acerca da criança,
porque todos devem conhecer sua origem e destino;

240. colheram o instrumento de Ifá para consultá-lo.
Eles o manipularam e o adoraram.
Era chegado o momento de consultar Ifá a respeito dele,
para saberem qual era seu Odù, para

245. que o pudessem iniciar no culto de Ifá.
Levaram-no à floresta de Ifá,

---

12. *Kó omojáde*: fazer sair a criança (no mundo exterior).

que chamamos *Igbódù*, onde *Ifá* revelaria que Òṣẹ̀ e Òtùá eram seu *Odù*.

250. Este foi o resultado que ele deu a respeito da criança.
Orúnmìlà disse: "a criança que Òṣẹ̀ e Òtùá fizeram nascer,
que antes chamamos Àṣetùwá",
disse, "chamemo-la antes de Òṣètùá."
Foi por isáo que chamaram a criança

255. com o nome do *Odù* de *Ifá* que lhe deu nascimento,
Òṣètùá.

Àṣetùá era o nome que ele trazia anteriormente.

Assim, a criança participou do grupo dos outros *Odù*,

ao ponto de ir com eles a todos os lugares onde se

faziam oferendas na terra.

260. Foi assim que todas as coisas que *Olódùmarè* lhes tinha ensinado
deixaram de ser corrompidas.
Cada vez que proclamavam
que as pessoas não morreriam,
elas realmente sobreviviam

265. e não morriam.
Se diziam que as pessoas seriam ricas,
elas tornavam-se realmente ricas.
Se dizam que a mulher estéril conceberia,
ela realmente dava à luz.

270. A própria Òṣun deu a essa criança um nome nesse dia.
Disse ela: "Oṣò a gerou" (significando que a criança era filho do poder mágico);
porque ela mesma era uma *ajé*[13]
e a criança que ela gerou é um filho homem.
Disse ela: "*Akin Oṣò*",
(*Akin Oṣò*: poderoso mago; homem bravo dotado de um grande poder sobrenatural)
eis o que a criança será!

---

13. Aspecto poderoso de *Ìyá-mi* (cf. p. 93s., 124s.).

275. É por isso que eles chamaram *Òsètùá* de *Akin Ọsò*,
 entre todos os *Odú Ifá* e entre os dezesseis *òrìṣà* mais anciãos.
 Depois eles disseram que em qualquer lugar onde os maiores se reunissem,
280. seria compulsório que a criança fosse um deles.
 Se não pudessem encontrar o décimo sétimo membro,
 não poderiam chegar a nenhuma decisão;
285. e se dessem um conselho, não poderiam ratificá-lo.
 Finalmente, aconteceu!
 Sobreveio uma seca na terra.
 Tudo estava seco!
 Não havia nem orvalho!
290. Fazia três anos que tinha chovido pela última vez.
 O mundo entrou em decadência.
 Foi então que eles voltaram a consultar *Ifá*,
 Ifá àjàlàiyé[14].
 Quando *Ọrúnmìlà* consultou Ifá *Àjàlàiyé*, disse que
295. deveriam fazer uma oferenda, um sacrifício, e
 preparar a oferenda de maneira
 que chegasse a *Olódùmarè*,
 para que *Olódùmarè* pudesse ter piedade da terra,
300. e assim não virasse as costas à terra
 e se ocupasse dela para eles.
 Porque *Olódùmarè* não se ocupava mais da terra.
 Se isso continuasse, a destruição era inevitável;
305. era iminente.
 Somente se pudessem fazer a oferenda,
 Olódùmarè teria sempre misericórdia deles.
 Ele se lembraria deles e zelaria pelo mundo.
 Foi assim que prepararam a oferenda.
 Eles colocaram:
310. uma cabra,
 uma ovelha

---

14. (*Àjàlórun* – o que administra o *òrun*
Àjàlàiyé – o que administra a terra
Àjá: conquistador, guardião).

     um cachorro e uma galinha,
     um pombo,
     uma preá,
     um peixe,
     um ser humano, e
315. um touro selvagem,
     um pássaro da floresta,
     um pássaro da savana,
320. um animal doméstico.
     Todas essas oferendas,
     e ainda dezesseis pequenas quartinhas cheias de azeite de dendê
     que eles juntaram nesse dia.
     E ovos de galinha, e
325. dezesseis pedaços de pano branco puro.
     Prepararam as oferendas apropriadas usando folhas de *Ifá*,
     que toda oferenda deve conter.
     Fizeram um grande carrego com todas as coisas.
     Disseram então, que
330. o próprio *Èjì-Ogbè* deveria levar essa oferenda a *Olódùmarè*.
     Ele levou a oferenda até as portas do *òrun*,
     mas não lhe foram abertas.
     Èjì-Ogbè voltou à terra.
335. No segundo dia *Òyèkú-Méjì* a carregou,
     ele voltou.
     Não lhe abriram as portas.
     Ìwòrí-Méjì levou a oferenda,
     assim fizeram *Òdí-Méjì*,
340. *Ìrosùn Méjì*
     Òwónrín Méjì
     Òbàrà Méjì
     Òkànràn Méjì
     Ogúndá Méjì
345. *Òsá Mejì*
     Ìká Méjì
     Òtúrúpòn Méjì

Òtúá Méjì
Ìrètè Méjì
350. Òsé Méjì
Òfún Méjì
Mas não puderam passar,
Olórun não abria as portas.
355. Assim decidiram que o décimo-sétimo entre eles
deveria ir e experimentar seu poder,
antes que tivessem que reconhecer que
não tinham mais nenhum poder.
360. Foi assim que Òsetùá foi visitar certos *Babaláwo*,
para que eles consultassem o oráculo para ele.
Esses *Babaláwo* traziam os nomes de
Vendedor-de-azeite-de-dendê
e Comprador-de-azeite-de-dendê.
365. Ambos entregaram seus dedos com pedaços de cabaça.
Jogaram *Ifá* para *Akin Osò*, o filho de *Enìnàre*[15],
no dia em que ele conseguiu levar a oferenda ao poderoso òrun.
Disseram que ele deveria fazer uma oferenda;
disseram, quando ele acabasse de fazer a oferenda,
370. disseram, no lugar a respeito do qual ele estava consultando *Ifá*,
disseram, ali, ele seria coberto de honras;
disseram, sucederá que
a posição que ele ali alcançasse,
disseram, essa posição seria para sempre
e não desapareceria jamais.
375. Disseram, as honras que ele ali receberia,
disseram, o respeito, seriam intermináveis.
Disseram: "Você verá uma anciã no seu caminho",
disseram, "faça-lhe o bem".
380. Assim, quando Òsetùá acabou de preparar a oferenda,
seis pombos,
seis galinhas com seis centavos, e
quando estava em seu caminho,
ele encontrou uma anciã.

---

[15] Aquela-que-foi-colocada-na-senda-do-bem, referindo-se a Òsun.

385. Ele carregava a oferenda no caminho que levaria a Èṣù,
quando encontrou essa anciã na sua rota.
Essa anciã era da época em que a existência se originou.
Disse: "*Akín Oṣò*!
à casa de quem vai você hoje?"
Disse: "eu ouvi rumores a respeito de todos vocês
390. na casa de *Olófin*, que
os dezesseis *Odù* mais idosos levaram uma oferenda
ao poderoso *òrun* sem sucesso".
Disse: "assim seja".
Disse: "é sua vez hoje?"
395. Disse: "é minha vez".
Disse: "tomou alimentos hoje?"
Respondeu ele: "eu tomei alimentos".
Disse ela: "quando você chegar a seu sítio,
diga-lhes que você não irá hoje".
400. Disse ela: "esses seis centavos que você me deu",
Disse, há três dias não tinha dinheiro
para comprar comida.
Disse: "diga-lhes que você não irá hoje".
Disse: "quando chegar amanhã, você não deve comer,
você não deve beber antes de chegar ali".
405. Disse: "você deve levar a oferenda".
Disse: "todos esses que ali foram, comeram
da comida da terra,
essa é a razão por que *Olórun* não lhes abriu a porta!"
Quando *Òṣetùá* voltou à casa de *Oba Àjàlàiyé*,
410. todos os *Odù Ifá* estavam reunidos lá.
Disseram: "você deve estar pronto agora,
é sua vez hoje de levar a oferenda ao *òrun*,
talvez a porta seja aberta para você!"
415. Disse ele que estaria pronto no dia seguinte,
porque não tinha sido avisado na véspera.
Quando chegou o dia seguinte, *Òṣetùá* foi encontrar *Èṣù*,
e lhe perguntou o que deveria fazer.
420. *Èṣù* respondeu: "Como!
Jamais pensei que você viria me avisar

antes de partir".
Disse ele: isso vai acabar:
"hoje eles lhe abrirão a porta!"

425. Perguntou ele:
"Tomou algum alimento?"
Òsetùá lhe respondeu que uma anciã lhe tinha dito na véspera
que ele não devia comer absolutamente nada.
Então *Òsetùá* e *Èsù* puseram-se a caminho.
Partiram em direção aos portões do *òrun*.

430. Quando chegaram lá,
as portas já se encontravam abertas;
encontraram as portas abertas.
Quando levaram a oferenda a *Olódùmarè*
e Ele (*Olódùmarè*) a examinou,
Olódùmarè disse: "Haaa!

435. Você viu qual foi o último dia que choveu na terra?!
Eu me pergunto se o mundo não foi completamente destruído.
Que pode ser encontrado lá?"
Òsetùá não podia nem abrir a boca para dizer qualquer coisa.
Olódùmarè lhe deu alguns "feixes" de chuva.

440. Reuniu, como outrora, as coisas de valor do *òrun*,
todas as coisas necessárias para a sobrevivência do mundo,
e deu-lhas.
Disse que ele, *Òsetùá*, deveria retornar.
Quando deixaram a morada de *Olódùmarè*,
eis que *Òsetùá* perdeu um dos "feixes" de chuva.

445. Então a chuva começou a cair sobre a terra.
Choveu, choveu, choveu, choveu, choveu...
Quando *Òsetùá* voltou ao mundo,
em primeiro lugar foi ver Quiabo.
Ele encontrou Quiabo.
Quiabo tinha produzido vinte sementes.

450. Quiabo que não tinha nem duas folhas,
um outro não tinha mesmo nenhuma folha em seus ramos.
Voltou-se em direção à casa do Quiabo escarlate,
Ilá Ìròkò tinha produzido trinta sementes.

455. Quando chegou à casa de *Yáyáá*,
   esse havia produzido cinquenta sementes.
   Foi então até à casa da palmeira de folhas exuberantes,
   que se encontrava na margem do rio *Awónrín Mogún*.
   A palmeira tinha dado nascimento a dezesseis rebentos.

460. Depois que a palmeira deu nascimento a dezesseis rebentos, ele voltou
   à casa de *Oba Àjàlàiyé*,
   Àse se expandia e se estendia sobre a terra.
   Sêmen convertia-se em filhos,
   homens em seu leito de sofrimento se levantavam,

465. e todo o mundo tornou-se aprazível,
   tornou-se poderoso.
   As novas colheitas eram trazidas dos plantios.
   O inhame brotava,
   o milho amadurecia,
   a chuva continuava a cair,

470. todos os rios transbordavam,
   todo mundo era feliz.
   Quando *Òsetùá* chegou,
   carregaram-no para montar num cavalo[16],
   estavam mesmo a ponto de levantar o cavalo do chão

475. para mostrar até que ponto as pessoas estavam ricas e felizes.
   Estavam de tal forma contentes com ele,
   que o cobriram de presentes,
   os que estavam à sua direita,
   os que estavam à sua esquerda.

480. Começaram a saudar *Òsetùá*:
   "você é o único que conseguiu levar a oferenda ao *òrun*,
   a oferenda que você levou ao outro mundo era poderosa!
   Sem hesitação, rápido, aceite meu dinheiro
   e ajude-me a transportar minha oferenda ao *òrun*!

485. *Òsetùá*! Aceite rápido!
   Òsetùá, aceite minha oferenda!"
   Todos os presentes que *Òsetùá* recebeu,

---

16. Signo de realeza: só os poderosos podem permitir-se a criar cavalos em país *Yorùbá*.

490. os deu todos a *Èsù Òdàrà*.
    Quando os deu a *Èsù*,
    Èsù disse:
    "Como!"
    Há tanto tempo ele entregava os sacrifícios, e
    não houve ninguém para retribuir-lhe a gentileza.
495. "Você *Òsetùá*!
    Todos os sacrifícios que eles fizerem sobre a terra,
    se não os entregarem primeiro a você,
    para que você os possa trazer a mim,
    farei que as oferendas não sejam mais aceitáveis".
500. Eis a razão pela qual
    sempre que os *Babaláwo* fazem sacrifícios,
    qualquer que seja o *Odù Ifá* que apareça e qualquer que
        seja a questão,
    devem invocar *Òsetùá* para que envie as oferendas a *Èsù*.
505. Porque é só de sua mão que *Èsù*
    aceitará as oferendas
    para levá-las ao *òde òrun*.
    Porque quando *Èsù* mesmo
    recebia os sacrifícios das pessoas da terra
510. e os entregava no lugar onde as oferendas são aceitas,
    eles não demonstravam nenhum reconhecimento pelo que
        ele fazia por todos,
    até o dia em que *Òsetùá* teve de carregar o sacrifício,
    e *Èsù* foi abrir o caminho apropriado para o *òrun*,
    para alcançar a morada de *Olódùmarè*,
515. quando se abriram as portas para ele.
    A qualidade de gentileza que *Èsù* recebeu de *Òsetùá*
    era realmente muito valiosa para ele (*Èsù*).
    Então ele e *Òsetùá* decidiram combinar um acordo pelo qual
520. todas as oferendas que deveriam ser feitas
    deveriam ser-lhe enviadas por intermédio de *Òsetùá*.
    Foi assim que *Òsetùá* se converteu no entregador de
        oferendas para *Èsù*.
    Èsù Òdàrà, foi assim que ele se converteu em

525. O-portador-de-oferendas-para-*Olódùmarè*-no-poderoso-*òrun*.
É assim como este *Odù Ifá* explica, a respeito de *Èṣù* e
Òsetùá,
como eles se converteram em Encarregados e Portadores
das oferendas para o *òrun*,
assim como já o declaramos.

Òse-tùwá, representante direto de *Èṣù*, simboliza um de seus aspectos mais importantes, o de ser encarregado de transportar as oferendas, *Òjíṣe-ebo*, evidenciando seu caráter de *Èṣù Elebo*, o proprietário, o que controla, o que regula o *ebo*, a oferenda ritual. *Èṣù* também é chamado *Elérù*, Senhor do *erù*, carrego ritual.

Òse-tùwá, reproduzindo o modelo dos mitos precedentes sobre o nascimento de *Èṣù*, é o resultado da interação de um par: nasceu do ventre e do *àṣe* de *Òsun Olorí Ìyá-mi Ajé*, do poder supremo feminino, e do *àṣe* dos dezesseis *Irúnmalè Àgbà Òdù*, do poder supremo masculino. Como nos mitos precedentes, a relação harmoniosa entre o feminino e o masculino é restabelecida pela fertilização, pelo nascimento, pelo descendente. Duas vezes *Òse-tùwá* restabelece essa relação:

1) pelo fato de ser engendrado e de nascer filho-varão, ele restabelece a relação harmoniosa entre *Ìyá-mi* e os dezesseis *òrisà-àgbà* salvando a terra do caos e de seu aniquilamento;

2) por ser a única entidade para quem são abertas as portas do *òrun*, quando a relação *òrun-àiyé* fica abalada e a seca ameaça destruir inteiramente a terra, o descendente é o único que pode transportar, fazer aceitar o *ebo* e, consequentemente, trazer a chuva, fertilizar a terra, restabelecendo ao mesmo tempo a relação dinâmica – *òrun-àiyé*.

Insistimos repetidas vezes que toda dinâmica do sistema *Nàgô* está centrada em torno do *ebo*, da oferenda. O sacrifício em toda a sua vasta gama de propósitos e de modalidades, restituindo e redistribuindo *àṣe*, é o único meio de conservar a harmonia entre os diversos componentes do sistema, entre os dois planos da existência, e de garantir a continuação da mesma. *Èṣù Òjíṣe-ebo*, em seu caráter de descendente, de terceiro elemento, é o único que pode mobilizar o processo, levando e entregando as oferendas a seu lugar de destino, permitindo completar o ciclo do sacrifício.

Dos mitos e de sua análise se conclui (e é importante destacar isto) a associação que se estabelece entre *Èsù Yangí* – descendente, símbolo de progênie – e a sua atividade como *Èsù Òjíse-ebo* – portador e entregador de sacrifício, símbolo de restituição.

No *ìtan Atòrun dòrun Èsù*, o filho, que devorou todos os alimentos da terra e se multiplicou povoando o *àiyé* e o *òrun*, compromete-se a exigir a devolução de tudo que foi devorado sob a forma de *ebo*, os que deverão ser efetuados por todos os seres que povoam os dois mundos. Essa associação reaparece na história *Orísírisí Èsù*, que conta como *Èsù* se reproduziu e diversificou no mundo inteiro. Ele distribui generosamente riqueza, crescimento e honras, vomitando-os depois de ter ingerido insaciavelmente todo tipo de alimento, bebida e fumo picado. É este último, *Aásáà* – que provoca a devolução idealizada de tudo que foi ingerido.

É a devolução que permite a multiplicação e o crescimento. Tudo aquilo que existe de forma individualizada deverá restituir tudo que o filho protótipo devorou.

Como já vimos, cada indivíduo está constituído, acompanhado por seu *Èsù* individual, elemento que permitiu seu nascimento, desenvolvimento ulterior e multiplicação; para que ele possa cumprir seu ciclo de existência harmoniosamente, deverá imprescindivelmente restituir, através de oferendas, os "alimentos", o *àse* devorado real ou metaforicamente por seu princípio de vida individualizada. É como se um processo vital equilibrado, impulsionado e controlado por *Èsù*, fosse baseado na absorção e na restituição constantes de "matéria".

A criança do *ìtan Atòrun dòrun Èsù*, depois de se ter comprometido a devolver todos os alimentos com que se nutriu, restitui sua mãe; como se a devolução dos *ebo* restituísse a mãe-símbolo, *Ìyá-nlá*, imagem coletiva da matéria de origem – a lama – de onde emergiu o primeiro *Èsù Yangí*. Veremos mais adiante que um pedaço dessa matéria genitora-símbolo-universal é associado à placenta transmissora do princípio de vida individual.

Èsù Yangí Òjise-ebo, símbolo do elemento procriado, é responsável pelo desprendimento constante de porções da matéria genitora e o único capaz de a restituir, de reparar o útero mítico fecundado, o *Igbá-nlá* ou *Igbá-ìwà*, cabaça da existência.

É essencial ressaltar o fato de que *Òṣe-tùwá* repara *ambos* os progenitores, o feminino e o masculino. Transportando o poderoso *ẹbọ*, aos pés de *Olórun*, está devolvendo, e consequentemente solicitando, os representantes simbólicos de todas as espécies existentes desprendidas dos genitores míticos universais: um quadrúpede, um roedor, um peixe, uma ave, um ser humano; um exemplar de cada espaço simbólico da terra, da floresta, da savana e do espaço urbano doméstico. Aceitando o *ẹbọ*, *Olórun* entrega a *Òṣe-tùwá* todos os elementos necessários para a continuação da existência. O *ẹbọ* restitui aos genitores permitindo a redistribuição de *àṣe*. *Òṣetuá* transporta a chuva-sêmen que, fecundando a terra, permite a maravilhosa explosão da vida – de inúmeros descendentes – descrita no final do mito. Os vegetais, os grãos, as árvores, as águas, os seres humanos, absolutamente todo o *àiyé*, regenera-se e expande-se.

Èṣù é o *princípio reparador* do sistema *Nàgô*. É o controlador rígido de todos os sacrifícios. Inspetor geral, segundo *Idowu* (1962); "oficial de polícia imparcial"[17], segundo Abimbola (1969: 393) que diz: "a ação de *Èṣù* é a de... punir os contraventores, particularmente aqueles que negligenciaram fazer o sacrifício prescrito"[18].

Èṣù Yangí, segundo a história *Atòrun dòrun Èṣù*, delega a dívida: o que foi introjetado por ele será restituído através dos *ẹbọ* efetuados por todos os elementos procriados. A restituição é deslocada, é transferida a um outro objeto ou a um outro ser com o qual o ofertante se identifica.

Esse mecanismo, que consiste em transferir a um outro a restituição do *àṣe* absorvido, é fundamental para a compreensão dos rituais de oferenda e da dinâmica do sistema. A restituição transferida – a oferenda – é que permite manter a integridade de cada indivíduo; controlada por *Èṣù Elẹbọ*, ela permite ao *Èṣù* acompanhante exercer sua fun-

---

17. "Impartial police officer".

18. "The action of *Èṣù* is... to punish offenders, especially those who have neglected the prescribed sacrifice...".

ção de princípio dinâmico, desenvolver e expandir a existência de cada indivíduo.

$Èsù$ por ser o resultado da interação de um par, água + terra, $Orúnmìlà + Yébìírú, Òsun + àse$ dos dezesseis $Àgbà-Odù$, é o portador mítico do sêmen e do útero ancestral e como princípio de vida individualizada ele sintetiza os dois. É por isso que, frequentemente, ele é representado sob a forma de um par, uma figura masculina e uma figura feminina unidos por fileiras de cauris (fig. 18).

Em Cuba, representam-no com duas cabeças. Um informante nigeriano, um ancião $Elèsu$ de grau elevado, referia-se a $Èsù$ como sendo irmãos siameses. Este aspecto o relaciona com os $Ibèjì$, os gêmeos míticos, também filhos de $Òsun$ e com os $Àbíkú$, com quem partilha os segredos[19].

Sendo interação e resultado, $Èsù$ está profundamente associado à atividade sexual. O falo e todas as suas formas transferidas, tais como seu gorro tradicional com sua longa ponta caída, os vários estilos de penteados, em forma de crista, de longas tranças ou rabos de cavalo caindo pelas costas, seu Ogo ou maço, sua lança, dos quais vários autores trataram longamente e que figuram em quase todas as representações de $Èsù$, são símbolos de atividade sexual e de reprodução como resultado da anterior. As numerosas cabacinhas, representação deslocada dos testículos, sublinham ainda mais claramente sua preocupação com a atividade sexual. Este aspecto de $Èsù$ é muito conhecido, provavelmente o aspecto mais comentado, e aquele que mais escandalizou os primeiros missionários e viajantes[20]. O seu Ogo e as formas-símbolos de deslocamento fálico confundem-se com a represen-

---

[19]. Thompson (1971), em sua descrição das esculturas associadas ao culto de $Èsù$, descreve a relação estilística entre as "figuras de dança acasaladas ou os pequenos bastões de dança acasalados", representações de $Èsù$, por um lado, e as "estatuetas de gêmeos", por outro lado. Dá ao mesmo tempo uma excelente descrição sobre "o estilo do penteado em rabo de cavalo ou sobre o elemento em forma de faca que cai por trás da cabeça das figuras humanas representadas", às quais farei alusão mais adiante ("...the tailed headdress of the knife-like element, at the back of the head of the represented human figures").

[20]. Uma interessante documentação sobre as opiniões dos viajantes antigos ressaltando o aspecto erótico e sexual de $Èsù$ encontra-se em P. Verger (1957: 120s.).

tação do *Òbe Èṣù* – a faca de *Èṣù* – que nos leva ao aspecto de *Èṣù Olòbe*, proprietário e senhor da faca, responsável pelo desprendimento ou pela ablação das porções do útero mítico fecundado; voltaremos a esse assunto quando estudarmos a relação de *Èṣù* com os mecanismos de individualização e com a atividade ritual ligada às oferendas (figs. 22, 23, 24, 25).

Não nos podemos estender sobre toda a rica imaginária consagrada a *Èṣù*, cuja exposição poderia conduzir-nos a escrever um outro ensaio. Referir-nos-emos ainda, brevemente, às representações de *Èṣù* sugando seu dedo, fumando o cachimbo ou soprando uma flauta (fig. 10). Além de estarem associadas à atividade sexual deslocada, elas revelam principalmente a relação de *Èṣù* com o ato de introjetar pela boca; o cachimbo e a flauta ressaltando simbologia simultânea de absorção e expulsão, de ingestão e restituição (figs. 26 e 27). Não só fuma o tabaco, mas também o traga sob a forma de *áṣà*, sua oferenda preferida. Na referida história de *Orísìrìsí Èṣù*, o *áṣà* devorado desmesuradamente provocará a devolução, a reprodução e o crescimento. A flauta tem um significado semelhante. Com ela *Èṣù* chama sua descendência, e ela está associada à ingestão e à devolução ou reprodução, assemelhando-se à flauta-símbolo de *Òrìṣà Oko*, *òrìṣà* que assegura a fertilidade dos campos.

A atividade sexual patrocinada e regulada por *Èṣù* está em relação direta com seu símbolo de filho, de descendente, com sua função que consiste em assegurar a existência da categoria descendente que ele representa. *Èṣù não assume jamais o símbolo do procriador.* Mesmo como *Èṣù-Àgbà*, representação coletiva de todos os *Èṣù* individuais, ele não representa o procriador, o que engendra, mas o símbolo por excelência do progênito, do elemento engendrado, a primeira forma dotada de existência individual.

Ele é o resultado, o descendente, o filho.

Èṣù se identifica completamente com seu papel de filho. Como tal representa o passado, o presente e o futuro sem nenhuma contradição. Ele é o processo da vida de cada ser. É o Ancião, o Adulto, o Adolescente e a Criança. É o primeiro nascido e o último a nascer. Representando o crescimento, simboliza também mudança; é o elemento dinâmico e dialético do sistema. Sendo o elemento procriado, condensa em seu eu mítico a natureza de cada objeto e de cada ser. Resume as morfologias dos ancestrais masculinos e femininos, pertencendo indistintamente a um e outro grupo.

Èṣù é cultuado tanto como *lésè-Égún* como *lésè-Òrìsà*, e apenas por seu intermédio é possível adorar as *Ìyá-mi*. *Èṣù* circula livremente entre todos os elementos do sistema: é o princípio da comunicação; não só porque ele simboliza a união entre o feminino e masculino, mas porque, como elemento dinâmico e de individualização, ele passa de um objeto a outro, de um ser a outro. Não é apenas o *Òjíse-ebo*, o encarregado e transportador de oferendas, é particularmente o *Òjíse*, o mensageiro no sentido mais amplo possível: que estabelece relação do *àiyé* com o *òrun*, dos *òrisà* entre si, destes com os seres humanos e vice-versa. É o intérprete e o linguista do sistema.

Èṣù é revelado num de seus mitos como:

Enú gbárijo Boca coletiva,
ni oruko àá pe Èṣù Yangí. e o nome pelo qual se chama *Èṣù*.

Essa é a consequência do fato de que os quatrocentos *Irúnmàlè* decidiram dar um pedaço de suas próprias bocas a *Èṣù*, quando ele foi representá-los aos pés de *Olórun*. *Èṣù* uniu os pedaços em sua própria boca e desde então fala por todos eles.

Com efeito, a íntima relação entre *Ifá* e *Èṣù* é indiscutível, assim como a de *Èṣù* com todo tipo de sistema oracular. Todos os autores que se preocupam com o oráculo não podem deixar de assinalar o papel importante de *Èṣù*; por outro lado, fortemente representado nos objetos de *Ifá*, particularmente no *òpón*, tábua adivinhatória a que já aludimos quando falamos do significado dos triângulos e dos losangos (cf. p. 72s.).

Não nos estenderemos sobre *Ifá*, longamente estudado por Maupoil (1943) e recentemente por Bascom (1969) e Abimbola (1969) e por numerosos artigos, nem sobre toda a relação complexa *Orúnmìlà-Èṣù* da qual queremos apenas ressaltar dois aspectos:

1. que o sistema oracular funciona graças a Èsù e é instrumentado por objetos que simbolizam descendentes-progênie;

2. que tanto Èsù quanto Orúnmìlà são os mais poderosos aliados e propulsores da existência individualizada.

1) "*Orúnmìlà*, também conhecido sob o nome de *Ifá*", escreve Abimbola (1971: 2), "*òrìsà* da adivinhação e da sabedoria, foi encarregado do uso do conhecimento para a interpretação do passado, do presente e do futuro e também para a ordenação geral da terra"[21].

Ifá acumula os ensinamentos universais *Yorùbá*, teológicos e cosmológicos, da gênese e das experiências míticas dos seres e dos mundos sobrenaturais e naturais. Todo esse patrimônio complexo e rico da sabedoria ancestral ficaria imóvel sem *Èsù*. "A principal função do oráculo consiste em fornecer uma resposta às necessidades de indivíduos a fim de restaurar e manter o desenvolvimento de uma vida harmoniosa para os que o consultam. O símbolo-resposta, o *Odù* e suas respectivas histórias exemplares, implica sempre uma oferenda sem a qual o oráculo seria apenas um jogo de palavras e sem eficácia. É a execução da oferenda, que só *Èsù Ojíse-ebo* é capaz de transmitir e tornar aceitável, que permite ao consultante alcançar seu objetivo"[22] (ELBEIN DOS SANTOS & DOS SANTOS, 1971 A: 92).

A própria existência e o funcionamento do instrumento adivinhatório de *Orúnmìlà* dependem de *Èsù*: a) sua existência, porque o instrumento quer seja o *Ipòrí*, *o Ikin* (ou mesmo os cauris do sistema *érindilogun*, de que falaremos mais adiante) são fragmentos ou porções retiradas da matéria genitora de *Orúnmìlà*, de sua matéria mítica de ori-

---

21. "*Òrúnmìlà* also known as *Ifá*, the *òrìsà* of divination and wisdom, was charged with the use of wisdom for the interpretation of the past, the present and the future and also for the general ordering of the earth".

22. "The main function of the oracle is to provide an answer to the needs of individuals, in order to restore or maintain the development of a harmonious life for those who consult it. The answer-symbol, the *Odù* and its respective exemplary stories, always involves an offering without which the oracle would remain mere word-play and ineffective. It Is the performance of the offering, which *Èsù Ojíse-ebo* alone is capable of conveying and making acceptable, that enables the consultant to achieve his purpose".

gem – o *Igí-ope* – que não poderiam desprender-se, individualizar-se sem *Èsù*; b) seu funcionamento porque é *Èsù* mesmo, *Enúgbarijo* (boca coletiva), quem deve trazer as respostas e porque *Orúnmìlà* – que os mitos querem sem esqueletos, sem ossos – só pode atuar através do *àse* de *Èsù*.

É necessário insistir em que *Orúnmìlà* utiliza-se do *àse* de *Èsù*, isto é, do poder, da força e das funções específicas de *Èsù*, para atuar e se expressar.

Orúnmìlà, *òrìsà-funfun*, símbolo coletivo dos *Irúnmàlè*, dos ancestrais míticos e divinos, só pode comunicar-se com seus descendentes, "apenas, através de um intermediário da mesma ordem"[23].

Assim vimos que os *Égún* são invocados e manipulados pelos *isan*, hastes-descendentes, e pelos "*màrìwò*", sacerdotes-representantes das palmas-filhas das árvores e troncos, símbolos dos *Égún*. O *isan*, sendo um descendente, é da mesma ordem dos ancestrais, pode representá-los e ser um instrumento de comunicação entre eles e os seres humanos. O *òsùn* substitui o *isan*; temos visto que é um jovem, um descendente e que faz parte do instrumental de todo *Babaláwo* (cf. cap. VI, 125 e 139-152).

Mesmo as nozes que constituem o *ikin* – conjunto de dezesseis ou trinta e duas nozes do *Òpe-Ifá* – com que se procede à consulta, também são filhas da palmeira, matéria genitora de *Orúnmìlà*. A relação entre *Orúnmìlà* e a palmeira foi assinalada pelos pesquisadores da matéria há muito tempo: A. Pierre Bertrand Bouche (1885: 120) indicava "fetiche das amêndoas de palmeira"[24]; Ellis (1894: 56): "deus das Nozes de Palmeira"[25]; R.E. Dennet (1906: 217): "*Ifá...* também é o nome do deus *Yorùbá* de nozes de palmeira"[26]; e um informante de Maupoil (1943: 29) assinala: "Fa mesmo é invisível, tudo o que percebemos

---

23. "Only by means of an intermediary of the same order". Salústio (1926: 28-31) citado por Evans Pritchard (1954: 23).

24. "Fetiche des amandes de palme".

25. "God of Palm-Nuts..."

26. "Ifa... is also the name of the palm-nut god of the Yoruba".

dele são suas nozes"[27]. Já examinamos a relação dos òrìṣà-funfun com as árvores (cf. 88s.). Notamos que algumas árvores constituem a expressão materializada do poder das entidades sobrenaturais, o emblema que marca, como se fosse um altar natural surgido da terra, a presença dessas entidades. Serão suas frutas e nozes que as representarão e exprimir-se-ão através delas, e Èṣù enú-gbárìjọ explicitará as mensagens. Não só as nozes do ikin são utilizadas; veremos mais adiante que outros sistemas oraculares, manipulados correntemente nos "terreiros", utilizam-se de obì, orógbó, maçãs, peras etc., segundo as circunstâncias rituais. Digamos de passagem que o obì é a noz mais empregada nos cultos para estabelecer a comunicação entre os òrìṣà e seus adeptos.

Nesse mesmo sentido, uma outra referência de um informante de Maupoil (1943: 7) parece-nos significativa. "Desde que Mawu criou a terra, nela instalou de, o dendezeiro. Ninguém se aprofundou no sentido secreto desse de... De foi muito naturalmente considerado como a divindade suprema... nada do que constitui a palmeira é sem valor... Ora de tinha filhos, seus frutos (de-Kwi ou de-Ki)"[28,29] (o grifo é nosso).

Não podemos estender-nos mais sobre o fato de a própria aparição do signo ser o resultado de uma interação. O signo nasce, cria-se em cada consulta, o babaláwo "da Ifá fun", o babaláwo "cria Ifá para"... tal pessoa, em tal circunstância. Isso nos leva à segunda característica da relação Èṣù-Ifá, ao fato de que ambos estão associados ao desenvolvimento e ao destino individual.

---

[27]. "Fa lui même est invisible, tout ce que nous percevons de lui, ce sont ses noix".

[28]. "Dès que Maivu eut créé la terre, il y installa de, le palmier à huile. Ce de, personne n'en a approfondi le sens secret... Dé fut tout naturellement considéré comme la divinité suprême... rien de ce qui constitue le palmier n'est sans valeur... Or de avait des enfants, ses fruits (de Kwi ou de-Ki)".

[29]. O sistema oracular Fa dos Fon estudado por Maupoil é diretamente inspirado no sistema Ifú dos Yorùbá.

2) Já Le Herrissé em 1911 (p. 137) assinalava que os dois *"vodun Legba* e *Fa* são pessoais para cada indivíduo, nascem e desaparecem com ele... estando íntima e diretamente associados à pessoa. *Legba* é companheiro oculto de cada indivíduo"[30,31].

Vimos que os frutos e as sementes-progênie serão os instrumentos do oráculo que falará por sua vez por intermédio do descendente-símbolo, *Èṣù*. O oráculo só pode estabelecer comunicação com indivíduos ou unidades diferenciadas (uma família, uma linhagem, uma cidade, um "terreiro" etc.). A comunição é pessoal e só é válida para esse indivíduo ou unidade consultante. "Retenhamos que Fa se especializa na função de informação individual"[32], insiste Maupoil (1943: 12). A resposta é dirigida para uma circunstância específica, é intransferível e adequada unicamente para o destino de um indivíduo ou unidade determinada. Os eventos estão categorizados e simbolizados através dos mitos, os *eṣe* e os *ìtan Ifá*, mas sua ordenação e estrutura é única para cada destino.

A relação de *Èṣù* com o destino individual, o aspecto de *Èṣù Bara*, será tratado amplamente no capítulo consagrado à individualização. Os dois aspectos, o de *Èṣù Bara* e o de *Èṣù Elebo*, completam-se para assegurar o desenvolvimento sem contratempos do destino individual.

"É, no seu papel de princípio dinâmico, de princípio de vida individual e de *Òjíṣe* ou elemento de comunicação, que *Èṣù Bara* está indissoluvelmente ligado à evolução e ao destino de cada indivíduo. Como tal ele também é Senhor dos Caminhos, *Èṣù-Òna*, e ele pode abri-los ou fechá-los segundo o contexto e as circunstâncias. Pode abri-los ou fechá-los aos elementos agressores e destrutivos, os *Ajagun*, ou aos elementos positivos. Ele é o controlador dos *òna burúkú*,

---

30. *Legba* por *Elegba* e *vodum* por *orisa* na cultura *Fon*.

31. ..."vodum Legba et Fa sont personnels pour chaque individu, naissent et disparaissent avec lui... étant intimement et directement associés à la personne. Legba est le compagnon occulte de chaque individu".

32. "Nous retiendrons que Fa est spécialisé dans la fonction d'information individuelle".

os caminhos que são condutores dos elementos malignos, e dos *òna rere*, condutores das boas coisas, tanto no *òrun* como no *àiyé*.

Èṣù fica à esquerda dos caminhos e daí controla a entrada e a saída de todo o tráfego. Assim seus lugares de adoração e suas representações se encontram nos caminhos que levam às cidades, às aldeias e aos "compounds". Mas seu lugar favorito é a encruzilhada de três caminhos, *orita*, donde os caminhos se encontram e repartem.

Eis aqui outra indicação de seu papel como centro de comunicação, como controlador dos caminhos e principalmente ligado ao fato de que é o resultado de um cruzamento ou de uma união.

Se *Èṣù* abrir ou fechar os caminhos, não é por acaso como o sugerem alguns autores, mas resultado do símbolo complexo que ele representa. Seu papel como censor dos caminhos está estreitamente ligado à sua função de princípio de reparação"[33] (ELBEIN DOS SANTOS & DOS SANTOS: 1971 A: 93).

A restituição, estendendo-se aos dois elementos progenitores e deslocando-se sobre "objetos"-signos, permite salvaguardar e desenvolver a existência individualizada, a de cada ser a quem *Èṣù* acompanha e representa.

---

[33]. "It is in his role of dynamic principle, of principle of individual life and of *Òjiṣe* or element of communication, that *Èṣù Bara* is indissolubly linked with the evolution and fate of each individual. As such he is also Lord of the ways, *Èṣù-Òna*, and he can open and close them according to context and circunstance. He can open them or close them to the aggressive and destructive elements, the *Ajagun*, or to the positive elements. He is the controller of the *òna-burúkú*, the ways which are conductors of malign elements, and of the *òna rere*, the conductors of good things, in the *òrun* as well as in *àiyé*. *Èṣù* stands on the left of the ways, whence he controls the entry and exit of all the trafic. Thus his shrines and representations are (ound on roads leading into cities, villages and compounds. But his favourite spot is the intersection of three roads, *orita* i.e. é where the roads meet and start again. This is yet another indication of his role as the centre of comunications, controller of the roads and above all of the fact that he is the result of crossing or union. Whether *Èṣù* opens or closes roads is not the result of chance as some authors suggest, but of the complexe symbol represented by *Èṣù*. His role as censor of the ways is closely linked with his function as reparation principle".

Dissemos, quando tratamos dos òrìsà e dos ebora (cf. 79s., 96s.), que assim como *Odùduwà* é o símbolo coletivo de todas as genitoras e *Obàtálà* o de todos os genitores, *Èsù* é o símbolo que representa progénie, todas as entidades-filhos do *àiyé* e do òrun.

Ele é interação e resume os significados de ambos os genitores. O branco, o vermelho e o preto, não como matizes, mas com seus significados plenos correspondem a *Èsù*. Vários mitos, cujas diversas versões foram transcritas e analisadas por alguns autores[34], descrevem uma de suas vestimentas do gênero arlequim ou seu gorro característico de duas, três ou quatro cores (incluindo o amarelo). A partir do contexto e segundo o aspecto de *Èsù* que se deseje invocar ou destacar, utilizar-se-á uma cor preponderante que corresponde a esse aspecto particular. Assim *Èsù Ijèlú*, associado ao *Òkòtó*, multiplicação e crescimento de seres diferenciados, profundamente associados ao aspecto de *Èsù* que regula e que é o resultado do processo oculto, indecifrável e secreto que acontece no seio da matéria gestadora, é completamente preto. O mesmo nome *Ejèlú* deriva de èlú, planta do grupo das Indigóferas, das quais se extrai o índigo, tinta azul-escura, e com a qual se prepara o *wáji* com o que se representa o preto. Do lado de seus genitores ele herda o branco, a existência genérica, sem cuja "matéria" não haveria existência individualizada. Por ser o resultado de uma interação, o vermelho o simboliza e, tal como sucede a *Sangó*, o elemento que lhe pertence e constitui sua própria substância é o fogo. Esse é seu aspecto *Iná* sobre o qual nos deteremos mais adiante. Mas o vermelho que transporta é pleno, isto é, simultaneamente o vermelho "sangue vermelho" *àse* de realização, princípio dinâmico, o sangue que circula, que dá vida, e o vermelho genitor, "sangue vermelho", poder de gestação, veiculado pelo corrimento menstrual, as penas *ekódíde*, que *Èsù* – símbolo máximo do elemento procriado – representa coletivamente.

Èsù, o elemento procriado, é a prova do poder das *Ìyá-mi*. É o pássaro, o *Eléye*. É ele quem veicula esse poder do vermelho, representado pelo símbolo chamado *Egán*. É precisamente por ser portador e re-

---

[34]. Lydia Cabrera, Pierre Verger, Deoscoredes M. dos Santos, R.F. Thompson e outros.

presentante desse símbolo e desse poder que *Èsù* é a entidade mais importante do sistema *Nàgô*, como o testemunha o texto do *Odù Òse-tùwá*, que reproduziremos a seguir.

ÌTÀN BI ÈSÙ TI SE GBA AGBA LỌ̀WỌ̀ ÀWỌN ÒRÌSÀ GBOGBO

1. Itàan Èsù!
   Níbi tí Èsù gbé gba àgbà
   lówọ àwọn Òrisà gbogbo
   àti Ebora tí ó ti sàgbáa rè télè
   Nígbà tí Èsù ó gbo àgbà yì

2. Ó lo dá Ifá!
   Pèlúu èro ti òun rò yí
   Bí èrò náàá ti leè se
   tí òun fi leè gbàà
   sisé nípa rè tí ó fi leè se

3. Ó lo dafá lówó àwọn
   Babaláwo yií:
   "Ìjà gìdìgìdì – kìíí sàgbà
   Èni tí Olórun bá dá lágbà un
   Nlàá moó pe ni Bàbá nile àiyé
   Ìjà gìdìgìdì kìíí sàgbà
   Eni tí Olórun bá dá lágbà
   nlàa moó pè ní Bàbá
   Lálàde òrun"

4. Àwọn wònyí ni wón wá
   dífá fún Èsù Òdàrà
   Níjó tí nlọ rèé gbàgbà
   lówó Irúnmolè mérìndìnlógún
   N loọ gbàgbà lówó Irúnmolè gbogbo
   Nílé àiyé loọ
   Wón ní, iwọ Èsù!
   Wón ní kó rù ebo o
   Wón ilé bo tó rú yìí,
   Wón ní láti torí nkan tóo
   ronú sí wípé o fẹ́ se,
   Kí èrò náà ó léè sæ

5. Èsù so wípé,
   Kínni kóòn ó fi rú ẹbọ yìi
   Wọn ní Ikóóde méta,
   Àkùko dìe méta tó bá ti
   lógbe lórí
   Wón ní kó sì fi òké owó méta
   àti epo, kó fi rú ẹbọ àti mòrìwò

6. Èsù rú ẹbọ fún àwgn awo!
   Nígbà tó rúbọ yìí tán,
   wón wá fúun ní Ìkóóde kan
   Wón ní kó móọ múu kiri
   Wón ní kó mó sì fi orí ara rè rẹrè
   Wón ní títítí ó fi pé oṣù méta.

7. Ni Èsù bá múra
   nló bá múú Ìkóóde yìí,
   nló bá n fi gún Orí
   Ní gbà tó yáá,
   Olódùmarè wá re òrò kan
   Gégé bí afẹ́fẹ́ẹ ìrúbọ tó fẹ́ síí lọ́wọ́
   Iára lọ́ùn

8. Olódùmarè wá ro èrò yìí wípé
   Eni tó bá tiè ń se Iṣè
   Àmójútó ayé jù nínúu gbogbo
   Àwọn Òrìsà àt'Ẹbọra t'óuún dá síbè
   Òun fẹ̃ mọ́ọ́

9. Ló bá ní kí gbogbo wọithin
   Ó wáá láti wá bi wón wò
   bí ón bá ti nsee àiyé sí
   Nígbà tó ní kí gbogbo won ó wá,
   Olúkúlùkùí sì tójú nkan tí
   Ó fi sin Olódùmarè won dìí dìí,
   bí ẹnì kèkèké
   Nígbà tí wón di erù wọnyí ba ìyí

10. Ní wón bá pera wọnjo
    Òrìṣàálá ati Ọlófin àti ògún,
    Ija, Òṣôsì, Sónikéré, Obagèdè,
    Obalùfòn, Ifá, òrìsà Oko, Yemonja.

194

Gbogbo wọn Òsun.
Àwọn elegbée wọn yókù
Wọn n bá n mura

11. Wọ́n si tè sọ́nà
Ní sisaáju kí n tẹ̀lé o

12. Nígbà tí Èsù ó mọ́ọ lo
Ó ronú wípé tí òun bá le through
Ikankan nísinyìí
Njé irúbọ tí wọ́n ṣe fún òun
ní àipé yí ńjẹ́ kò ní bàjẹ́ e?

13. Torí náà tí on bá tiè
bi un léèrè, òun ó si nwọọ
Ìkan tóun ó sọ wípé
Ètùtù kan ni wọ́n ṣe fún òun
K'óun ọ́ mọ́ọ́ rú erù níí báyìí

14. Ni Èsù bá mú ìkóóde rè,
ló bá fi gán Orí
kò sì dé fìlà
gbogbo òwọn Òrìsà yèkù
Eyí tí ó dé fìlà,
èyí tí ó dé Adé,
èyí tí ó dé Àketè,
èyí tí yó sì jẹ́ pé yó fu erù
èyí tí ó fa nkan Iówó,

15. Èsù à mú nkan kan lọ́wọ́,
kò si dé fìlà, béèni ko sì rerù
Nígbàtí wọ́n dé saa fún Olódùmarè
ni òkónkóon pé ni wọ́n bá lọ rèé dúró
Dídúró tí wọ́n bá dúró yí,
Fún Paa Rè níí yojú sí woithin
Nígbàti Olódùmarè wo gbogbo wọn títí,
Kò tilè bi wọ́n léèrèé
Irúu bí wọ́n ti ṣe ayé sí,
Olodùmarè jẹ

16. Wíwò t'Ó wò wọ́n báyìí,
Ó níí

Èyin gbogbo tí e dúró,
Ò níí,
Eni tí ó fi ikóóde gún Orí yìí,
Ó ní,
Kí wọn ó pèé wáá
Ló bá dé

17. Ìwọ́ wá fi èyí han wípéé
Ìwọ ni o ko gbogbo aráyé yí jọ,
àti tí o nṣe 'ṣe lóríí wọn jù
Ó ní,
Nini ikóóde tí o fi gún Orí yìí
Ó ní,
Ó ní,
Iwọ lo kó wọn wá
Èṣù ò fọ òsì mú móò

18. "Béè niii", ni Èṣù ń wí
Níjọ́ náà ni Olódùmarè sọ fún gbogbo wọithin
ni idáhùn kan pàtó wípé,
Ti e bá dé Ibùgbé yin
Tí è ń padà lọ
gbogbo ohun ti e é è bá mọọ se,
Asíwájúú yín tí Ẹgán ní bẹ lórí rẹ̀ yí,
Òun náà ni kí e móọ bá sọ,
Òun ni kó sì moo mú gbogbo
àmòràn yín sí òdò Òun Olódùmarè.
Nítorí péé, lóní e ti fi hàn
Wípé eni tí ó tó yín sónà,
tí ó sì jẹ́ sípé ń lè ń fi ìmònràn
gbogbo síwájúu rẹ̀, téè n fii móọọ
se ún nì yií
Òun ni è fi rí Ẹgán lórí rẹ yìì
Kò sí enìkankan tó le jiyàn móọ

19. Báyìí ni Èṣù bá ṣe siwájúú
gbogbo wọn padà wá sí ayé ní
isògbàà àkókò yìí
Orin tí wón nkọ́ọ bọ yó náà,
"Èṣù ò mòò le ràsìn gbàà!

196

Èṣù ò le resingbà!
Egán róró gboríi rè oo,
Èṣù à lee ràsìngbà"

20. Báyí ni Èṣù bá dé ayé
Nígbà tó dé ayé,
nló bá ní òun ó ṣe àjọyọ,
Nítorí pé Olódùmarè ti fúún
ni àṣẹ àti ipò,
tí ó sì hàn sí gbogbo Òrìṣà
Pé èyí kò bá fi ti Èṣù ṣe
"Ki Èṣù ó móọ seé bọ́ssán tí
S'orun àti bí Àrìnàkò tíi Segbín"

21. Òun ni l'Èṣù bá ṣe àjọyọ̀ láàrin
gbogbo àwọn Irínwó Irúnmọlè
Ojukòtún
àti àwọn gbaa Molè
Ojùkòsí

22. ìdí eléyìí
Ni gbogbo àwọn Òrìṣà náàà
bá lọ rèé kó àsà
Láti móọ fi ìkóóde ṣe àṣe
nípa àtiṣe odún,
Abi ètùtù kan ló bá kàn wóithin
láti ṣe nii,
Ni ìkóóde bá fi di àsà fún
gbogbo wọithin
ikóóde yìí, Èṣù ló kó lòọ
sí òde Òrun
Gégé bí ohun tí ó gbọ́ ní
Òdò àwọn babaláwo tí ó dá Ifá
fúun nípa àti gba àgbà yìí
Òun ni wón sì ń pe ìkóóde níí Egáán

23. Ní gbà tó ón bá nlọ rèé tèniyàn
ní fá títí di ní òní
Bí ón bá ṣo Egán yí móníyàn
lórí tán ní ibi tí ón bá gbé
lo rèé tèénífá: kò tún gbodò

fi órí rè ru nkan mó títí tí
ó fi pé ijó méje tó bá bó
Egán yìí sílè
Èyí ni àṣe ti Èsùu tí
Olódùmarè lo fúun ní agbára lé lorí.
lé lórí
Ní ìgbà tó fi nkan yìí gba
àgbà lówó àwon Òrìsà yókù

24. Un ni wón nfi n pe ikóóde
síso mórí ní Egán
Èniyàn kò sì gbodò soó mó orí
sieé títí tó fi di ní òní
Téniyàn bá soó mó orí sièé, tó bá
Péjù bèè lo; Ìjà Èsù ni Olúwarè ń wáá

25. Àfi tí Olúwa rèé bá jé pé
ó fi sètùtù kan ní òdòò
Irúnmolè kan tàbí Òrìsà kan,
n ló jé kó soó mórí
Èyí ni ò fi leè jé ìbínú Èsù
íkóóde yìí ni Èsù fi gba àgbà
lówó àwon Òrìsà yókù ní ìgbà náà

26. Nló wá nyin àwon awo rè yí pé,
Òun dúpé lówó won
"Àwon ijà gìdìgìdì kìísàgbà
Eni tí Olórun bá dá lágbà
Òun làá pè ní Bàbá nílé àiyé
Eni Olórun bá dá lágbà,
Un làá pè ní Bàbá lóde òrun"

27. Un ló dífá fún òun Èsù Òdàrà
tóuún lo rèé gbàgbà lówóo
Irúnmolè Mérìndínlógún
àti Igba molè Ojùkòsì
Èsù Òdàrà
Nni tée bá jí, ké móo pè,
Kée leè róunje je.
Èsù Òdàrà n ni tée bá jí kée mó pè,
Ké e leè róun múmu mu.

Èsú Òdàrà n níí kó gbogbo Irúnmolè
bò wá sílé aiyé
Báyìí ni Èsùu bá se gba àgbà
lówóo won tó fi di ní òni.
Kó sí èyí tí yóò móo jeun
tàbí yóò móo se ìgúnwà tí kò
ní fi ti Èsù síwájú.

28. Won á ní,
Ká mú t'Èsù kúò
Kó móò bínú,
Kí un táa féé se ó le dáa.
Un l'Èsù bá se dii
Asiwájú gbogbo won ní eléèkejì
Báyí ni Òsetùá ni ó se so
Ìtàn Èsù yìí.

HISTÓRIA DO MODO COMO *ÈSÙ* SE TORNOU O DECANO DE TODOS OS *ÒRÌSÀ*.

1. A história do
   modo como *Èsù* tomou a primazia
   das mãos de todos os *òrìsà*
   e *ebora* que até então eram seus mais velhos.

2. Quando *Èsù* tentava apoderar-se do comando,
   foi consultar *Ifá* (para saber)
   como esse pensamento poderia se tornar realidade
   e o que poderia ser feito para que esse pensamento
   se materializasse.

3. Ele foi consultar o oráculo dos
   seguintes *Babaláwo*:
   Bater-se desesperadamente não faz a ancianidade,
   a quem *Olórun* cria como Senhor
   é aquele que chamamos de Pai
   na terra.
   Bater-se desesperadamente não faz a ancianidade,
   a quem *Olórun* cria como Senhor
   é aquele que chamamos de Pai
   nos espaços do *òrun*.

4. Todos eles jogaram *Ifá* para *Èṣù Odàrà*,
   no dia em que ele foi procurar o senhorio
   sobre os dezesseis *Irúnmàlè*,
   quando obteve a primazia sobre os dezesseis *Irúnmàlè*
   do mundo.
   Disseram, Você *Èṣù*,
   disseram, você deve oferecer um sacrifício,
   disseram, o sacrifício que você fará
   disseram, seria a fim de que aquilo que
   você pensa
   venha a ser verdade.
5. *Èṣù* perguntou
   o que deveria oferecer em sacrifício.
   Eles disseram: três penas-de-papagaio-vermelho, *ekódide*,
   três galos de crista "bem madura".
   Disseram que deveria adicionar quinze centavos
   e azeite de dendê e fazer uma oferenda
   de palmas recém-brotadas, *màrìwò*.
6. *Èṣù* fez a oferenda a todos os *babaláwo*.
   Depois que fez a oferenda,
   eles decidiram lhe dar uma pena-de-papagaio-vermelho.
   Disseram para levá-la sobre ele mesmo todo o tempo.
   Disseram para não se servir de sua cabeça para transportar
      nenhum carrego,
   disseram não antes de três meses.
7. Então *Èṣù* se preparou:
   apanhou sua única pena-de-papagaio-vermelho, *ekódide*,
   e a colocou na cabeça.
   Quando *Èṣù* estava para partir,
   Olódùmarè teve um pensamento
   a partir da mensagem transmitida pela oferenda.
8. *Olódùmarè* teve então essa ideia:
   gostaria de conhecer
   aquele que estivesse dando o melhor de si,
   zelando pelo bom andamento do mundo, entre todos
   os *Òrìṣà* e os *ẹbora*
   que Ele tinha criado.

9. Ele disse então que todos deveriam vir
a fim de lhes perguntar que ponto estavam administrando
os assuntos da terra.
Quando Ele lhes pediu que viessem,
cada um preparou as coisas com as quais
adoraria *Olódùmarè*.
Eles as arrumaram em pequenos carregos.
Quando arrumaram todos esses carregos,
10. todos se reuniram,
Òrìsàlá e *Olófin* e *Ògún, Ija*,
Òsôsì, Sónikéré, Obagèdè, Obalùfòn,
Ifá, Òrisàoko, Yémánjá.
Todos incluindo *Òsun* e os outros
que se estavam preparando
para ficar prontos para partir em direção aos espaços
   abertos do *òrun*.
11. Partiram em viagem,
em fila "um atrás do outro".
12. Quando *Èsù* se pôs a caminho,
se perguntou,
se se forçasse a carregar qualquer coisa agora,
bem, será que a oferenda que acabava de ser feita para ele,
bem, será que tudo não ficaria inutilizado?
13. Para isso,
se lhe fizessem perguntas,
saberia o que dizer:
Que era uma propiciação que tinha sido feita para ele
e que não podia levar carregos naquele momento.
14. Depois *Èsù* apanhou sua pena-de-papagaio-vermelho, *ekódíde*,
e a colocou na cabeça.
Ele não colocou nenhum gorro.
Todos os *òrìsà*,
os que tinham colocado um gorro,
os que tinham colocado coroas,
os que tinham colocado chapéus,
os que também levavam carregos,
os que também levavam seus embrulhos na mão,

15. mas *Èṣù* não levava nada e não colocou gorro nem
carregava algum pacote;
assim iam todos eles.
Quando alcançaram os espaços de *Olódùmarè*,
foram e colocaram-se em
sua direção; quando estavam assim,
foi Ele próprio que lhes apareceu.
Depois que *Olódùmarè* os fitou por um bom espaço de tempo,
não lhes fez nenhuma pergunta sobre
a maneira como se tinham conduzido na Terra,
porque *Olódùmarè* é *Olúmọnokọ̀n*, aquele que conhece
    os corações.
16. Fitando-os assim,
disse,
todos vocês que estão lá em pé,
e disse,
a pessoa que carregou *ekódíde* na cabeça,
disse,
que deveriam fazê-lo aproximar-se.
Assim ele veio.
17. Ele disse,
você que veio revelar isto:
você é aquele que reuniu todos os habitantes da terra
e esteve fazendo mais trabalhos para eles,
disse,
é por isso que você colocou o *ekódíde* em sua cabeça.
Ele disse,
os outros *Òrìṣà* trouxeram carregos atrás de você,
disse,
você é aquele que os conduziu até aqui.
Èṣù não disse nada.
18. "Assim seja", disse *Èṣù*.
Nesse dia *Olódùmarè* disse a todos,
numa resposta pronunciada num tom sem réplica:
"Quando vocês chegarem aos seus lugares de morada,
para onde retornarão,
tudo o que devem fazer,

aquele que foi seu líder, que carregou o emblema *Egán* em sua
   cabeça,
é a quem vocês devem procurar e falar.
Ele deverá trazer-me todas as sugestões de vocês,
porque hoje vocês mostraram que
aquele que os guiou para que pudessem
submeter-me a suas sugestões, antes
de as pôr em execução, é ele."
E por isso Ele viu *Egán* em sua
cabeça. E ninguém discutiu.

19. Eis como *Èsù* veio a conduzi-los
todos de volta à terra nesse
particular momento.
A canção que eles cantaram nesse dia, no caminho de volta,
dizia:
Èsù não levou carrego de homenagem e submissão,
Èsù não levou carrego de homenagem e submissão;
(porque) *Egán* Vermelho erguia-se destacando-se em
   sua cabeça;
Èsù não podia levar carrego de homenagem e submissão.

20. Assim, *Èsù* retornou à Terra;
quando chegou à Terra,
Ele disse então que daria uma festa comemorativa
porque *Olódùmarè* lhe tinha dado
poder e *status*
conhecidos de todos os *Òrisà*;
aqueles que ignorassem a autoridade de
Èsù, *Èsù* faria com eles como
a corda dobra o arco e como
Àrìnàkò se abate sobre o caracol.

21. E *Èsù* festejou o alegre
acontecimento entre os quatrocentos *Irúnmàlè*
do lado direito
e os duzentos *malè*
do lado esquerdo.

22. Por essa razão, todos os *Òrisà*
começaram a imitar seu costume

colocando a pena *ekódide*
como emblema de *àṣe* durante seus ritos de celebração anual
ou como emblema de sacrifício propiciatório cada vez
   que eram realizados.
É por isso que a pena *ekódide*,
se tornou um preceito tradicional para todos eles.
Essa pena-de-papagaio-vermelho, *Èṣù* foi
o primeiro a levá-la aos vastos espaços do *òrun*
de acordo com o que ele havia escutado
dos *babaláwo* que tinham consultado
o oráculo *Ifá* para ele, sobre a maneira como
apossar-se do senhorio.
É por isso que essa pena-de-papagaio-vermelho foi
chamada *Egan*.

23. Cada vez que se quer iniciar alguém no culto de *Ifá*
até hoje, coloca-se esse *Egan* na
cabeça dessa pessoa, onde for iniciado, e
ela não deve colocar carrego sobre sua cabeça durante
sete dias, depois dos quais ela pode retirar esse *Egan*.
Este é o *àṣe* de *Èṣù*
cujo poder lhe foi dado por *Olódùmarè*,
quando ele se serviu disso para conquistar
o senhorio sobre todos os *òrìṣà*.

24. É por isso que o colocar um *ekódide*
na cabeça leva o nome de *Egan*.
Nenhuma pessoa deve colocar a pena para brincar;
até hoje, se alguém o coloca em sua
cabeça para brincar e se permanecer
algum tempo,
essa pessoa provoca a cólera de *Èṣù*.

25. Salvo se essa pessoa se serviu disso quando de uma oferenda
dirigida aos *Irúnmàlè* ou aos *Òrìṣà*, se é para
isso que ela o colocou em sua cabeça.
Só por essa razão é que ela
pode não provocar a cólera de *Èṣù*.
Essa pena-de-papagaio-vermelho foi utilizada

por Èsù para tomar a soberania das mãos de todos
os Òrìsà naquele tempo.

26. Ele começou então a elogiar os sacerdotes de Ifá.
Ele lhes agradecia sinceramente,
– Bater-se desesperadamente não faz a ancianidade,
a quem Olórun cria como um Sênior
é aquele que chamamos Pai na Terra;
aquele a quem Olórun cria como sênior
É aquele que chamamos Pai no Òrun.

27. Esses foram os sacerdotes que consultaram
Ifá para Èsù Òdàrà quando ele queria tomar o senhorio
das mãos dos dezesseis Irúnmàlè, dos quatrocentos
Irúnmàlè da direita
e dos duzentos malè da esquerda.
Èsù Òdàrà
é aquele, quando vocês se levantam, ao qual é preciso
fazer apelo
para que ele lhes providencie o alimento.
Èsù Òdàrà!
É ele, quando vocês se levantam, ao qual é preciso
fazer apelo
para que ele lhes providencie a bebida.
Èsù Òdàrà!
É aquele que guiou todos os Irúnmàlè
de retorno à Terra.
Eis como Èsù ganhou a soberania daquele tempo
até agora.
Não existe ninguém que coma
ou esteja instalado com realeza, sem
que haja recorrido a Èsù primeiro.

28. Então as pessoas disseram:
demos a Èsù o que lhe é de direito
para não causar seu descontentamento
de maneira a que o que desejamos fazer chegue ao bom termo.
Então Èsù tornou-se o Asiwájú, aquele que vai à frente
de todas as pessoas da Terra,
pela segunda vez.
É assim que Òsetúá conta
essa história sobre Èsù.

Desse importante texto só queremos destacar duas conclusões. Em primeiro lugar, a estreita relação entre *Èṣù* e as *Ìyá-mi-àgbà*, cujo poder representa assunto que continuaremos a elaborar mais adiante. Em segundo lugar, que todos os seres sem exceção, todos os *Irúnmàlè*, todos os seres do *òrun* ou do *àiyé*, todas as porções de existência diferenciada, só podem existir e expressar-se por possuir, por estar "acompanhados", por seu *Èṣù*, seu princípio de vida individual, seu elemento dinâmico; o rei do corpo,

Bara = Ọba + ara,

é o primeiro que se cultua e se serve. Ele é o sênior, o decano de todos os elementos. Para retomar as palavras de *Ifá*, "se cada coisa e cada ser não tivesse seu próprio *Èṣù* em seu corpo, não poderiam existir, não saberiam que estão vivos".

É o princípio dinâmico que mobiliza o desenvolvimento, o devir das existências individualizadas e da existência de todas as unidades do sistema.

VIII
O terceiro elemento e os ritos prioritários

Èṣù e a ação ritual; Èṣù Iná e seus genitores; o ritual de Pàdé, significação, desenvolvimento e texto; outros ritos prioritários; Èṣù e a restituição de àṣẹ aos genitores míticos.

No capítulo precedente tentamos examinar os aspectos básicos do simbolismo de *Èṣù*.

Não é difícil inferir o importante papel que *Èṣù* desempenha na prática ritual. É precisamente a ação litúrgica que explicita e confirma seu complexo significado simbólico. Elemento de propulsão e de comunicação, ele é o primeiro a ser invocado e cultuado tanto como *lésè òrìṣà* como *lésè égún*.

Já assinalamos que é no "terreiro", durante a realização dos ritos, que a constelação mítica com toda a sua carga simbólica é revivida *aqui* e *agora*. As entidades, os *Irúnmalè* não são apenas conceitos ou princípios abstratos; são presenças participantes que com os membros do *egbé* e através deles integram o sistema. Eles são invocados e sua participação, segundo o contexto ritual, põe em relevo vários aspectos de seu significado. É a presença e função de uma entidade em relação com as diversas situações rituais, ao longo de todo o transcurso do ano litúrgico e na vida cotidiana do "terreiro" que nos permitem interpretar seus significados. Uma entidade-símbolo não é um elemento que se "traduza", que se defina de maneira estática, mas elemento que se "interpreta" na medida em que é inserido em determinado contexto.

O culto de *Èṣù* não repete o modelo dos cultos dos outros *Irúnmalè*. Acompanhante e elemento inseparável de todos os seres naturais e sobrenaturais, deve ser cultuado junto de cada um deles. Cada indivíduo, cada família, cada linhagem, cada templo, cada "terreiro", qualquer que seja seu òrìṣà patrono, deverá cultuar seu Èṣù respectivo. Qualquer que seja o rito a ser celebrado, seja público ou privado, Èṣù deverá participar inseparavelmente.

Nenhum òrìṣà pode pôr uma ação em movimento sem seu Èṣù. Ele é o único capaz de desencadear qualquer ação e comunicar as partes entre elas. Ele deve ser, como nos informa o mito, o síwájú, o primeiro a ser cultuado. A colaboração de Èṣù é indispensável; não só para mobilizar o rito, mas também porque como Elébọ é o único capaz de transportar e fazer aceitar as oferendas a seus respectivos destinatários, mantendo a harmoniosa relação entre os seres e as entidades sobrenaturais, o equilíbrio entre os dois planos da existência e entre todos os componentes do sistema. Sem a colaboração de Èṣù, a dinâmica ritual ficaria paralisada. Se ele não fosse invocado e servido em primeiro lugar, o que impediria sua função propulsora e reparadora, toda a cerimônia encontrar-se-ia comprometida, havendo consequentemente o desequilíbrio e a desarmonia. Èṣù, não sendo invocado e não podendo preencher sua função, particularmente em relação às oferendas, revidaria, bloqueando os caminhos do bem e abrindo os caminhos a todas as espécies de entidades destruidoras, os tão temidos Ajàgun. Ele empregará todos os subterfúgios possíveis e provocará confusões terríveis a fim de castigar aqueles que violam as regras que permitem a redistribuição de àṣẹ e o relacionamento harmonioso entre genitores e descendentes. Abimbola (1971: 2) também diz a esse respeito: "Èṣù... desempenha as funções de policial dotado de ubiquidade que pune ou protege os seres humanos assim como os deuses, segundo aceitem a vontade divina ou dela se desviem"[1].

Essa atitude de represálias de Èṣù, quando impedido de cumprir com sua função de Elébọ e de princípio dinâmico, torna-o uma das entidades mais perigosas. Se se considerar o tipo de poder dos progenitores míticos a quem Èṣù deve satisfazer, as Ìyá-mi-àgbà e os Baba-Égún ou seus representantes coletivos, e seu próprio poder agbára, compreende-se facilmente o terrível efeito de suas represálias. É nesse

---

[1]. "Èṣù ... performs the duty of the ubiquitous policeman who punithes or protects human beings and the gods as well according to their conformity or deviation from the devine will".

contexto que *Èsù* se converte em "a cólera dos *òrìsà*", no instrumento da cólera transferida dos genitores de cuja matéria simbólica foram desprendidas partes para formar novos seres, de cujo *àse* uma parte foi consumida sem que tivesse havido restituição para permitir a continuação do ciclo vital. É numa bolsa – outra representação do útero mítico – que *Èsù* carrega os fragmentos de cabaça que constituem as partes descendentes da matéria de origem. É esse um dos seus emblemas mais temidos (fig. 17).

Lembremos que a Terra sofreu e chorou quando uma primeira porção de si mesma lhe foi retirada para modelar os seres e que *Olórun* pediu a Morte para devolvê-la. Em princípio, nesse contexto, todo seccionamento é perigoso: ele conota sofrimento dos genitores, efusão de "sangue vermelho", e implica represálias ou perda de vida individualizada, se não houver restituição ou compensação a fim de restabelecer o equilíbrio e dar novo impulso a todo o processo.

Fragmentos de cabaça ou de pratos de barro fazem parte dos "assentos" de *Èsù* e testemunham seu papel complexo. Esse simbolismo corresponde a um dos aspectos de *Ésù-Olòbe*, o proprietário do *obe*, da faca, ao qual voltaremos quando tratarmos da individualização.

Tratar da atividade ritual de *Èsù* seria examinar toda a liturgia *Nàgô* que evidentemente escapa aos propósitos do presente ensaio.

Em razão de sua relação com o tema central dessa tese e continuando nosso enfoque expresso nos capítulos precedentes, é necessário destacar o papel de *Èsù* no que se refere a seu *status* de primeiro invocado e, consequentemente, os ritos prioritários.

De maneira muito ampla, diríamos que existem dois tipos de ritos prioritários. Como seu nome indica, eles devem ser celebrados obrigatoriamente no início de toda cerimônia celebrada no "terreiro".

Nesses dois tipos de ritos prioritários, *Èsù* é invocado, ele é rogado para vir proteger os fiéis na casa de culto e assegurar o feliz desenrolar das "obrigações". Nos dois casos, oferendas simbólicas são confiadas a *Èsù* para que ele as despache a seus destinatários, os ancestrais masculinos e femininos, representantes coletivos dos genitores míticos e, por seu intermédio, aos elementos primários que compõem o universo.

O primeiro tipo de rito prioritário e o mais elaborado, destinado a invocar e tornar propícios todos os *Irúnmàl* divinos e ancestrais, da direita e da esquerda, pelo intermédio de *Èsù*, é o ritual chamado *Pàdé* (apocope de *Ipàdé*) que significa literalmente reunião ou ato de se reunir.

Ele deve ser celebrado antes do início das cerimônias públicas durante os ciclos anuais e sempre que tenham lugar oferendas importantes – *ebo-odun* – com derramamento de sangue de um quadrúpede ou seu equivalente. Da mesma forma o *Pàdé* constitui a primeira parte do ciclo das cerimônias mortuárias ou *Àsèsè*, o *erù-iku* – o carrego do morto, os elementos simbólicos que representam o morto – substituindo, ou, melhor ainda, retomando o lugar de oferenda principal.

"O *Pàdé* tal qual é praticado no *Àse Òpó Àfònjá* é um rito solene e privado a que só podem assistir as pessoas pertencentes ao "terreiro" ou visitantes de qualidade excepcional. Trata-se de uma cerimônia carregada de perigo em virtude do poder sobrenatural das entidades que serão invocadas e devido à sua finalidade que consiste em propulsionar e em manter as relações harmoniosas com essas entidades e em obter ou restabelecer, por meio de oferendas apropriadas, seu favor e proteção"[2] (ELBEIN DOS SANTOS & DOS SANTOS, 1971, A: 112).

Tivemos ocasião de descobrir formas menos elaboradas desse rito em *Kétu*, no Daomé. A cerimônia é chamada pelo mesmo nome e possui o mesmo objetivo, o oficiante tomando exatamente a postura particular que descreveremos mais adiante em relação às sacerdotisas oficiantes do *Pàdé* no "terreiro". Não há nada de surpreendente que seja precisamente nos "terreiros" Kétu que se tenha conservado com tanto cuidado essa fundamental cerimônia. Durante o *Pàdé*, *Èsù* é invocado sob o duplo significado de *Iná*, fogo, e de *Òdàrà*, aquele que provê bem-estar, ou satisfação, *Iná*, fogo, é seu elemento constitutivo, seu

---

[2]. "The *Pàdé* as it is practiced in the *Àse Òpó Àfònjá*, is a solemn and private ritual wich can be attended only by persons who belong to the "terreiro" or by exceptional visitors. It is a ceremony fraught with danger, in view of the supernatural power of the entities that shall be invoked and of its purpose of propelling and maintaining harmonious relations with them and of propitiating or restoring, by means of suibable offerings, their favour and protection".

aspecto mais poderoso, é aquele que põe em evidência seu *status* de filho, de elemento de reunião, de comunicação e de participação.

No texto que fora recitado pelo *Babaláwo Serifá* de *Kétu*, esses aspectos são postos em evidência.

1. *Ibá Olódùmarè*
   Ló mú iná
   Ó ní kí ó má ṣe ajogún igbó
   Òun ló fi dá Elégbáa

5. *Lówá mú Lápétekú ìyá rè*
   Eniti í se ìyá Elégbáa
   Ó wá mú Olómo Òsánsán
   Enití ṣe bàbá Elégbáa
   Ó gbé wọn sónà pópó

10. *Bí wón kojá wón á máwòóó*
    Kònilé kòsi lójúbò
    Bi áwọn babaláwo, áwọn tí ó mòó tójú
    Tí wọn bá dé ìdí è
    Tó bá dìde

15. *Wón á mépo*
    Ní ó ma fún ìyá Elégbáa lónà pópó
    Ní ó ma wípé
    Eye nlá abìka rogérogé
    Àgbàlágbà eye kì yárùn

20. *Àwon l'orilè ilé Elégbáa*
    Lódò Olódùmaré
    Olódùmarè ó báso pé béni
    Iná ni jé ajogún igbó
    Iná Kannâ ni jogún òdàn

25. *Àwon ni wón gbáríjo*
    Ni wón bi Elégbáa sónà pópó

27. *Èṣù ń gbá Kee lálède Ifè*
    Epo nìyí O
    Omo nìyí O
    Otí nìyí O

31. *Èṣù n gba kee lálède Ifè.*

1. Apresento meus humildes respeitos a *Olódùmarè*
   que colocou no mundo *Iná* (o fogo)
   para que ele seja o herdeiro da floresta.
   Foi assim que *Elégbáa* foi feito.
5. Então ele tomou *Lápetekú*, sua mãe,
   aquela que é verdadeiramente a mãe de *Elégbáa*,
   ele tomou *Olómo Òsánsá*
   aquele que é verdadeiramente o pai de *Elégbáa*,
   colocou a ambos no caminho.
10. Quando as pessoas passam, eles as estão vendo.
    Eles não têm abrigo nem lugar de adoração,
    se os *Babaláwo* querem zelar por eles
    irão ao encontro deles.
    Quando eles forem,
15. levarão azeite de dendê
    para oferecer à mãe de *Elégbáa* no caminho,
    e cantam o que se segue:
    poderoso pássaro de asas poderosas;
    muito ancião pássaro que não se expõe jamais ao sol,
20. eles são os fundadores das linhagens de *Elégbáa*
    ao pé de *Olódùmarè*.
    Então *Olódùmarè* dirá: assim seja;
    Iná é o herdeiro da floresta,
    é o herdeiro da savana.
25. Vieram juntos
    E engendraram *Elégbáa* no caminho.
27. *Èsù* percorre a cidade de *Ifè* de um lado para outro,
    Èsù, eis o azeite de dendê para você,
    Èsù, eis a água para você,
    Èsù, eis o álcool para você,
31. *Èsù* percorre a cidade de *Ifè* de um lado para outro.

Esse texto parece-nos particularmente precioso, pois torna manifesta a relação da gênese de *Èsù* em sua qualidade de símbolo fogo, com as *Ìyá-mi-àgbà* e com os ancestrais masculinos, com o exterior e o caminho.

Em virtude da enorme força do poder sobrenatural das entidades a invocar, o *Pàdé* é um ritual carregado de perigos. Os mais altos dignitários do "terreiro" são os únicos capazes de o celebrar e de manipular os elementos necessários.

No *Àṣe Òpó Àfónjá*, a *Ìyálàṣe*, ela em pessoa, dirige o ritual, a invocação é efetuada pelo *Ásógbà*, sacerdote supremo do *Ilé Nàná* e *Obàlúaiyé* ou, em sua ausência, pelo mais alto dignitário masculino que se encontre presente; as oferendas são manipuladas e levadas para o exterior pelas duas sacerdotisas mais preparadas do "terreiro", a *Ìyámorò* e a *Ìyádagan*, ou, em sua ausência, aquelas que as seguem imediatamente na hierarquia; tomam parte do *orò* (ritual de fundamento) todos os membros do *ẹgbé* que assistiram ao ritual de sacrifício. A participação do *ẹgbé* é passiva, limitando-se a repetir em coro as cantigas seriadas e cobrindo-se completamente, em uma postura muito característica, que tem seu equivalente nos ritos mortuários de *Àṣèṣè*. Eles estão ajoelhados, o corpo curvado em direção à terra, o punho esquerdo sobre o punho direito, apoiado no chão, e a fronte apoiada em cima, de modo que o rosto fique inteiramente coberto. Essa posição é conhecida com o nome de:

dojúbolè = dò + ajú + bolè

curvar o rosto em prostração na direção do solo; é uma atitude de respeito misturado ao temor. Também se diz:

ba buru: esconder-se completamente em sinal de prostração ou de submissão.

As duas expressões figuram numa história do *Odù Òbàrà* que ilustra a importância do "se cobrir" diante das entidades dotadas de potência sobrenatural, em que uma das passagens diz:

Òbàrà ni, ki ndojúbolè
Ki n'ba búrú,
Ki Elégbáa ó jékí ng lo,
Njé Ikúdèrin
Mo foribalè f'Elégbáa.

Òbàrà pediu-me que me prostrasse em reverência cobrindo-me
   (mesmo a cabeça),

Que eu me deveria prostrar e me cobrir em temor,
Para que Elégbáa me permita prosseguir (seguir meu caminho na felicidade e na riqueza).
Assim minha Morte transformou-se em longa vida de alegria.
Portanto, curvo-me a Elégbáa.

A invocação é realizada no centro do barracão do "terreiro", no lugar onde foi plantado o àṣẹ. Ali também se colocam a Ìyámórò e a Ìyadagan e aí colocam-se todos os elementos que servirão para preparar as oferendas. É aí que se põe, particularmente, a grande cuia na qual serão misturadas as substâncias signos-oferendas. Trata-se precisamente do lugar e do objeto mais perigoso porque se estima que toda classe de potências e de espíritos sobrenaturais se concentram em torno da cuia e que eles a acompanham ao exterior cada vez que ela é levada com as oferendas. Todos os membros do egbé prostram-se em volta, deixando inteiramente livre a passagem da Ìyámórò em direção ao exterior. Fora da Ìyámórò é proibido – e ninguém o ousaria – aventurar-se nos espaços abertos do "terreiro".

Tentaremos agora examinar brevemente quais são as substâncias utilizadas como oferendas e que Èṣù transportara aos seus destinatários durante o Pàdé. Esses comentários serão complementados no capítulo seguinte, quando trataremos das oferendas e dos sacrifícios em geral.

É evidente que Èṣù transportara substâncias-signos dos três "sangues", símbolos genéricos do branco, do vermelho e do preto, ou melhor, substâncias que representam e veiculam àṣẹ masculino, àṣẹ feminino e àṣẹ de elemento procriado.

O omi, a água, é a oferenda por excelência, que veicula e representa ao mesmo tempo a água-sêmen e a água-contida-sangue-branco-feminino; ela fertiliza, apazigua e torna propício; nenhuma oferenda ou invocação poderá ser efetuada sem água.

O iyefun, a farinha de mandioca do Brasil (o alimento mais abundante e mais corrente), ou qualquer outra farinha proveniente de grãos ou de tubérculos, símbolo de fecundidade, representa descendência genérica, progênie.

O *epo*, o azeite de dendê, "sangue vermelho", *àṣẹ* de realização, representa tanto o poder de gestação das *Ìyá-àgbà* como o poder dinâmico dos descendentes, particularmente o de *Èṣù*.

O *Otín*, bebida destilada, seiva de palmeira, representa o "sangue branco" masculino.

O *àkàsà* (escrito *àkàsù* por ABRAHAM: 41) é um *àpólà ẹkọ*, isto é, um pedaço ou uma porção de *ẹkọ* sólido, pasta branca preparada à base de milho, deixado de molho e depois ralado e cozido. Essa porção ou esse pedaço é envolvido em folhas de uma planta especial chamada *èpàpó* em país *Yorùbá* e *ewé-èkọ* na Bahia. Cada um desses pacotinhos de *ẹkọ* recebe o nome de *àkàsà*; além de ser um alimento muito comum e apreciado, é uma oferenda de importante significado utilizada para numerosos "trabalhos" e em vários contextos. Retirado de seu invólucro verde, ele constitui a comida dos *òrìṣà funfun*. Um *àkàsà* é um corpo, um descendente, um pedaço desprendido do *ẹkọ*, da massa. Envolvido numa folha verde, símbolo do preto, é uma porção individualizada. O *àkàsà* é o símbolo de um ser e, como tal, segundo o contexto, pode representar qualquer animal ou mesmo substituir um ser humano. Se nos estendemos sobre a interpretação do *àkàsà* é porque nos parece ser fundamental não só para a compreensão do *Pàdé*, mas principalmente do mecanismo simbólico de restituição e de redistribuição de *àṣẹ* sobre o qual insistimos no decorrer de todo este trabalho.

O *Pàdé* tem lugar no pôr do sol. É acompanhado pela orquestra ritual completa, isto é, pelos três atabaques, o *ṣekẹrẹ* e o *agogô*. Distribuídos os membros do *egbẹ́* segundo sua hierarquia e as funções a desempenhar durante o *Pàdé* e adotando as sacerdotisas a posição *dojúbolẹ̀*, a cerimônia pode começar. O *Ásógbà,* ou um outro alto dignitário substituto, derrama um pouco de água na terra três vezes (cf. p. 58s.), no centro, à esquerda e à direita; imediatamente bate três vezes a palma da mão direita sobre seu punho fechado esquerdo, molhando cada vez os dedos dessa mão com a água derramada em cada um dos três lugares. O som particular provocado (cf. p. 48s.), acompanhado de fórmulas apropriadas pronunciadas simultaneamente, invoca a presença de Èṣù e a de todos os seres que emergirão da terra, os àwon-ará-sàle[3].

O ritual que vai começar agora pode ser analisado em quatro partes e um epílogo.

1) Invocação de Èṣù Iná, acompanhada de oferendas, solicitando sua presença a fim de que ele reine, zele pelo "terreiro" e venha assumir suas funções. Por três vezes a Ìyádagan, ajoelhada em atitude de humilde respeito, mistura no *igbá* do *Pàdé* um pouco de água, um pouco de farinha e de *epo*, o azeite vermelho. Por três vezes a Ìyámòrò, dançando em volta do *igbá*, vai ao exterior, levando o *igbá* com a oferenda apropriada e entregando-a ao pé de uma árvore sagrada onde Èṣù deverá aceitá-la. No decorrer deste processo, as seguintes cantigas são formuladas pela Ìyálàṣe, a Ìyákekere ou uma das antigas do "terreiro" e repetidas pelo *ẹgbé*;

Enikan: *Iná, mo júbà*
Ẹgbé: *Iná, Iná, mo júbà àiyé*
          Iná, mo júbà
          Iná, Iná mo júbà àiyé
Enikan: *Iná, kòròbà*
Ẹgbé: *Iná, Iná kòròkà àiyé*
          Iná, kòròkà
          Iná, Iná kòròkà àiyé
Enikan: *Iná, kó o wá gba*
Ẹgbé: *Iná, Iná, kó o wá gba àiyé*
          Iná, kó o wá gba
          Iná, Iná, kó o wá gba àiyé
Solo: *Iná*, eu lhe apresento meus humildes respeitos.
Coro: *Iná, Iná*, eu lhe apresento os respeitos do mundo.
          Iná, eu lhe apresento os meus humildes respeitos.
          Iná, Iná, eu lhe apresento os respeitos do mundo.
Solo: *Iná*, não venha com pensamentos cruéis.

---

3. Tratamos longamente no capítulo III do poder dinâmico do som e das fórmulas que acompanham uma ação ritual determinada.

Coro: *Iná, Iná, não venha com pensamentos cruéis para o mundo.*
Iná, não venha com pensamentos cruéis.
Iná, Iná, não venha com pensamentos cruéis para o mundo.
Solo: *Iná, venha e proteja.*
Coro: *Iná, Iná, venha e proteja o mundo.*
Iná, venha e proteja.
Iná, Iná, venha e proteja o mundo.

2) Èsù invocado como Òjíṣẹ́[4] e sob seu aspecto de Òdàrà, é convidado a levar a oferenda a *Baba Òrìṣà*, símbolo coletivo de todos os ancestrais masculinos. Água e *otín*, bebida destilada, "sangue branco" masculino, serão misturados e três vezes a *Ìyámórò* sairá para levar o *igbá* com as substâncias-signos-oferendas apropriadas aos ancestrais da direita.

I. Ẹnikan: *Òjíṣẹ́ pa' le[5] fun wáá o.*

Ẹgbẹ́: *Òdàrà pa' le s'oba*
Òjíṣẹ́ pa' le fun wáá o
Òdàrà pa' le s'oba

Solo: *Òjisé, tome conta da casa para nós*
(seja nosso guia, nosso protetor).

Coro: *Òdàrà seja o guia, seja o rei (nosso Ancião).*
Òjíṣẹ́, tome conta da casa para nós.
Òdarà, seja o guia, seja o rei.

II. Ẹnikan: *Báísàà, Báisà*

Ẹgbẹ́: *Àlémàsá[6] Bàisa, Baisa, Àlémàsá.*

Ẹnikan: *Báísàà, Òlóòpá ogun*

Ẹgbẹ́: *Olóòpá ogun, Báisà, Olòpá ogun, Olòpá ogun.*

---

4. Òjíṣẹ́, literalmente transportador ou entregador esse termo, contudo, é utilizado no "terreiro" num sentido muito mais amplo; aquele que realiza todos os "trabalhos", aquele que resolve todos os problemas, e transmite e executa os pedidos; nesse sentido toma a conotação de executor e protetor.

5. *Pale = pa ile mọ*: tomar conta da casa.

6. *Àlèmàsá* é um *orikì* difícil de traduzir; optamos por "imutável" que resume o significado de: não pode jamais ser levado; permanecerá pela eternidade, não pode ser destruído jamais.

Ẹnikan: *Báísàà Egígún roko*
Ẹgbé: *Egígún roko, Báisà, Egígún, roko, Egígún roko*
Ẹnikan: *Báísàà, Báísàà*
Ẹgbé: *Alémàsà, Báisà, Báisà Alémàsà.*

Solo: *Bàbá Òrìṣà, Bàbá Òrìṣà*
Coro: Imutável *Bàbá Òrìṣà, Bàbá Òrìṣà*, o Imutável.
Solo: *Bàbá Òrìṣà*, Senhor de poderoso cetro (*ọ̀pa*).
Coro: Senhor de poderoso cetro, *Bàbá Òrìṣà*, Senhor de poderoso cetro, Senhor de poderoso cetro.
Solo: *Bàbá Òrìṣà*, Ancestre da floresta.
Coro: Ancestre da floresta, *Bàbá Òrìṣà*, Ancestre da floresfa.
Solo: *Bàbá Òrìṣà, Bàbá Òrìṣà.*
Coro: Imutável *Bàbá Òrìṣà, Bàbá Òrìṣà*, o Imutável.

3) São convocados todos os *Égún* e os *Èsà*, ancestrais fundadores do "terreiro", pedindo-lhes aceitar das mãos de *Èṣù* as oferendas, de compartilhar na cerimônia e ficar satisfeitos.

I. Ẹnikan: *Wá' lé Bàbá o o, o ní Bàbá ija*
   Ẹgbé: *Wàà léé onijàà, wà lé Bàbá o o*
          Aa é è è
          Wá' lé oníjàà
   Solo: Venha à nossa casa, nosso Pai, Pai da luta
         (significando que ele virá lutar por nós, defender-nos).
   Coro: Venha à nossa casa, Pai da luta, venha à nossa casa, nosso Pai,
         a a – e e e
         Pai da luta.

II. Ẹnikan: *E e e oní Èsà Arole*
            Iná mi simi gba o ni e e
            Bàbá Èsà k'éran
            Olọmọ mi simi gba b'o de'lé
    Ẹgbé: Repete as mesmas palavras.
    Solo: Oh, *Èsà* fundadores herdeiros do *Àṣẹ*,
          Iná, acompanhe-me para (fazer) aceitar,

       Bàbá Èsà aceite (apanhe) a carne (oferenda),
       Progenitor acompanhe-me a tomar (a oferenda) se já
       chegou à nossa casa.
Coro: Repete as mesmas palavras.

III. *Enikan: Oni e e é Èsà k'éran*
       Aráiyé
       Bàbá Èsà Asika o o o Èsà k'éran
       Aráiyé lo bi wu e.

Egbé: Repete as mesmas palavras.
Solo: Ele diz, ó *Èsà*, venha apanhar sua vianda (oferenda)
          (junto a) os seres desse mundo.
          Pai *Èsà Asika*, ó *Èsà*, aceite nossa vianda.
          A humanidade o engendrou para fazer crescer.
Coro: Repete as mesmas palavras.

Essa última cantiga é repetida várias vezes, trocando o nome de *Èsà Asika* pelo de cada um dos seis *Èsà* fundadores, e na última vez canta-se:

       Bàbá Èsà olórò o o o Èsà k'éran
       Pai *Èsà* Senhor do rito, ó *Èsà*...

Cada vez que se pronuncia o nome dos *Èsà* para invocá-los, os participantes tocam a terra e, em seguida, suas frontes em sinal de respeito.

IV. *Enikan: Òtí nì yí sáà k'o mò*
   Egbé: *Sáyò béè béè, o ni sayo bé é*
   Solo: Isso certamente é álcool que você bem conhece.
   Coro: Portanto, fique satisfeito, ele diz fique satisfeito assim.

Durante essa cantiga a *Ìyádagan* entrega a *Ìyámórò* uma pequena vasilha com *otín*, sangue-sêmen que é levado para o exterior e deixado no lugar onde foram derramadas as oferendas precedentes. A cantiga prossegue até a volta da *Ìyámórò* que marca o início de uma nova invocação.

4) Durante esta fase do *Pàdè*, chamam-se os seis principais *òrìsà* do "terreiro" para que eles venham fortalecer e ajudar a celebrar o rito. A seguir, a presença de *Ìyá-mi Òsòróngà* será solicitada com oferendas apropriadas que lhe entregará *Èsù*. É o momento culminante do ritual. O ritmo se acelera e as oferendas são levadas apressadamente, quase correndo.

As cantigas traduzem as preces para que *Ìyá-mi* não se apresente agressiva, para que ela aceite seus filhos e os favoreça.

I. Ẹnikan: Olowo égún e[7] ẹní ṣolóró[8]
    Èsan[9] fólóró atóró ṣe[10].
    Èṣù Agbó olóró
    Èsan fólóró atóró se.

Ẹgbé: Repete as mesmas palavras.

Solo: O poderoso ancestre guiara e sustentara aqueles que celebraram os ritos.

Diga aos fiéis que venham e continuem sempre a celebrar os ritos.

Èṣù Agbó sustentara os fiéis,
Diga aos fiéis que venham e continuem sempre a celebrar os ritos.

Coro: Repete as mesmas palavras.

É convocado *Èṣù Agbó*, o *Èṣù* protetor e guardião. Todos os *òrìsà* que são chamados, substituindo na cantiga o nome de *Èṣù* pelos seus, são invocados sob seus aspectos de entidades altamente benéficas; assim *Ògún Akoro*, *Ọde Àrólé*, *Yemanja Àòyò*, *Ọsun Èwùjí* e *Bàbá Àjàlé*, isto é, *Òrìsàlá* guardião da casa,

II. Ẹnikan: Apakí yẹyẹ 'sòròngà
    Apakí yẹyẹ 'sòròngà
    Ìyá mó kí o má mà pani
    Ìyá mó kí o má mà sorò
    Bá a bá[11] dé wá jú wá ni, bò mi ào

---

7. e = yió gbe = guiara ou sustentara.

8. ẹni sólóró = eni ti o ba n ṣe oro = aquele que celebra o rito.

9. ẹsan = ki ẹ ṣo = informe, diga.

10. Atóró ṣe = wa tún orò ṣe = venha celebrar o rito repetidamente.

11. Bá a bá dé wájú wá = bi e bá dé wàjú u wa = se você está diante de nós.

Ẹgbé:	Repete as mesmas palavras.
Solo:	Possuidora de asas magníficas, minha mãe *Osòrònga*.
	Possuidora de asas magníficas, minha mãe *Osòrònga*.
	Eu a saúdo, não me mate, minha mãe.
	Eu a saúdo, não me cause perturbações, minha mãe.
	Se você vem perto de nós, oh, proteja-nos!
Coro:	Repete as mesmas palavras.

Essa cantiga é repetida três vezes pelo coro e pelo solo, e cada vez que o nome de *Ìyá-mi* é pronunciado, traça-se um signo no solo em sinal de respeito.

III. *Ẹnikan: Ìyá à mi lá gbà*[12] *wá o o*
  Ẹgbé: Ìyá à mi sòrò lá gbà wá o ó yẹyẹ
  Solo: Minha mãe nos será favorável.
  Minha mãe *Osòrònga* nos será favorável, minha mãe.

Nesse instante, uma sacerdotisa de *Ògún* levanta-se correndo e, sem sair do recinto, derrama água na terra do lado de fora, no centro, à esquerda e à direita, "umedecendo", "esfriando" e tornando propício o lugar num gesto de oferenda destinado ao mesmo tempo a propiciar a *Ìyá-mi* e a preparar a passagem da *Ìyámórò*. Esta sai imediatamente, pisando sobre a terra umedecida[13] e levando um *àkàsá* enrolado na sua folha verde, um corpo-descendente que entregará restituindo assim o *àṣẹ* de *Ìyá*, ancestre genitor feminino[14]. A volta da *Ìyámórò* é saudada por uma explosão de alegria. Todo o *ẹgbé*, em pé, canta, exaltando seus dignitários, regozijando-se com a feliz conclusão do ritual, con-

---

12. *lá gbá = ni yó gbá =* favorecerá ou aceitará.

13. Tratando dos *ẹbọra*, examinamos o que significa umedecer a terra em relação com a propiciação (cf. cap. V, p. 80).

14. Lydia Cabrera (1968: 63) também fala sobre o lugar onde se depositam as oferendas. "As amas dos mortos não podem comer no interior das casas... quanto mais longe da vivenda e dos vivos, tanto melhor; e nenhum lugar é mais apropriado para colocar a oferenda do que o oco que se forma entre as raízes de uma árvore..." ("Las almas de los muertos no pueden comer en el interior de las casas... cuanto más lejos de la vivienda y de los vivos mejor; y ningun sitio más a propósito para colocar la oferenda que el hueco que se forma entre las raices de un árbol...").

vencido de que os inimigos (morte, doença, perda, maldição, perturbação etc.) serão vencidos e que a prodigalidade e a paz serão mantidas.

É à é è òkè o!
É à é è nós somos como uma montanha!

é o texto de um verso; e outra cantiga indica:

Àgbà-Ìjènà
Àpà k'ómọ rẹ i wá
Senhor, Guardião do caminho,
prodigalidade traz para teus filhos.

Termina-se elogiando e saudando os sacerdotes na ordem de hierarquia, começando pela *Ìyámórò* e o *Ásógbà* e acabando pelas *iworò*, as *iyáwo-orò*, simples oficiantes.

Ẹnikan: *Ìyámórò dódó*	*Ìyámórò*, a Justa
Ìyámórò dódó Ìyámórò	*Ìyámórò* justa, *Ìyámórò*,
Ìbísí ló bí wa	O crescimento (do *àse*) nos
Ìyámórò dódó Ìyámórò	trouxe ao mundo[15]
Ẹgbẹ́: Repete as mesmas palavras	*Ìyámórò*, justa *Ìyámórò*

Vemos, assim, através do *Pàdé*, que *Èṣù* é o encarregado de transportar, comunicar e restituir o *àse* dos genitores míticos, estabelecendo a harmoniosa relação que permite a dinâmica social e a continuação do ciclo vital. Durante o ritual, os *Baba Égún* e as *Ìyá-mi* reúnem-se para aceitar as oferendas que *Èṣù* transporta para eles. Não se poderia encontrar nome mais apropriado para essa cerimônia. O *Pàdé*, a reunião, estabelece-se em vários níveis, sendo *Èṣù* a mola que move todos os mecanismos inerentes.

Veremos que nos ritos prioritários menos elaborados que agrupamos num tipo separado repetem-se essencialmente as mesmas características. Comumente são chamados ritos de "despacho de *Èṣù*", no sentido de que *Èṣù* é enviado na qualidade de *Òjíse*, como portador-mensageiro, para remeter as oferendas. Esse tipo de rito é pratica-

---

[15]. Expressando assim o reconhecimento do *ẹgbẹ́* aos sacerdotes de grau elevado que pelo rito favoreçam esse crescimento.

do tanto *lésè òrìsà* como *lésè égún*. É constituído principalmente de três fases:

1) Invocação de *Èsù*, enquanto os fiéis dançam em roda, em volta de uma vasilha de cerâmica contendo água. *Èsù* é solicitado para transportar a oferenda propiciatória.

2) Entrega da oferenda, que consiste em derramar a água na terra num lugar apropriado no exterior, restabelecendo a harmoniosa relação dos *Irúnmalè* entre eles e entre os *Irúnmalè* e seus descendentes.

3) Regozijo pela aceitação da oferenda[16].

A título de comparação, transcreveremos um rito prioritário, quase idêntico ao praticado no Brasil, que ocorreu antes do início de um festival público consagrado a *Égún* em Osupa, Daomé.

1. *Ìbá Àgbó ó Àgbó mo júbà*
   Ìbá Ìbà
   Bómodé nkorin a júbá Agbó ó
   Àgbó mo júbà
   Félégbà a Èsù ònà

2. *Agbó Elérù wá kerù re*
   Kó gbée lo ta
   Àgbó Elérù wá kerú re
   Kó fi gbe ni

3. *Àgbó Olómo l'Èsù Òdàrà gbè wá oo*
   Èsú Òdàrà
   Agbó Olómo l'Èsù Òdàrà gbè wá oo
   Èsù Òdàrà

4. *Bín tì dógún dógún uun*
   Béni dogbòn dogbòn
   Béni domo Òpèré o
   Omo rere
   Bín tì dógún dógún uun
   Béni domo Agboya oo
   Omo rere

---

16. O texto completo de um "despacho de *Èsù*" *lésè òrìsà* no Brasil encontra-se em Juana Elbein e Deoscoredes M. dos Santos (1971 A: 115s.).

Bín tì dógún uun
Béni dogbòn dogbòn
Béni domo ìpèsán O
Omo rere

5. *Èsù Lalùú ìwo lo wá*
Lò wá lò wá
Èsù Lalùú ìwo wá
Lamò lamò
Èsù Lálùú o wá gbè wá o
Ko gbè, Baba

6. *Òdárà Àgbó*
Níbo lò nrè è
Kó waá kó waá
Òdàrà Àgbó o
Níbo lò nrè è
Wá gbe rú e

7. *Olóròo gboorò*
Kerè yéwú gerere
Ógborò, kerè yèwú gerere
Ó gbebo, kerè yèwu gerere
Elèbo lò gbebo
Kerè yèwú gerere

1. Apresento-lhe meus humildes respeitos, *Agbó*, pela sua Ancianidade, apresento meus humildes respeitos a *Agbó*.
Coloco-me sob a autoridade do mais ancião.
Os filhos não devem celebrar ritos sem ter apresentado seus humildes respeitos a *Agbó*.
Agbó, apresento-lhe meus humildes respeitos,
Elégbáa Èsù Òná (*Èsù*, Senhor do Poder e dos caminhos).

2. *Agbó*, Senhor-do-carrego, venha apanhar seu carrego (oferenda) e transporte-o à encruzilhada,
Agbó, Senhor-do-carrego, venha levar seu carrego
a fim de nos proteger.

3. *Agbó*, Progenitor-de-filhos, *Èsù Òdàrà*, venha nos proteger
Èsù Òdàrà,
Agbó, Senhor-dos-filhos, *Èsù Òdàrà*, venha nos proteger.

4. Assim como ele faz vinte vezes vinte (filhos),
   faz trinta vezes trinta (filhos),
   assim ele faz os filhos para *Òpèré* (*Égún* chefe de uma linhagem)
   filhos virtuosos.
   Assim como ele faz vinte vezes vinte,
   faz trinta vezes trinta,
   assim ele faz os filhos para *Agboya* (*Égún* chefe de uma linhagem)
   filhos justos.
   Assim como ele faz vinte vezes vinte,
   faz trinta vezes trinta,
   faz os filhos para *Ìpèsán* (*Égún* chefe de uma linhagem)
   filhos do bem.
5. *Èṣù Lalú*, você é aquele que vem,
   que vem, que vem.
   Èṣù Lalú, é você que conhecemos,
   que conhecemos, que conhecemos.
   Èṣù Lalú, venha e proteja-nos.
   Você deve nos proteger, Pai.
6. *Òdárà Àgbó*
   aonde vai você?
   Você deve vir
   Òdárà Àgbó
   Aonde vai você?
   Venha e apanhe seu carrego.
7. O Senhor-dos-ritos aceitou o rito.
   Ele o desloca facilmente, ele o arrasta (o carrego),
   ele aceitou o rito, ele o desloca facilmente (o carrego).
   O Senhor-da-Oferenda aceitou a oferenda,
   ele a desloca facilmente, ele a arrasta.

Bascom (1969: 101) também descreve um rito prioritário a que assistiu e que ocorreu como início de uma cerimônia de *Ifá*. Ele informa que sete cantigas foram entoadas e que a cabaça com a água e os *iseju-obí* (pequenas porções apanhadas perto do centro dos quatro segmentos do *obl*, noz de Kola, de que falaremos no capítulo seguinte) foi levada para fora enquanto se cantava:

Omode ilè e gba yi f'Èṣù.
Ire tete, Èṣù gba.

Filho desta casa, leve isso a Èṣù.
Corra depressa, Èṣù aceite-o.

Depois de ter derramado essa água no "assento" de Èṣù, o resto foi derramado sobre os òsùn, símbolos dos ancestres masculinos.

Está claro, a partir de tudo que precedeu, que a interpretação aventurada por alguns autores de que o "despacho" de Èṣù é efetuado para eliminar e distanciar a presença nociva e beligerante de Èṣù está em flagrante contradição com a função de Èṣù, guardião e garantia única do bom andamento de toda atividade ritual.

Ainda é necessário um esclarecimento: Èṣù, Òjíṣe-ebo, transporta todas as oferendas para seus genitores, coletivamente representados por Òlápétekú e Ọna-Ṣánsán e será Ìyá-mi quem redistribuirá as oferendas. Uma passagem do texto do Odù Òwónrín-Sògbé, recitada pelo Babaláwó Serifá de Kétu, parece-nos apropriada:

1. *Elégbáa i yà síbè, bó dé bẹ̀*
   Á ní kí wọn mótí wá
   À ní kí wọn móbì wá
   Á ní kí wọn orógbò wá

5. *À ní kí wọn eran wá*
   Á ní kí wọn epo wá
   Gbogbo í náà ímé mú
   Gbogbo ènìyàn kó fun í náà
   Ì mé i kóo

10. *Ì mé i kóo lo sójú ònà*
    Ì mé í lo kó fun Lápétekú Ìyá èẹ̀
    Lápétekú, ìyá fun Elégbáa
    Ní mé mú lo fún
    Lápétekú ní mé í kó gbogbo Òrìṣà ni

15. *Àrá ni*
    Òsósì ni
    Obàtálà ni
    Òsun ni
    Ṣangó ni

20. *Igbònà ni, Olúwáiyé ni*
    Méí pín fím.

1. *Elégbáa* dirigiu-se para ali; chegando ali,
   ele lhes dirá que tragam álcool forte (aguardente),
   ele lhes dirá que tragam *obì*,
   ele lhes dirá que tragam *orógbò*,
5. ele lhes dirá que tragam vianda,
   ele lhes dirá que tragam azeite de dendê.
   Todas essas coisas ele as apanhará.
   Quando essas coisas lhe forem dadas,
   ele as reunirá
10. e as levará para a beira do caminho.
    Ele dará tudo à sua mãe *Lápétekú*.
    Lápétekú é a mãe de *Elégbáa*
    a quem ele oferece inteiramente todas as coisas.
    Lápétekú as distribuirá,
15. Talvez a *Ara*,
    talvez a *Òsòsìì*,
    talvez a *Obàtálà*
    talvez a *Òsun*,
    talvez a *Sàngó*,
20. talvez a *Ìgbòná* e a *Olúwaiyé*
    Ela compartilhará todas essas coisas com eles.

De todos os ritos que descrevemos, o *Pàdé* é indubitavelmente o mais elaborado. Não só a *Ìyá-mi* ou os *Égún* são invocados, mas também todos os *Irúnmalè*, todos os seres do *òrun*, são convocados e propiciados. Também durante o *Pàdé* que dá início ao ciclo do *Àsèsè* serão invocados todos os *Irúnmalè* e particularmente *Ikú* que será chamado, com as precauções necessárias, por intermédio de *Èsù*, para exercer sua função substituindo, no cântico IV. I, a invocação do ancestre por Morte:

Enikan: Olórò Ikú e ení solóro etc.
Solo: Morte, Senhor-do-rito guiará e sustentará aqueles que
         celebram o rito.
         Diga aos fiéis que venham e continuem sempre a
         celebrar o rito.
         Èsù Àgbó sustentará os fiéis.
         Diga aos fiéis que venham e continuem sempre a
         celebrar os ritos.

Já dissemos que, assim como *Èsù* veicula toda classe de oferenda, ele também transporta os despojos do ser humano ou suas representações. Lembremos que foi *Òsetùwá, Èsù Elérà* que levou aos pés do *Olórun* o poderoso *ebo* que permitiu o restabelecimento e a continuação da vida. O poderoso carrego compreendia *enìà*, um ser humano.

IX
Existência genérica e existência individualizada

Matéria-massa progenitora e matéria diferenciada; "assentos": símbolos coletivos e individuais. Entidade criadora e matéria de origem: Eledá *e* Ìpòrí. *Elementos que individualizam:* Bara *e* Orí, *o nascimento e o destino pessoal.*

Nos capítulos precedentes, fizemos alusão aos genitores míticos em diversos contextos, associando-os a elementos cósmicos ou à natureza, conferindo-lhes significado de matérias simbólicas de origem ou, de modo mais abstrato, de princípios de existência genérica. Também examinamos a representação desses princípios genéricos através da simbologia das três cores de base: o branco, o vermelho e o preto. No nível do *àiyé*, principalmente no nível social, os longínquos ancestrais, fundadores de linhagens ou de "terreiros", os *Égún Àgbà* ou os *Èsà* têm uma significação equivalente.

Tanto uns como os outros são genitores ou, que me seja permitida a expressão, *matérias-massas* de cuja interação nascem ou se desprendem *descendentes-porções*. Também já dissemos que a cada entidade corresponde uma representação material. Consequentemente, teremos representações materiais de símbolos coletivos para as entidades-matérias-massas e de símbolos individuais para as entidades-descendentes-porções.

Mas cada entidade-descendente herda e evidencia aspectos coletivos de seus genitores ou de suas matérias de origem e se singulariza por uma combinação particular que a distingue e lhe confere uma unidade. Essa unidade está representada por duas metades de cabaça ou por uma cabaça munida de tampa – representação dos elementos genitores – contendo a combinação particular de elementos a que acabamos de fazer alusão e que a especifica. Segundo o caso, as cabaças são substituídas por vasilhas ou pratos de barro, porcelana ou madeira, munidos de tampa do mesmo material, ou cobertos por um pano de determinada cor.

É uma unidade semelhante ao *Igbá-dù*, símbolo da unidade-universo. Essas representações materiais, devidamente consagradas, isto é, tendo recebido ritualmente a combinação de *àṣe* que lhes permite ser e agir, constituem os "assentos" de que já falamos repetidas vezes, particularmente quando tratamos dos conteúdos do "terreiro".

Desde o início distinguimos os *àjoḅo* – símbolo coletivo, objeto de adoração comunal – e os recipientes "assentos" individuais, contidos em cada *Ilé*. Dissemos que os elementos-signos que compõem os "assentos", suas formas, seus materiais e cores, expressam a natureza simbólica das entidades que representam. Assinalamos que cada "assento" está acompanhado de seu *Èṣù* particular e de uma quartinha – vasilha de cerâmica munida de tampa – com água. De fato, os elementos-signos materiais de cada "assento" correspondem-se diretamente com os diversos aspectos que examinamos quando analisamos os *òrìṣà* e os ancestrais.

Cada "assento" está pois constituído por um continente e um conteúdo. Distinguem-se três tipos de materiais para os continentes: *1)* vasilhas feitas de cuias e cabaças – *igbá* – substituídas por vasilhas de porcelana ou louça: bacias, sopeiras ou pratos, brancos para os *Funfun* ou enfeitados com motivos de cores apropriadas para os outros *òrìṣà*; *2)* vasilhas de cerâmica ou de barro de cor natural: potes, quartinhas, *kòlòbó*, panelas, alguidares ou pratos; *3)* vasilhas de madeira ao natural: gamelas.

Enquanto um *igbá*, uma cabaça, ou uma vasilha munida de tampa, explicita a presença dos dois genitores, ou antes, de sua interação, de um ventre[1] fecundado ou de uma transferência do mesmo, uma cuia ou vasilha sem tampa representa a presença de um genitor ou de uma matéria genérica de origem.

É o conteúdo que especifica a entidade e o tipo de *àṣẹ* que ela regula. Sem entrar na descrição nem na análise minuciosa dos múltiplos "assentos" coletivos e individuais, daremos alguns exemplos que permitirão concretizar os conceitos que acabamos de emitir.

O "assento" *àjobọ* de *Òrìṣànlá*, seu símbolo coletivo por excelência, está constituído por uma grande cuia de porcelana branca, símbolo de matéria de origem pertencente ao branco e, consequentemente, de existência genérica associada ao elemento ar e/ou água. Contém, em primeiro lugar, uma pedra – *ọta*. Quase todos os "assentos" contêm um *ọta*, uma pedra de característica particular. O *ọta* representa o corpo e é, por assim dizer, o núcleo central do "assento" sobre o qual será derramada a combinação necessária de "sangues" durante os rituais de oferenda.

O *àjobọ* de *Òrìṣànlá* também contém uma certa quantidade de cauris a cujo significado já aludimos anteriormente (cf. p. 87s.) e representações do "sangue branco" dos três reinos: *òrì*, *ẹfun*, prata, chumbo e *igbin*. A cavidade é profusamente recheada de algodão, *àṣẹ* branco, tudo recoberto com o *àlà* – a tira impoluta – o *òjá* símbolo do branco.

Os "assentos" individuais pertencentes às sacerdotisas de *Òrìsàlá*, descendentes-filhas, consequentemente, porções limitadas do branco, consistem em vasilhas de porcelana com tampa, isto é, duas metades unidas, símbolo da interação do branco masculino e do branco femini-

---

[1]. Uma informante de Lydia Cabrera (1968: 360) diz: "a cabaça é o ventre, e por essa razão aquele que sofre do ventre não deve comer muita cabaça" ("la calabaza es vientre, por eso el que padezca de vientre que no coma mucha calabaza") (é proibido aos membros do *ẹgbé* comer a cabaça abóbora). E mais adiante: "como a deusa (*Òṣun*) é a patrona dos ventres... numerosos "trabalhos" de *Òṣun* são feitos com cabaça" ("como la diosa (*Òṣun*) es dueña de los vientres... muchos "trabajos" de *Òṣun* se hacen con calabazas"). Em outro lugar (CABRERA: 43) ela informa: "para os "partos, recita-se também a prece da Caridade do Cobre (associada a *Òṣun*) que é a dona dos ventres" (se les reza además a las parturientas la oración de la Caridad del Cobre (associada con *Òṣun*) que es dueña de las barrigas).

no (*Obàtálà* + *Odùa*), contendo a mesma combinação de elementos do *àjobo*, mas, evidentemente, sem o algodão e sem o grande *àlà*, símbolos de existência genérica.

Quando o material do continente é o barro, está explicitando a gênese associada à lama, água + terra, simbolizando a vasilha o grande útero fecundado – como, por exemplo, a talha cheia de água de *Nàná* – ou as representações deslocadas do útero, tal como os alguidares e as panelas de barro, continentes de quase todos os *òrìsà*-descendentes: *Ogun*, *Òsányìn*, *Òsôsì* etc., cada um deles com um conteúdo que o singulariza[2].

A única exceção é a do *òrìsà*-filho *Sàngó* que, como vimos, situa-se mais perto dos genitores masculinos, das árvores e do ar e, portanto, seu continente é uma gamela de madeira (cf. p. 102s.).

Também verificamos que os "assentos" dos *Égún* diferem dos "assentos" dos *òrìsà*. O "assento" coletivo, o *ojúbo*, é diretamente aberto na terra e com o *Òpá-Kòko* surgindo dela. Como ancestrais masculinos, vimos qual era sua relação com as árvores e as suas representações deslocadas: os *òsùn*. Os "assentos" individuais dos *Égún* são continentes de barro com larga boca que contém uma mistura de barro e *àse*, de folhas e outros elementos, específica para cada *Égún* que enche totalmente o interior, transbordando do recipiente, formando um montículo incrustado de cauris. Esses "assentos" individuais estão dispostos sobre um banco feito de terra, baixo e estreito, chamado *pepele*.

---

[2]. Também em Cuba, Lydia Cabrera (1968: 441) documenta numa linguagem pitoresca que: "a cabaça se divide em duas partes – a de cima é o céu, a de baixo a terra – essas são chamadas cuias e constituem a verdadeira morada dos *Ocha*, se bem que, hoje em dia, eles vivem em sopeiras. O que é sagrado se guardava numa cabaça ou em cuia, *Orula* (*Òrúnmìlà*) conserva seus *oddus* numa cabaça, *Osain* guarda aí seu segredo e os santos seus búzios" ("La güira se divide en dos partes – la de arriba es el cielo, la de abajo la tierra – estas se llaman jicaras, y son la verdadera casa de los Ocha, aun que hoy vivan en soperas. Lo sagrado se guardaba en un güiro o en jicara, Orula guarda sus oddus en un güiro, Osain su secreto y los Santos sus caracoles").

É interessante notar que também se encontra uma mistura de lama e de outros materiais no "assento" de Obàlúaiyé[3] e num certo tipo de "assento" de Èsù.

Os "assentos" ou ibọ dos égún dos adósù ou membros do "terreiro" lésè òrìsà, venerados no Ilé-ibo-akú, distinguem-se de todos esses que precedem. Preparado e "assentado" por sacerdotes especiais durante o ciclo do Àsèsè, o ibọ é constituído de um alguidar apoiado na terra que contém um prato pequeno e fundo, coberto por um outro prato raso; os três elementos de barro são novos. O alguidar (equivalente a meia cabaça) representa a matéria de origem genérica, terra. Os dois pratos unidos, cuja cavidade está vazia, só constituem a representação dos elementos coletivos do morto, uma porção da lama; desprovida de toda especificidade, não possui nenhuma combinação de elementos que o caracterize. Um pano branco, preso a uma certa altura, cai diante do ibọ, simbolizando a existência genérica.

O universo, cada um de seus elementos, todos os seres do àiyé, possuem seus "dobles" no òrun, todos eles possuindo componentes de existência genérica e de existência individualizada.

O ser humano, como todos os seres, é constituído por elementos coletivos, representações deslocadas das entidades genitoras, míticas ou divinas e ancestrais ou antepassados (de linhagem ou família) e por uma combinação de elementos que constituem sua especificidade, ou seja, sua unidade individual.

O corpo é um pedaço de barro modelado; uma forma rudimentar, uma cabaça ou uma vasilha de barro, o representa. Lembremos, a esse respeito, o mito de Ikú e a porção de matéria-prima lama que serviu para a criação do ser humano (cf. p. 113s.). A relação entre o corpo e a lama aparece em vários contextos.

Depois da morte, o corpo deve ser posto na terra para que sua matéria-prima volte à massa de onde ela foi separada para ser modelada.

---

3. A composição dos "assentos" de Obàlúaiyé é muito complexa; no que se refere aos elementos que os constituem e, principalmente, o ajere, indicamos Juana Elbein e Deoscoredes M. dos Santos (1967: 70s.).

O retorno ao *Igbá-nlá* é obrigatório, e o contrário constitui uma grave infração para os membros do *egbé* com possíveis sanções e distúrbios para o espírito.

O corpo é constituído de duas partes inseparáveis, o *orí*, a cabeça, e seu suporte, o *àpéré*, aos quais voltaremos um pouco mais adiante.

Para que um corpo adquira existência, deve receber e conter o *èmí*, princípio da existência genérica, elemento original soprado por *Olórun*, o dispensador de existência, *Eléèmi*, o ar-massa, a protomatéria do universo. O *èmí* está materializado pelo *èmí*, a respiração, elemento essencial que diferencia um *ára-àiyé* de um *ará-òrun* (cf. p. 58s.).

Cada elemento constitutivo do ser humano é derivado de uma entidade de origem que lhe transmite suas propriedades materiais e seu significado simbólico. Essas entidades de origem ou progenitores, existência genérica ou "matérias-massas", ancestrais divinos ou familiares, são os símbolos coletivos míticos dos quais partes individualizadas se desprendem para constituir os elementos de um indivíduo. Esses elementos possuem dupla existência: enquanto uma parte reside no *òrun*, o espaço infinito do mundo sobrenatural, a outra parte reside no indivíduo, em regiões particulares de seu corpo, ou em estreito contato com ele. O doble do indivíduo que reside no *òrun* pode ser invocado ou representado. Vimos que os elementos-massas constituem o continente e que uma certa combinação de elementos constitui o conteúdo que confere especificidade a cada entidade. O modelo se repete para o ser humano. *Orí-àpéré*, a cabeça com seu suporte, são modelados com porções de substâncias-massas progenitoras, mas o interior, o *orí-inú*, é único e representa uma combinação de elementos intimamente ligados ao destino pessoal. É esse conteúdo, o *orí-inú,* que expressa a existência individualizada. Veremos mais adiante que adquirir *orí* significa *nascer,* desprender-se da matéria-massa.

O doble do *orí*, residindo no *òrun*, é, pois, o doble da existência individualizada de cada pessoa; já fizemos alusão a esses dobles espirituais (cf. p. 56s. e 63). Realmente, como já o indicamos, será o doble do *òrun* (ou se quer, o original do *òrun*) que será transferido ao *àiyé* onde deverá nascer. O texto diz literalmente:

elèyí tí ó bá dé òde ìsálayè
Quando esse vem para a imensidade deste mundo[4].

Se por um lado o *Orí-inú* do *àiyé* reside no corpo, na cabeça de cada indivíduo, sua contraparte, o *Orí-òrun* é simbolizado materialmente e venerado. Durante as cerimônias de *Borí* (= *bo* + *orí* = adorar a cabeça) ele é invocado e os sacrifícios são oferecidos ao *Orí-inú*, sobre a cabeça da pessoa, e a *Igbá-orí*, cabaça simbólica que representa sua contraparte no *òrun*[5].

Cada *orí* é modelado no *òrun* e sua matéria *mítica* progenitora varia. A porção de "matéria" extraída da "matéria-massa" progenitora com a qual é modelada cada cabeça constitui o *Ìpòrí* da pessoa. Esse conceito é muito importante, porque estabelece uma série de relações entre o indivíduo e sua matéria de origem mítica. Determinará o *òrìsà* ou o *Irúnmalè* que o indivíduo deverá adorar; ele estabelecerá suas possibilidades e escolhas, e, principalmente, indicará suas proibições, os *èwò*, particularmente em matéria de alimentação. O *Ìpòrí* pessoal possui sua representação material que, devidamente preparada e consagrada, recebe oferendas e é venerada. Dada a importância do *Ìpòrí* e sua relação com os elementos que individualizam, transcreveremos extratos de uma longa recitação do *Odù Èjì-Ogbé* e do *Odù Òse-tùwá* que expressam claramente seu significado[6].

"O *Ìpòrí* é o que chamamos *Òkè ìpòrí*.
Oke Ìpòrí, é assim que ele é chamado e existe
para cada ser humano. É como o local

---

[4]. Lembremos que *Èsù*, alter-ego de todo ser, também foi transferido do *òrun* por *Òrúnmìlà* a fim de nascer no *àiyé*, na história *Atòrun dòrun Èsù*.

[5]. Entre os *Yorùbá*, o *Igbá-ori* é um expressivo objeto ritual; uma de suas representações mais elaborada consiste em duas metades de cabaça recobertas de couro, a metade superior com a forma de cone sobre o qual filas de cauris são costuradas. Abimbola diz (1971, nota 5): "Esse objeto é conhecido com o nome de *iborí* e sacrifícios são colocados sobre ele durante o processo de propiciação do *ori*" ("This material is known as *iborí* and sacrifices are put on it during the process of the propitiation of ori").

[6]. A versão completa bilíngue figura em Juana Elbein e Deoscoredes M. dos Santos (1971 B: 4-14).

onde o rio começa seu curso e que chamamos *Ìpòrí Odò*,
a nascente de um rio; a origem de um rio
a partir da qual o pequeno regato se alarga e corre. Assim também
o é para os seres humanos. É aí que
o *Òrìsà* apanhará uma porção para criar as pessoas.
É assim que é chamado o *Ipòrí* das pessoas.

O *Òrìsà* pega uma porção de palmeira para criar alguém. As pessoas dessa espécie criadas a partir da palmeira, quando nascem (lit. quando vêm para a terra) deverão venerar *Ifá*. O *Òrìsà* pega um fragmento de pedra para criar uma outra espécie de pessoas. Quando as pessoas dessa espécie nascem (vêm para a terra), e deverão venerar *Ògún*, a tal ponto que *Ògún* será seu *Olúwarè*, seu Senhor no mundo.

Ele (o *Òrìsà*) pega uma porção de lama para criar uma outra espécie de pessoas. Essas pessoas não devem ser mentirosas, porque *Ògbóni, Ìyáa wa Òrò Malè* são seus progenitores e serão seus protetores no *àiyé*. E constituirão seu *Òkè Ìpòrí* (símbolo individual do progenitor mítico).

Ele (o *Òrìsà*) pega uma porção de água para criar uma outra espécie de gente. *Òsun, Yemanja, Erinlè, Oya, Ajé, Olókun* etc. constituirão seu *Òkè Ìpòrí*.

Ele (o *Òrìsà*) serve-se da brisa para criar uma outra espécie de gente. Isso quer dizer que *Òranfè, Oya, Sàngó* ou outras entidades semelhantes constituirão o *Òkè Ìpòrí* dessa espécie de gente.

Os *Odù* de *Ifá* que nos explicam sobre isso são *Òsetùá* e *Èjìogbè*. Um deles diz o seguinte:

"*Orí* cria cada um de nós,
Ninguém pode criar *Orí*.
Òrìsà pode mudar qualquer um na terra,
Ninguém pode mudar *Òrìsà*".

Eles jogaram *Ifá* para *Àjàlá* que é o fazedor de todas as cabeças no *Òde òrun*.

Àjàlá é aquele que *Olódùmarè* colocou no *ode òrun* para modelar *Orí*. É um *òrìsà* antigo. Ele modela *Orí* todos os dias e os põe no solo. Aquele que vai do Ìkòlé-Òrun para o mundo é obrigatório que ele chegue até Àjàlá para ter uma cabeça. Quando ele aí chega, pode fazer sua escolha.

Os que trabalham com Àjàlá são: Òrìsàálá e Èjìogbè, Òyèkú-méjì, Ìwòrì-méjì, Òdí-méjì, Ìròsùn-méjì, Òwónrín-méjì, Òbàrà-méjì, Òkànràn-méjì, Ògúndá-méjì, Òsá-méjì, Ìká-méjì, Òtùrúpòn-méjù, Òtùá-méjì, Ìretè-méjì, Òsè-méjì, Ofun-méjì. Éépà a! (Nossos respeitos a todos eles!). Todos esses *Odu*, que com *Osé-tùwá* são dezessete, trabalham com Àjàlá em modelar *Orí* todos os dias. A porção retirada na qual cada *Orí* é modelado é o *Égún Ìpòrí* (matéria ancestral). Cada um deveria venerar sua matéria ancestral para prosperar no mundo e para que ela venha a ser seu guardião.

A espécie de material com o qual são modelados os *Orí* individuais indicará que tipo de trabalho é mais conveniente proporcionando satisfação e permitindo a cada um alcançar prosperidade. Indica também as interdições – *ewo* – aquilo que lhe é proibido comer, por causa do elemento com o qual seu *Orí* foi modelado. A matéria utilizada para criar o *Orí* possui um signo distintivo e não é apenas uma simples matéria.

Ifá dirá, eis a espécie de *Ebora* que você deve venerar ou aquilo que lhe é proibido comer; pois você não pode comer da mesma matéria de onde sua cabeça foi modelada (lit. não pode comer do mesmo corpo do qual sua cabeça foi feita), para que as pessoas não venham a enlouquecer, não se matem ou não vivam uma existência miserável.

Quer dizer que o lugar de onde ele (*Òrìsà*) apanha porções para modelar a cabeça de alguém é o que chamamos *Ìpòrí* da pessoa. É assim que *Èjìogbè* e *Òsetùá* o revelam a nós".

Por extensão, o termo *Ìpòrí* aplica-se a todos os ancestrais diretos de uma pessoa, a seus elementos constitutivos imediatos e, particularmente, ao pai ou à mãe falecidos. Os pés, estando em contato com a terra, são as partes do corpo através das quais os ancestrais "sobem", o grande artelho direito representa o parente masculino e o grosso artelho esquerdo o parente feminino.

É essa, sem dúvida, a razão pela qual Lucas (1948: 255) sustenta com alguma ingenuidade que *Ìpòrí* é "o atalho da cabeça"[7], ou "o *locus* da cabeça quando essa se desloca em direção aos pés"[8] e ainda "supõe-se que ele resida no grosso artelho de um pé ou de outro"[9].

Se bem que Bascom (1969: 114), no seu interessante ensaio sobre *Ifá*, associa *Iponri* (segundo sua maneira de escrever) à cabeça, "ao destino do indivíduo e a sua sorte"[10], ele não o distingue claramente de *Élẹ́dá*. *Élẹ́dá* significa:

Ẹ ni èdá: Senhor dos seres viventes.

Esse título é aplicado a *Olórun* e, por extensão, à entidade mítica a partir da qual foi criado um *orí*. Enquanto *Élẹ́dá* se refere à entidade sobrenatural, à matéria-massa que desprendeu uma porção da mesma para criar um *orí*, consequentemente Criador de cabeças individuais, o *ìpòrí* é uma porção diferenciada desse Criador. Assim, por exemplo, se o *Ìpòrí* de uma pessoa tem por origem o elemento fogo simbolizado por *Ṣàngó*, essa pessoa chamará *Ṣàngó*, *Élẹ́dá mi*, meu Criador.

Èṣù está profundamente associado ao segredo da transformação de matérias-massas em indivíduos diferenciados. Símbolo do elemento procriado, princípio dinâmico e da comunicação, encarregado de transportar e de restituir o *àṣe* dos dois genitores míticos, assegurando a procriação, a existência individualizada, acompanhante de todas as unidades ou seres, possui diversas representações materiais. Aquelas que simbolizam *Èṣù-Àgbà*, *Èṣù Oba*, o pé do *Òkòtò*, o princípio coletivo, são objeto de culto comunitário e público, estando o *ojúbọ* instalado no *Ilé-Èṣù* ou na entrada do "terreiro", e, em país *Yorùbá*, na entrada das aldeias e das cidades e em meio dos "compounds". Os *Èṣù* que acompanham os *òrìṣà* têm uma representação perto do "assento" desses ou no *Ilé-Èṣù* e são cultuados prioritariamente durante os rituais públicos consagrados a cada *òrìṣà*.

---

7. "The path of the head".

8. "The locus of the head when it moves on the feet".

9. "It is supposed to dwell in the great toe of either foot".

10. "With the individual's fate and his luck".

Ao contrário, o *Èsù* individual, o *Bara*, é adorado e cultuado em privado pela pessoa a quem acompanha, e a vasilha-"assento" que o representa está localizada num lugar privativo dessa pessoa. A vasilha e seu conteúdo representam seu *Bara-òrun*, visto que seu *Bara-àiyé* reside em seu próprio corpo.

Veremos no capítulo seguinte quando examinarmos o ciclo *Àsèsè* que o *Bara-àiyé* desaparece obviamente com o corpo depois da morte, e que o *Bara-òrun* será destruído ritualmente com todas as outras representações que individualizam.

Toda sacerdotisa, no momento de ser iniciada, receberá dois tipos de vasilhas-"assentos" consagrados: *a)* a que representa seu *Élédá*, isto é, seu *òrìsà*, "dono de sua cabeça"; *b)* a que representa seu *Èsù* pessoal, seu *Bara*. Como se pode deduzir facilmente, ela receberá seu *Bara* ao mesmo tempo, e até mesmo antes da entrega do "assento" individual de seu *òrìsà*. Uma vez "assentados" seus elementos individuais do *òrun* nas vasilhas apropriadas, proceder-se-á a preparar o corpo da noviça para que, à maneira de um "assento" vivo e através dele, possa ser invocado e se faça manifesto seu *òrìsà* pessoal. Não se trata de duas operações distintas, mas de uma única operação em dois níveis diferentes: o do *òrun*, nas vasilhas-símbolos dos elementos do *òrun*, e o do *àiyé* nas partes do corpo da noviça nas quais os dobles desses elementos se transferem.

Já examinamos a estrutura dos "assentos" individuais. Recebendo o seu, a noviça disporá de um, cujo conteúdo explicita a significação de seu *òrìsà* e o tipo de *àse* que ele regula. De acordo com isso, a noviça deverá regular sua própria vida e preencher sua função em relação ao *egbé*. Levará a marca de sua pertença, particularmente através da ou das cores-signos de seu colar ritual.

Nos "terreiros" *Nàgô* tradicionais, o *Bara* é representado por uma pequena vasilha de barro, de boca larga, munida de uma tampa, chamada *kòlòbó* contendo vinte e um cauris. Esses vinte e um cauris simbolizam os elementos constitutivos do destino pessoal, destino escolhido por cada *orí* no *òrun* antes de corporizar-se no *àiyé*.

Com efeito, *Òrìsàlá* e *Àjàlá* são assistidos pelos dezesseis *Odù*-signos quando modelam os *orí*. A tradição quer que cada ser criado por *Òrìsàlá*, no momento de escolher seu *orí*, escolha seu *Odù*, o signo que regerá seu devir com o qual nasce cada ser no *àiyé*. Vários textos e vários autores fazem referência à relação existente entre o *orí* e o destino pessoal. Assim Abimbola (1971: 8) indica: "Além do próprio *Àjàlá*, só *Òrúnmìlà* (representação coletiva de todos os *Odù*) é a outra testemunha do ato de livre escolha da cabeça"[11]. Também Epega (1931: 15) aponta nesse sentido: "Diz-se que, quando *Olódùmarè* estava ocupado em criar o homem, *Òrúnmìlà* estava presente na qualidade de testemunha do Destino"[12]. Abraham (p. 397) também registra:

"Àkun lèyòn ni àdà yé rí

a entrada de cada um na vida depende de se ajoelhar e escolher; isto é, crê-se que, antes do nascimento, o homem se ajoelha diante de Deus e escolhe sua sorte na vida"[13].

São os cauris de seu *Bara* que a sacerdotisa consultará e deles obterá as respostas oraculares concernentes a todo seu devir.

Dos vinte e um cauris-símbolos, dezesseis representam os *Irúnmalè-Àgbà*, os principais *òrìsà*-ancestres, quatro representam os quatro elementos fundamentais e suas representações coletivas e um representa *Èsù* que, como *Òsetùwá*, representa a nova unidade que herda e reestrutura todos os elementos precedentes.

A sacerdotisa, quando consulta seu *Bara*, separa os cauris em grupos de quatro, dezesseis e um. Pode consultar lançando os quatro ou os dezesseis, sendo esses últimos chamados *erindí-logun*. O cauril restante, o um, ou, se se quiser, o décimo sétimo ou o vigésimo primeiro do conjunto, é o descendente, resultado da interação de todos os outros

---

11. "Apart from *Àjàlá* himself, only *Òrúnmìlà* is the other witness of the act of free choice of heads".

12. "It is said that when *Olódùmarè* was creating man, *Òrúnmìlà* was present there as witness of Fate".

13. "One's entry into life depends on what one kneels and chooses; i. e., before birth one is thought to kneel before God and choose one's luck during life".

contidos na vasilha de barro, que é o deslocamento ou representação simbólica do útero mítico fecundado. Será o "vigia", encarregado de mobilizar e intercomunicar todo o sistema do *Bara pessoal*. Será ele, consequentemente, que "moverá" os búzios para que formem configurações ou signos determinados que darão as respostas e os caminhos necessários para orientar e resolver as questões feitas pela consultante. *Èṣù-Bara* é aquele que "fala" e guia e que indica os caminhos do indivíduo.

Está claro que não é por acaso que *Èṣù* ordena os signos-respostas, mas segundo o destino do *orí* que ele acompanha. Ele escolhe, na multidão dos fatos categorizados, os que ajudam a orientar e desenvolver a existência em questão. *Èṣù* é tão inseparável do indivíduo que, por assim dizer, confunde-se com o que caracteriza mais a unidade-ser.

O décimo sétimo cauril, o "vigia", encarregado de mobilizar e intercomunicar todo o *Bara*, é chamado "Watch *Akin*" (o *Akin* vigia) e *Adelé* por Johnson; lembremos que *Akin* é o nome que *Òṣun-Olórí-Iyá-mi* (*Òṣun* cabeça do poder feminino) dá a seu filho *Èṣù*-descendente, enquanto *Adelé* significa "deputy of a person" (delegado de uma pessoa) e segundo Abraham (p. 133) "representative of a person" (representante de uma pessoa).

O *Èṣù Bara* individual põe em relevo os aspectos fundamentais de *Èṣù* símbolo coletivo, cujos significados ele veicula. É o princípio de vida individual. Todo indivíduo, por trazer em si seu próprio *Èṣù*, traz o elemento que lhe permitirá nascer, cumprir seu destino pessoal, reproduzir-se e cumprir seu ciclo vital.

Princípio de individualização, *Èṣù* está relacionado com o desprendimento e a evolução de matéria diferenciada. Representa o que é oculto e secreto (lembremos sua profunda correspondência com o preto), a "fisiologia", o que acontece no *inú*, no interior de todas as cavidades do corpo (no interior da unidade-cabaça). É este o *Èṣù-àiyé* individual cuja contraparte do *òrun* está "assentada" no *Bara* individual. Vejamos agora qual é a relação do *Èṣù* individual com as cavidades do corpo.

1) Na cavidade do *Orí*, *Èṣù* está associado ao *Orí-inú* e ao destino do indivíduo. Também está encarregado, por sua função de *Elẹ́bọ*, de transportar e fazer aceitar as oferendas destinadas tanto ao *Orí-òrun* – "assentado" e invocado no *igbá-orí* – como ao seu *Eléda*.

2) Está associado à cavidade da boca e do estômago em primeiro lugar por causa de sua atividade de introjetar, de introduzir "alimentos". Examinamos longamente esse aspecto nos capítulos precedentes (cf. p. 145ss.), e falamos de algumas esculturas e representações de *Èsù* introduzindo em sua boca cachimbos, flautas ou mesmo sugando o dedo.

Também ditados e provérbios associam a sensação da sede ou da fome à inquietude ou mesmo à cólera de *Èsù*. "(Legba) agitador do umbigo"[14], escreve Le Herissé (1911: 137) e ainda "chefe da cólera; porque a cólera vem do ventre como a alegria, a dor, a piedade"[15].

Èsù também está profundamente relacionado com a boca em sua função de *Enúgbárijo*, boca coletiva. Princípio de comunicação, a boca é a cavidade que transmite e comunica. *Èsù*, intérprete e linguista, intercomunica não só todos os elementos do *àiyé* com os do *òrun*, todos os elementos entre si, mas também, ao impulsionar o *àse* individual, comunica o interior com o exterior, permitindo que o som e as palavras aconteçam.

Já assinalamos a relação entre o *ké* e a individualização. É também durante o ritual de abrir a fala, durante a iniciação da *adósù*, que toda uma atividade particular é focalizada na boca. Com efeito, esta será objeto de uma manipulação durante a qual ela receberá uma certa combinação de *àse* colocada na língua que, transportada por *Èsù*, permitirá ao *òrìsà* falar e fazer-se conhecer.

Já indicamos em outro lugar (ELBEIN DOS SANTOS & DOS SANTOS, 1971-B: 22) a semelhança existente entre a boca e o *Bara*, as duas cavidades manipuladas pelo *Adelé*:

Eejile lógbòn owó eyo ni mbe l'enu
Erindínlógún Orí ní mbe l'ókè enu
Erindínlógún Òrìsà ní mbe ni sàlè.

---

14. "(Legba) agitateur du nombril".

15. "Chef de la colère: car la colère vient du ventre comme la joie, la douleur, la pitié".

Há trinta e dois cauris (*owo ẹyo*) na boca:
os dezesseis cauris do maxilar superior pertencem a *Orí*,
os dezesseis cauris do maxilar inferior a *Òrìṣàlá*.

Não nos deteremos nesse assunto, apenas chamamos a atenção para o fato de que os cauris do *Bara* são os representantes simbólicos que tomam forma e corpo na boca.

3) *Èṣù* está intimamente relacionado com a cavidade do útero – *inú* – com a própria cavidade e sua fisiologia.

Promotor de expansão e de procriação, está relacionado com a transferência do *ọ̀run* ao *àiyé* das porções de matéria de origem e ao desenvolvimento ulterior das mesmas no útero[16]. *Èṣù* está relacionado com atividade sexual, como vimos, e com a interação de sêmen e óvulo. Está fundamentalmente relacionado com a placenta fecundada. Enquanto o útero e o sêmen representam as matérias-massas de origem, os ancestrais míticos femininos e masculinos, a placenta transmite o princípio de vida individual, que impulsionará a formação do terceiro elemento. A placenta é o doble do novo indivíduo, ela se desenvolve junto com o feto, e, separada do corpo materno, constituirá um símbolo de *Èṣù*, o doble do *ọ̀run* do novo *Èṣù* individual encarnado que impulsiona a "fisiologia" das cavidades do recém-nascido. A placenta, porção diferenciada da matéria-massa, desprendida do útero e que dá origem a um novo *orí*, a um novo ser, representa o *Ìpòrí* do qual falamos mais acima (p. 234ss.). Está bem explícito num *ìtàn òdù* do qual só transcreveremos algumas linhas[17]:

Òrúnmìlà ló nti ìkòlé Òrun bọ̀ wá sí t'àiyé
Ó fẹ́ Òkè ìpòrí rẹ̀ tira jéé,
A dífá fún Àboyún,
A bù fún ojo Ibí.
Njé Òkè Ìpòrí mi ò,
Ibí ni mo dá padà yìí oo Ekejì Èṣù.

---

16. O desenvolvimento do feto colocado sob a supervisão de *Ọ̀ṣun* é mobilizado por *Èṣù Eníre*, princípio ativo de *Ọ̀ṣun*.

17. A versão completa está em" Juana Elbein e Deoscoredes M. dos Santos (1971, B: 24).

Quando *Òrúnmìlà* veio dos espaços sobrenaturais para o mundo,
pousou junto a ele cuidadosamente seu *Òkè Ìpòrí* (porção de sua
  matéria de origem),
este foi o oráculo jogado para *Aboyún* (uma mulher grávida),
e repetido a *Ojó Ibí* (o dia do nascimento).
Logo, minha matéria de origem,
essa placenta é o que eu restituo, e que é meu representante de *Èsù*.

A história revela o que é e como se prepara a representação material do *Ìpòrí*. Ela se refere à maneira como *Òrúnmìlà* foi concebido graças à sua placenta, e como a mesma foi enterrada mais tarde.

"Quando *Òrúnmìlà* chegou à idade adulta, pegou uma pequena porção da terra do lugar em que sua placenta estava enterrada, efetuou os sacrifícios mencionados [...] e com o sangue modelou uma espécie de pequena cabeça, não redonda, como o coração de um ser humano. Isso é chamado *Òkè Ìpòrí* e é colocado numa bolsa para poder ser carregado. É como se a placenta o escoltasse ao sair de casa. É o símbolo de seu próprio *Èsù*"[18] (ELBEIN DOS SANTOS & DOS SANTOS, 1971, B: 25).

O *Òkè Ìpòrí* e o *Bara* são duas representações-"assentos" do *Èsù-òrun* individual: ambos estão relacionados com os princípios progenitores recriados e a serviço do destino individual. Enquanto o *Ìpòrí* representa seu aspecto coletivo, o *Bara* representa diretamente o elemento individualizado.

É interessante notar que, embora Pierre Verger (1971: 8) faça uma descrição diferente da representação material do *Ìpòrí* preparado para a ocasião da iniciação de um *Babaláwo*, os elementos que o constituem são finalmente representações deslocadas da matéria de origem e do destino individual. Verger resume: "*Ìpòrí* (*Kpoli* entre os *Fon*) está associado à origem e ao destino"[19].

---

18. "When *Òrúnmìlà* became adult, he took a small quantity from the spot where his placenta was buried and performed the mentioned sacrifices... with whose blood ha moulded a kind of head, small, not round, like a heart of a human being. It is called *Òkè Ìpòrí* and it is put in a bag to be able to carry it. It is like the placenta is escorting him when he leaves from the house. It is the symbol ot his own *Èsù*".

19. "*Ìpòrí* (*Kpoli* chez les *Fon*) est lié à l'origine et à la destinée".

Devemos complementar ainda essa fórmula dizendo que a origem e o destino individual estão indissoluvelmente associados a, e mobilizados por Èsù, princípio de vida individualizada.

Se Èsù está associado ao desprendimento de matéria diferenciada, da qual Orí constitui sua representação por excelência, ambos estão intimamente associados ao nascimento. Duas histórias, textos de Odù, ilustram essa relação de maneira significativa.

A primeira história, a que faremos alusão, foi transcrita por Maupoil (1943: 534ss.) e corresponde ao Odù Otúrúpòn (Turukpe segundo a ortografia Fon utilizada por Maupoil). Tentaremos resumir essa história que evidencia a relação entre Orí e Èsù (chamado correntemente Legba pelos Fon) e entre esses e a procriação.

Fá (Ifá), terrivelmente desolado e infeliz, malquisto por seu rei Metolofi, consulta o oráculo para encontrar remédio para sua situação. O signo Turukpe lhe responde que deve juntar todos os frutos redondos que encontrar e levá-los a sua mãe, para que ela faça uma oferenda. Como ela se encontra num lugar extremamente distante, Legba se oferece, por um galo e algumas gulodices, para servir de mensageiro. Chegando à casa da mãe de Fa, Legba lhe diz que seu filho faleceu e não há ninguém para realizar os funerais. Pede-lhe que venha com urgência ao país de Metolofi. Ela chora: Como fazê-lo? Está velha e não pode mais andar. Legba diz que pode levá-la se receber alguma coisa. A mãe tinha um bode de doze chifres. Èsù pede-lho e ela recusa porque não lhe pertence. Ela diz: "ele pertence à vida" (Mawu, a entidade suprema). Apenas o confiaram a mim[20]. Como Èsù insiste, dizendo que sem ele não a levaria, a mãe acaba por lhe dar o bode. "E Legba apanhou o bode e o matou. O sangue que jorrava do corpo do bode era fogo. E o fogo se estendeu por todo lugar e recobriu todo o corpo de Legba"[21]. Ele decidiu consultar Fa, que lhe disse que fizesse rapidamente uma oferenda com todos os órgãos internos do bode. Uma vez

---

20. "Il appartient à la vie (Mawu, l'entité suprême). On me l'a seulement confié".
21. "Et Legba prit le bouc et le tua. Le sang qui sortait du corps du bouc était du feu. Et le feu se repandit partout et recouvrit tout le corps de Legba".

efetuada a oferenda, *Èsù* decide cozinhar a cabeça do animal para comer a carne. Coloca-a numa panela de barro, mas, apesar do fogo e do tempo de cozimento, a cabeça não fica cozida. Cansado, *Èsù* decide conduzir a mãe e levar consigo a comida. Prepara uma rodilha de dezã. "Ora, nessa época, *Legba* ainda não tinha cabeça"[22]. E assim ele coloca a rodilha nos seus ombros e, virando o recipiente enegrecido, depois de retirar a água, coloca-o por cima. "E o *dezã* converteu-se em seu pescoço e a panela em sua cabeça"[23]. Cantando, leva a mãe, por meios mágicos, e ambos chegam de imediato ao lado de *Fa*. "*Fa* também não tinha cabeça"[24]. Sua mãe conta-lhe a história do bode. Mas *Fa* concorda, visto que foi o oráculo quem indicou a *Legba* para fazer o sacrifício. Ele se lamenta de sua má sorte e de não ter cabeça. É preciso fazer a oferenda com os frutos redondos, ao pé do rei *Metolofi*. Ela vai e desculpa-se pela modéstia do presente que pode oferecer ao rei. Este quer ver do que se trata. A cabaça está cheia de frutos redondos. Apanha no interior da cabaça um mamão e introduz-lhe uma faca, dividindo-o em dois. Aparece uma grande quantidade de groás pretos e ele aproxima-se para os ver melhor. Nesse instante, o mamão fixa-se em seus ombros, e é assim que o rei adquire uma cabeça. Ele homenageia a mãe. Pergunta-lhe seu nome ao que ela responde: *Nã*. O rei disse: "a partir de hoje você se chamará *Nã Taxonumeto*, a mãe que dá uma cabeça às pessoas" [...]. "Foi assim que a partir daquele tempo, para se ter uma cabeça (filhos), sempre é necessário dirigir-se a *Nã* (as mulheres)[25]. É sob esse signo que os filhos vêm ao mundo, a *cabeça em primeiro lugar*" (o grifo é nosso)[26]. A história acaba com dois comentá-

---

22. "Or en ce temps-là, *Legba* n'avait pas encore de tête".

23. "Et le *deza* devint son cou et la jarre sa tête".

24. "*Fa* n'avait pas non plus de tête".

25. As explicações entre parênteses são do próprio Maupoil.

26. "A partir d'aujourd'hui, tu te nommeras "Nã Taxonumeto", la mère qui donne une tête aux gens"... "Et c'est depuis ce temps que pour avoir une tête (de enfants) il faut toujours s'en remettre à *Nã* (aux femmes). C'est sous ce signe que les enfants arrivent au monde la tête la première".

rios: "é no fogo do bode misterioso que vive desde então *Legba*, cujo rosto talhado no *Fate* (*òpón Ifá*) aparece coroado de chamas" e, mais adiante: "Foi assim que *Legba* adquiriu uma cabeça, graças a *Turukpe*, que rege a gravidez e tudo o que é redondo"[27].

Poucos comentários são necessários. Destaca-se a relação entre *Èsù* e fogo, seu componente *Iná*, associado à força procriadora *Egán* que *Èsù* transporta. Sua própria cabeça nasce da interação bode-panela. Será *Èsù* quem transportará *Ìyá-mi Nã*, "que dá uma cabeça às pessoas", e uma nova interação faca-mamão será a origem da cabeça do rei.

O *Orí*, a gravidez e o nascimento de filhos são possíveis graças à atividade de *Èsù*. É importante ressaltar a informação de que os filhos chegam ao *àiyé*, "a cabeça em primeiro lugar".

Com efeito, *Orí* é o que individualiza, será o primeiro a nascer e o último a expirar. *Orí* também será o primeiro que deverá ser venerado por um indivíduo, antes mesmo de seu *òrìsà*.

Essa posição está claramente analisada por Abimbola (1971: 8ss.): "*Orí*... cuida do interesse individual e pessoal enquanto *òrìsà* existe no interesse da tribo como um todo... A poesia divinatória de *Ifá* coloca *Orí* muito mais alto do que os outros *òrìsà*. O que *orí* não sanciona não pode ser dado a ninguém pelos *òrìsà*, nem mesmo por *Olódùmarè*. Os *òrìsà* não atenderão a nenhum pedido do homem que não tenha sido sancionado por seu *orí*. Daí a seguinte passagem de um poema divinatório de *Ifá*[28]:

Orí pèlé
Atètè níran.
Atètè gbeni kòòsà.

---

[27]. "C'est dans le feu du bouc mystérieux que vit depuis lors *Legba* dont le visage sur le *Fate* (*òpón Ifá*) est surmonté de f'ammes". "C'est ainsi que *Legba* eut une tête, grâces à *Turukpe*, qui régit la grossesse et totu ce qui est rond".

[28]. "*Ori*... caters for individual and personal interest while *òrìsà* exists for the interests of the whole tribe... *Ifá* divinatory poetry rates *orí* much higher than the other *òrìsà*. Whatever *orí* does not sanction cannot be given to any person by the *òrìsà* or even by *Olódùmarè* himself. The *òrìsà* will not attend to any request which has not been sanctioned by a man's *orí*. Hence, the following passage from *Ifá* divination poetry".

Ko sóòsà tíí danií gbè
Léyìn orí eni
Orí, pèlé,
Orí àbíyè.
Eni orí bá gbeboo rè,
Kó yò sèsë"
Orí, eu o saúdo!
Você que sempre pensa nos seus.
Você que abençoa um homem antes de todo *òrìsà*.
Nenhum *òrìsà* abençoa um homem
sem o consentimento de seu *orí*.
Orí, eu o saúdo!
Você que permite aos filhos nascerem vivos.
Aquele cujo sacrifício é aceito por *orí*
deve se regozijar imensamente.

Do segundo mito, extremamente longo e rico, resumiremos uma parte que ilustra como *orí* conseguiu partir o obì, fruto-ventre, liberar os cotilédones-filhos e, ao mesmo tempo, obter um corpo para sustentá-lo, converter-se numa entidade: nascer.

A história começa com o dramático acontecimento da rebeldia dos quatrocentos *Irúnmalè* quando estes decidiram exigir compartilhar da sabedoria e dos poderes de *Olódùmarè*. Delegaram *Èsù Enúgbarijo*, para que os representasse e levasse suas reivindicações. Consequentemente, um poderoso *obì* lhe foi remetido por Ele que deveria ser colocado no lugar onde os *Irúnmalè* se reúnem no *òrun, Itá Agbá n sáálá*. *Èsù* devia deixá-lo nessa encruzilhada durante toda a noite e no dia seguinte os *Irúnmalè* deveriam tentar parti-lo. Naquela época, *Orí* era apenas uma pequena bola que ninguém respeitava. *Orí*, ansioso pelo sucesso dessa tentativa, foi consultar os *Babaláwo* que lhe aconselharam realizar uma poderosa oferenda de dezesseis mil cauris, mil por cada *Odù-àgbà*, dizendo que assim ele seria assistido por dezesseis mil forças. Também deveria, durante uma parte da noite, espojar-se na poeira. No dia seguinte, todos se prepararam e *Orí* também veio, espojando-se. Um depois do outro, tentaram partir o poderoso *obì* sem o conseguir. Desesperados por perderem a oportunidade de compartilhar dos poderes de *Olódùmarè*, eles tentaram um atrás do outro.

Nada; *Orí* se apresentou por sua vez e deixaram-no tentar. Com todo seu peso, caiu sobre o *obì* que se partiu em seus seis cotilédones. Um hurra extraordinário saiu de todos os *Irúnmalè*. Todos se regozijaram. Os ecos do acontecimento chegaram até *Olódùmarè* que, de imediato, enviou-lhe um "assento" extraordinário no qual *Orí* se instalou. Todos exclamaram: *Orí Àpéré*! E a partir desse momento, *Orí* adquiriu seu *Àpéré* dotado de *iwà*, existência, delegado por *Olódùmarè*, e no qual ele se apoia.

O *obì*, como o mamão da história precedente, deve ser aberto para liberar suas sementes e fornecer (fazer nascer) um corpo (no caso de *Orí*). *Orí* ser vivente – como *Èsù* nasce da interação do obì-fruto-ventre e do poder dos dezesseis *Odù Àgbà* que o assistem a abrir o *obi*. *Èsù*, descendente-símbolo, nasce de *Òsun-Ìyá-mi*, ventre-símbolo. *Orí*, representação de vida individualizada no *àiyé*, nasce de um ventre-fruto, trazendo em si, como o *Bara* que o acompanha, a combinação de progenitores e de destino individual. Com efeito, as consultas oraculares também são efetuadas com os segmentos ou cotilédones do *obì*, como já indicamos várias vezes. O *obì* converte-se não só na representação transferida de *Orí*, mas também, por extensão, no símbolo de todo um ser. Como representação de *Orí*, e sendo de sua mesma categoria, constituirá o *àse* por excelência destinado a "nutrir" a cabeça. Durante o ritual de *Bori*, quaisquer que sejam as oferendas a ser dadas à cabeça (dependendo da consulta ao oráculo), todos deverão começar pelo *obì*. Este, sempre de acordo com o oráculo, poderá ser colocado todo inteiro em contato com a cabeça, ou partido e mastigado; sua papa, condutora de *àse*, é colocada para transmitir sua força aos quatro pontos que, por assim dizer, constituem o universo individual e ao centro da cabeça que resume a combinação de todos os outros pontos e constitui a resultante individual. Colocar-se-á *àse* no *Oju-orí*, a parte da frente, o nascente, o futuro a ser desenvolvido; no *ikoko-orí*, o occipício, a parte de trás, o poente, a contribuição ancestral, no *apá-otun* e, no *apá-òsì*, lado direito e lado esquerdo, respectivamente as partes que representam os elementos masculinos e femininos (fig. 8).

Veremos mais adiante que o *obì* é não só a oferenda por excelência para *Orí*, mas também para todas as entidades a serem cultuadas. É evidente que *Orí* só adquire toda sua significação como entidade, como ser, quando "sentado" em seu *Àpéré*.

Indicamos que mesmo *Olórun* está instalado em seu *Àpéré* onde acumula os três poderes da existência: *iwà* + *àṣe* + *àbá*. *Orí*, quando conseguiu separar os segmentos do *obì*, recebeu os poderes reivindicados pelos *Irúnmalè*. Seu *Àpéré* contém os três poderes que permitem que a existência se realize e tenha um propósito, existência e propósito colocados ao serviço, dirigidos e regulados por *Orí* – destino pessoal – e mobilizados por *Èṣù Bara*. Este não só move o destino, mas, transportador de *àṣe*, impulsiona a "fisiologia" de todo o indivíduo, circulando em todas as cavidades da matéria diferenciada.

Deixaremos para uma outra oportunidade a análise sistemática do ciclo de iniciação de uma *adóṣù*. Contudo, é indispensável aludir-se ao fato de que o *Àpéré*, o *Orí* e *Èṣù* desempenham papéis fundamentais. Com efeito, uma vez preparadas e "assentadas" as representações materiais dos elementos do *òrun*, assinalamos que seria preciso "assentar" estes mesmos elementos do *àiyé* no corpo da futura sacerdotisa. Seu renascimento só será possível uma vez que a noviça é sentada no seu *Àpéré*, o qual deverá levar a combinação dos três poderes adequados ao *òrìṣà* progenitor de quem a futura sacerdotisa será uma representante. Também deverá ser preparado seu *Orí* à maneira como um ventre-fruto é fendido simbolicamente para receber o *òṣù*. Essa pequena massa-cone, uma combinação de substâncias-signos, representação de elemento procriado, é colocada sobre o *Orí*, no lugar da interação simbólica faca-cabeça.

Toda essa operação é colocada sob o controle de *Èṣù*. É *Èṣù Idóṣù*, que, com sua faca, seu *òbe*[29] abrirá o caminho; ele despojará a noviça de sua vida anterior (voltaremos a esse ponto) e, como patrono do *òṣù*,

---

29. Lembremos que é precisamente da cabeça que surgem todas as representações do *Òbe-Èṣù*, a faca-falo, símbolo de progênie. Um dos "assentos" de *Èṣù*, cujo conteúdo é uma massa de lodo petrificada com diversos *àṣe* sob a forma de um pequeno busto humano, traz, no alto e no centro da cabeça, um *òbe* e um *ekódíde*. Tanto Maupoil (1943: 179) como Lydia Cabrera (1968: 90) documentam "assentos" semelhantes.

permitirá a transformação ou o nascimento de um novo *orí*. Os versos da cantiga sublinham a ação desse momento:

Fárí fárí afá bólo bólo,
Fárí fárí afá.
Elégbára Idósù òun mútán òòsà olúkúlùkù.
Fárí fárí afá.
O barbeiro que raspa a cabeça muito lisa (como um ovo),
O barbeiro que raspa.
Elégbára Idósù que "desprende" *òrìsà* diferenciados,
O barbeiro que raspa.

O *òsù*, o terceiro elemento, o elemento procriado, será o conteúdo do "assento"-*orì*, aquela combinação de elementos que particularizava o "assento", que lhe transmitia seu *àse* específico (cf. p. 262s.). É evidente que além das folhas – *ewé* – apropriadas que constituem o básico diferencial entre os *òsù*, estes devem levar o *ekódíde*, a pena símbolo de vida diferenciada, assim como uma substância pulverizada de peixe – símbolo prolífero da água – uma substância pulverizada de preá – símbolo prolífero do mato. Ele levará também *efun, osùn,* e *wájì*, as substâncias símbolos das três cores, dos três princípios (fig. 28).

X
Existência individualizada e existência genérica: A morte

A desintegração dos seres do àiyé e sua transformação ulterior; restituição e redistribuição de àṣe: o ebo e os ritos de sacrifício; o eru-ikú e os ritos de Àṣèsè; os dois níveis da existência e o eterno renascimento.

Nos capítulos precedentes, detivemo-nos no exame dos mecanismos, representações e rituais, relacionados com o nascimento e a individualização e dos elementos que asseguram a realização pessoal. Nesse capítulo, analisaremos o processo inverso, ou melhor, complementar, a passagem iniludível dos seres do *àiyé* para o *òrun*. Uma passagem que significa uma nova transformação dos elementos relacionados com a diferenciação de matéria. Esta passagem é marcada por ritos complexos: aqueles que correspondem aos funerais propriamente ditos, isto é, os concernentes à manipulação do corpo, e os rituais mortuários, isto é, os concernentes à manipulação dos elementos-símbolos ou espirituais.

Não temos a pretensão de repetir o que outros autores já descreveram tão bem a respeito dos ritos de passagem, da reacomodação da ordem social que provoca o desaparecimento de um membro do *egbé*. Esse acontecimento concerne não só aos membros de sua família, mas também às relações complexas da *adóṣù* com seu *òrìsà*, por um lado, com os outros membros de cadeia hierárquica, por outro lado e, finalmente, com o *àṣe* do "terreiro". Uma nova estrutura de relações deve ser estabelecida, mais ou menos complexa de acordo com a posição da *adóṣù* falecida. Quanto mais proeminente, tanto mais haverá vínculos a cortar (nada deve reter o morto no *àiyé*), e haverá mais situações para reequilibrar.

O exemplo máximo de uma situação tal é fornecido pela morte de uma *Ìyálôrìsà* ou *Ìyálàṣe* e sua substituição. Se se concebe que tudo o que contém o "terreiro", passou por suas mãos e recebeu de seu *àṣe*, pode-se ter uma ideia da quantidade de objetos e do número de seres dos quais deverá ritualmente ser separada e os cuidados que serão tomados para sua partida e posterior "assentamento". Veremos mais adiante que seu *àṣe* não desaparece, que, ao contrário, passará a integrar o poderoso *àṣe* dos ancestrais do "terreiro".

Não queremos também entrar no exame dos problemas de herança. Indicaremos apenas que os "terreiros" tradicionais, tais como o *Ilá Ìyá Naso* ou o *Àṣe Òpó Àfònjá*, pertencem física e espiritualmente ao *egbé*. Espiritualmente, porque é a observância das obrigações rituais e a manutenção do *àṣe* individual e coletivo de todos e de cada um dos membros que sustentam e mobilizam o "terreiro". E, fisicamente, porque todos os bens pertencem e são administrados por uma sociedade civil que representa a comunidade. Qualquer que seja a *Ìyálàṣe* ou a cúpula sacerdotal, a propriedade e todos os seus bens pertencem ao *egbé* como uma totalidade.

Os problemas de substituição de uma *Ìyálàṣe* ou sacerdotisa de um grau elevado, apesar de complexos, obedecem a regras bem precisas, mas não está em nossa intenção tratar desse delicado tema.

Ao contrário, quisemos orientar nosso estudo para outro aspecto, que nos parece fundamental e que, subjacente, está implícito em todo o ensaio: a relação entre a existência genérica e a existência individualizada no que concerne à concepção da morte e aos mecanismos elaborados pela comunidade face a ela (na realidade, ele) através dos diversos símbolos e rituais.

Devemos novamente insistir no fato de que, para o *Nàgô*, a morte não significa absolutamente a extinção total, ou aniquilamento, conceitos que verdadeiramente o aterram. Morrer é uma mudança de estado, de plano de existência e de *status*. Faz parte da dinâmica do sistema que inclui, evidentemente, a dinâmica social. Sabe-se perfeitamente que *Ikú* deverá devolver a *Ìyá-nlá*, a terra, a porção símbolo de matéria de origem na qual cada indivíduo fora encarnado; mas cada criatura ao nascer traz consigo seu *orí*, seu destino. Trata-se, portanto, de assegurar que este se desenvolva e se cumpra. Isso é válido tanto para um ser, uma unidade (uma família, um "terreiro" etc.) quanto para o sistema como uma totalidade. A imortalidade, ou seja, o eterno renascimento, de um plano da existência a outro, deve ser assegurado.

O ser que completou com sucesso a totalidade de seu destino está maduro para a morte. Quando passa do *àiyé* para o *òrun*, tendo sido celebrados os rituais pertinentes, transforma-se automaticamente em ancestre, respeitado e venerado e poderá inclusive ser invocado como *Égún*. Além dos descendentes gerados por ele durante sua vida no *àiyé*, poderá por sua vez participar na formação de novos seres, nos quais se encarnará como elemento coletivo.

A morte prematura de um ser, que não alcançou a realização de seu destino, é considerada anormal, resultando de um castigo por infração grave em seu relacionamento com as entidades sobrenaturais. Pode ser uma infração direta em relação a seu *òrìsà*, ou ao *òrìsà* patrono de sua linhagem ou de seu "terreiro", ou indireta com respeito à observância de seus deveres com relação ao *egbé*, que os *òrìsà* ou os ancestrais resolvem disciplinar assim. A morte prematura pode sobrevir também devido à ação de um inimigo. O indivíduo deve prevenir-se e utilizar todos os meios que a tradição – por intermédio de *Ifá* – e, particularmente, a religião, através da ação ritual, colocam à sua disposição, para garantir não só sua imortalidade individual, mas também a de seu grupo ou "terreiro" e a de todo o sistema. Vimos que a sobrevivência do grupo, como a do *àiyé,* está centralizada na harmoniosa relação entre os três elementos básicos do sistema: os dois progenitores e o elemento procriado tanto na constelação do *òrun* como na projeção dos mesmos no *àiyé* e no indivíduo[1].

Também vimos que o único meio de manter a dinâmica e a harmonia entre os diversos componentes do sistema é a restituição e re-

---

[1]. Lembremos, a título de exemplo, a história *Òṣe tùwá* e a de *Atorun dorun Èsù*.

distribuição de *àṣẹ* através da oferenda, do sacrifício e do renascimento. Vimos que o nascimento implica num desprendimento de matéria, numa redistribuição, numa transferência e numa perda de *àṣẹ* da "massa progenitora". Veremos que a restituição implica sempre na transformação da existência individualizada em existência genérica, passando pela morte.

Já no capítulo II, assinalávamos que o "espaço urbano" e seus *ará-àiyé* se fortaleciam e tomavam poder do "espaço mato", povoado de *ará-òrun*, que se deveria "pagar" e se mencionavam os mecanismos básicos de devolução ou restituição. Assim como, ao examinar os conteúdos do "terreiro", dizia-se que era através do *àṣẹ* veiculado por *Èṣù* que se estabelecia a relação entre *àiyé* – humanidade – e o *òrun* e suas entidades. Assim como *Èṣù Elébo* transporta as oferendas, também *Ikú* leva à terra aquilo que lhe pertenceu e se constitui igualmente num símbolo de restituição. Mas *Èṣù* consegue, através do pacto, fazer aceitar oferendas-substitutos que, segundo o contexto ritual, veicularão uma combinação particular de *àṣẹ*. Deve-se ter presente que qualquer que seja essa combinação, sempre uma parte dela está substituindo a vida de seres humanos. Uma frase de Maupoil (p. 345) é interessante nesse sentido: "aliás, o sacrifício (é) destinado antes de tudo a enganar a morte..."[2] E mais adiante, a respeito da substituição: "dissemos-lhe que viesse apanhar o animal para... (o nome do *òrìṣà* ao qual o animal é oferecido), não apanhe a cabeça de alguém (dentre nós)!"[3] A oferenda-substituto evita a morte prematura, permite ao indivíduo realizar plenamente seu ciclo de vida, chegar à velhice e assegurar sua imortalidade. Devolvendo e fortalecendo as entidades sobrenaturais uma parte do *àṣẹ* do qual ele mesmo se "nutre", assegura não só sua própria sobrevivência e seu pleno desenvolvimento, mas também a possibilidade de futuros nascimentos, sua própria fecundidade e prosperidade.

Através da oferenda-substituto uma comunicação se estabelece entre o *àiyé* e o *òrun*, entre as porções de matéria individualizada (os

---

2. "Par ail'eurs le sacrifice (est) destiné avant tout à tromper la mort..."

3. "Nous vous avons dit de venir prendre l'animal pour... ne prenez pas la tête de quelqu'un (d'entre nous)!"

seres do *àiyé*) e as matérias-massas. A oferenda devolve, transfere ao grande útero fecundado e, consequentemente, a ambos os progenitores míticos universais, não só seres humanos mas também tudo aquilo que existe como matéria individualizada: o que caminha, o que anda de rastos, o que voa, o que nada, o que é selvagem e o que é doméstico nos três reinos. Segundo quais critérios determinados animais, vegetais e minerais são adjudicados a cada *òrìsà*? Se cada entidade sobrenatural representa um elemento cósmico, social e individual, os itens oferendados deverão carregar a simbologia que permita restituir, por intermédio do *òrìsà*, a energia, o elemento e a função representados por ele.

Assim, por exemplo, se o *Irúnmalè* cultuado representa um elemento feminino, as oferendas deverão restituir-lhe "feminilidade" e compreender, consequentemente, fêmeas animais; se é um *òrìsà funfun*, representando o branco, as oferendas deverão veicular o branco e, consequentemente, consistir em substâncias que o simbolizam, aves de penas brancas, objetos ou substâncias brancas etc. A equação simbólica "*oferenda: irúnmalè*" geralmente aparece com bastante clareza, se bem que às vezes seja muito elaborada e muito complexa, particularmente porque a correspondência evidentemente não se explica num nível consciente, mas se destina a mobilizar os níveis mais profundos da relação indivíduo-grupo-símbolos coletivos. É indispensável possuir um conhecimento bastante completo e uma compreensão profunda dos vários aspectos simbólicos de cada *Irúnmalè* para poder interpretar qual ou quais desses aspectos da entidade cada oferenda-símbolo irá restituir. Não se trata de um ou vários itens arbitrários, mas de uma série, ou melhor, de um conjunto. Alguns itens são essenciais e insubstituíveis (a água, por exemplo), enquanto outros são complementares. Nas grandes ocasiões, tais como as obrigações cíclicas anuais, dever-se-á oferecer o conjunto mais completo possível cujas substâncias refortalecerão o *àse* das entidades e do "terreiro". É evidente que as oferendas-símbolos corresponderão ao tipo e circunstância ritual, e que, em última instância, será sempre o oráculo que indicará as oferendas apropriadas. Devemos distinguir as oferendas, por assim dizer, "normais" – os *òsè* ou oferendas semanais e os *ebo odún* ou oferendas anuais (individuais e sociais destinadas aos diversos òrìsà) – ordenadas segundo o calendário litúrgico e cuja finalidade consiste em manter e mobilizar o *egbé* e o sistema como totalidade, das oferendas de "crises" cuja finalidade é pedir ou restabelecer relações harmoniosas entre os seres do *àiyé* e do òrun, em situações de necessidade ou calamidade, individual e/ou social ou provenientes da natureza.

Se bem que a oferenda seja efetuada para beneficiar seres ou unidades em circunstâncias diversas, o mecanismo em essência é sempre o mesmo e ambos os tipos de oferendas se complementam[4]. Assinalamos que a restituição de *àse* era veiculada por oferendas-símbolos que devolviam as massas-progenitoras, as substâncias-signos que lhes permitissem gerar novas porções individualizadas, quer se tratasse de seres humanos ou de todos os "seres" dos três reinos[5]. Nesse sentido, os mesmos conflitos e soluções que regem as relações dos progenitores entre eles, entre eles e os elementos procriados, reproduzem-se em todos os domínios e com respeito a todos os seres que povoam o *àiyé* e o òrun. A combinação de oferendas-símbolos *substitui e representa* não só os seres humanos, mas também, por extensão, tudo o que se desprende dos progenitores míticos, particularmente aquelas espécies das quais se beneficia o ser humano.

A substituição pode ser individual ou coletiva. O que mais caracteriza a substituição é que ela é condensada. Um ser, um objeto ou uma substância assumem por identificação projetiva a representação de uma espécie, de um grupo, de um princípio. É um substituto e um emissário.

---

[4]. A distinção que estabelecemos se assemelha àquela que faz Evans Pritchard (1954: 21) quando escreve: "... o tipo confirmatorio que concerne sobretudo às relações sociais e o tipo expiatório que concerne principalmente ao bem-estar moral e físico do indivíduo", e mais adiante: "Não é possível separar os dois tipos. A configuração ritual é a mesma nos dois casos", "...the confirmatory type which is chiefly concerned with social relations and the piacular type which is concerned rather with the moral and physical welfare of the individual... It is not possible to keep the two classes apart. The ritual configuration is the same in both").

[5]. Um grande número de histórias dos *Odù Ifá* está destinado a animais, pedras, folhas, órgãos etc., tratados como seres. É verdade que esses seres são utilizados a título de exemplo para situações que constituem projeções de situações tipicamente humanas.

Da mesma forma como a oferenda é uma restituição propiciatória ou expiatória, que garante a continuação da vida, também o morto é uma restituição da mesma ordem, que garante o eterno renascimento. Ambos reintegram o grande útero mítico; desintegrados como unidades individualizadas, suas substâncias se reintegram em suas massas de origem.

É dessa forma que se entende que Èṣù Òjiṣẹ Elébo, o grande transportador de *ebo*, de oferenda, as entregue todas aos progenitores e, particularmente, o Ìyá-mi que, por sua vez, as distribuirá a seus descendentes. Vimos que Òṣetùwá deverá ser indefectivelmente invocado para transportar as oferendas, quaisquer que sejam as circunstâncias e propósitos das mesmas e será o único a fazê-las aceitáveis. Èṣù Elérù, o patrono do *erù*, do carrego, transportará todas as restituições a *Igbá nlá*, a terra.

> "Ce-tula (Òse-tùwá) tudo isso é para ti,
> e também para *Le*, a terra,
> qualquer que seja o lugar na terra!
> Signo que tem a posse desse carrego (sacrifício),
> oxalá te demores tanto atrás como na frente desse carrego (aceitar o sacrifício)"[6].

É como Maupoil traduz uma recitação de seu *Babaláwo* informante (1943: 564). Èṣù Olòbe, possuidor da faca, utilizá-la-á não só para separar as porções individualizadas do útero mítico, do ventre continente-de-seres, mas também para desintegrá-las. *Olòbe* é o *Asògun* – sacerdote sacrificador – da sociedade das Ìyá-mi Ajé.

Assinalamos que toda restituição traz consigo uma destruição ou desintegração de matéria individualizada. Entende-se que o *Irúnmalè* a quem se entrega uma oferenda não se "nutre" senão simbolicamente e reabsorve as substâncias-signos que mobilizarão seu *àṣe*. A interpretação de Maupoil (1943: 58) também é nesse sentido: "(o vodu) nutre-se de um símbolo, admite-se que a alma – *o ye* – das vítimas dego-

---

[6]. "*Ce-tula* tout ceci est pour toi, / c'est aussi pour *Le*, la terre, / Signe qui possède ce bagage (= sacrifice), / puisse-tu demeurer et derrière et devant ce bagage (= accepter le sacrifice)!"

ladas ou dos objetos *oferecidos e destruídos voltam a juntar-se* à divindade invocada e a tornam complacente" (o grifo é nosso)[7].

Se a expressão "alma" é ambígua, a concepção básica da oferenda-símbolo que, para reunir-se à entidade deve ser destruída, coincide com o que assinalamos mais acima. Hubert e Mauss em 1898 (p. 41) já indicavam que o momento culminante da oferenda consiste na destruição da mesma no decorrer do rito. Mas a importância fundamental dessa desintegração, e o que precisamente constitui a oferenda, é a transformação de uma vida dotada de destino independente em seus elementos coletivos; é a perda de individualização, o refortalecimento e a mobilização das forças e dos princípios coletivos.

Essa transformação "do profano em sagrado" (usando as palavras de Hubert e Mauss, 1898: 133) ou "de transmissão de *àṣẹ*" (segundo as palavras empregadas no "terreiro") é vivamente dramatizada durante o ciclo de "matança". E essa dramatização ritual estende-se de modo semelhante a todas as cerimônias no decorrer das quais se elabora a destruição, a passagem de existência individual a existência genérica. Compreendemos nessas cerimônias uma fase do ciclo de iniciação durante a qual a noviça é despojada de toda sua individualidade a fim de se integrar na sua massa de origem, para renascer como uma porção-descendente dela. A raspagem dos cabelos e a manipulação significativa das cores-símbolos fazem parte dessa elaboração[8].

O despojamento de cabelo como símbolo de desintegração individual reproduz-se quando morre a *adóṣù*; voltaremos a esse assunto mais adiante. O complexo que constitui o ritual do sacrifício, por meio do qual o *àṣẹ* é restituído, compreende uma série de ritos. As oferendas normais que se realizam durante o calendário litúrgico[9] constituem o

---

7. "(Le vodu) se nourrit d'un symbole, on admet que l'âme – le ye – des victimes egorgées ou des objetcts offerts et détruits rejoint la divinité invoquée et la réjouit".

8. Já dissemos que não trataremos sistematicamente do ciclo de iniciação no presente trabalho.

9. Uma descrição completa do calendário litúrgico do *Àṣẹ Òpó Afònjú* figura em Deoscoredes M. dos Santos, 1962.

centro e o fator regulador que estrutura os festivais anuais podendo durar vários dias ou várias semanas.

Estreitamente inter-relacionados, os diversos ritos do ciclo podem ser agrupados sucintamente em várias etapas:

1º) FASE PREPARATÓRIA:

– Consulta ao oráculo (*Ifá* ou *érindílogun*) para saber quais serão os animais, folhas ou objetos que deverão ser oferendados nessa oportunidade pelo *ẹgbé*.

– Rito celebrado no *Ilé-ibọ-akú* para comunicar aos ancestrais do "terreiro" a proximidade do festival, pedindo sua proteção.

– Colheita ritual das folhas apropriadas que, devidamente separadas e preparadas, servirão a diversos fins. O ritual de "pisar folhas" ou "cantar folhas" é uma cerimônia complexa e prolongada que incumbe a um grupo de sacerdotisas escolhidas para esse fim.

– *Borí* de cada um dos membros do *ẹgbé* que pertençam ao *òrìsà* cuja obrigação anual se celebra. As oferendas a cabeça de cada pessoa são determinadas pelo oráculo e estão destinadas a fortificar o *àsẹ* individual.

– Preparação e lavagem, com a combinação de folhas apropriadas, do "assento" principal ou coletivo – o *àjobọ* – e dos "assentos" individuais no *Ilé-òrìsà*. Esse rito é realizado na véspera do ritual de oferenda por sacerdotisas especiais, dado que o destapar e o manipular dos conteúdos dos "assentos" é, como se pode imaginar, tarefa da mais alta responsabilidade. Uma vez "arreadas" as vasilhas dos *òrìsà*, é proibida a entrada do *Ilé*, ao qual só tem acesso os altos dignitários.

2º) RITOS DE EBỌ:

– Oferenda a *Èsù*, comunicando-lhe os ritos a serem celebrados e solicitando sua colaboração indispensável.

– *Ebọ* ou "matança" que, por sua vez, compreende vários ritos realizados pelo *Asògun*, sacerdote sacrificador, secundado pelo seu *Òtún* e seu *Òsi*:

a) Colocação de água na terra e a invocação do *òrìsà* e de todas as entidades.

b) Entrega de um *obì* propiciatório, cujos segmentos servem para consultar o *òrìsà* a fim de conhecer sua disposição com respeito ao ritual e às oferendas que lhe serão feitas. Se as respostas são afirmativas, o rito pode continuar.

c) Apresentação das oferendas.

d) Oferenda de um ramo de folhas especiais ao quadrúpede que vai ser imolado. Se ele não aceitar as folhas, não pode ser sacrificado[10].

e) "Bater a cabeça": as pessoas capacitadas para entrar, tocam com sua cabeça, ou com suas mãos previamente levadas à terra e à sua testa, a cabeça do animal-substituto. Delegam assim a ele sua própria identidade – seu *orí* – participando-lhe seus pedidos de saúde e prosperidade que o animal-emissário levará consigo. A última a bater a cabeça será a *Ìyálàṣe* que delegará através de sua pessoa a de todo o *ẹgbé* e fará os pedidos em nome do "terreiro".

f) Separação da cabeça do animal de seu corpo com a faca ritual do *Aṣògun*. O primeiro sangue derramado deve tocar a terra. O resto é recolhido numa cabaça na qual previamente se colocou um pouco de água. Com uma cabacinha, retira-se pouco a pouco essa mistura de "sangue vermelho" e de "sangue branco" e derrama-se sobre o conteúdo dos "assentos", começando pelo *àjobọ*. Uma vez decepada a cabeça, retirado o *orí*, receptáculo de individualidade, ela é apresentada aos quatro pontos do universo, é oferecida e colocada no continente do *àjobọ* passando a integrar-se aos conteúdos do *òrìṣà* representado pelo seu "assento". Antes, imediatamente depois de ter derramado a mistura de "sangue branco" e "sangue vermelho", oferece-se também *epo*, "sangue vermelho" vegetal, sal, "sangue branco", e mel, "sangue das flores" (cf. p. 42s.).

À medida que os outros animais e as oferendas complementares são consagrados, serão ritualmente destruídos e suas substâncias misturadas aos conteúdos do "assento". Algumas das cabeças são colocadas em volta da cabeça do quadrúpede, assim como uma grande quantidade de penas – símbolos-descendentes – das aves sacrificadas. Essa longa cerimônia é acompanhada de cantigas apropriadas.

g) O *Aṣògun* descarrega-se de sua responsabilidade. Tocando os animais-oferendas três vezes com sua faca e com seu pé direito, depois com o pé esquerdo, ele repete que não foi ele quem os sacrificou, foi o próprio *òrìṣà* quem os sacrificou.

h) Os animais são destrinchados e todos os seus órgãos separados. Tudo é colocado num grande alguidar e novamente apresentado ao *òrìṣà* nomeando todas as partes e pedindo-lhe que as aceite.

---

10. "Trata-se de induzi-la (a vítima) a se deixar sacrificar passivamente para o bem dos homens", Hubert e Mauss (1929: 42). ("Il s'agit de l'induire (la victime) à se laisser sacrifier paisiblement pour le bien des hommes").

i) Tudo é levado para a cozinha ritual onde a *Ìyálàṣe* separa as partes contendo *àṣe* (cf. p. 40) e as cozinha. O restante da carne, também preparada, será consumida mais tarde pelos participantes da cerimônia. As comidas sagradas são, por sua vez, combinações de *àṣe* e variam segundo os *òrìṣà*. Essa comida sagrada é chamada *Iyanlé* e será colocada em vasilhas adequadas e ofertadas ao *òrìṣà* depois da celebração do *Pàdé*. O *Iyanlé* está sempre acompanhado de *akasa* – símbolo-descendente – mas desta vez desprovido de seu invólucro verde, reintegrado na massa-*àṣe* do *Iyanlé*.

3º) Restituição de Àṣe e Ṣire, Festejo:

O *òrìṣà* se "está nutrindo" com a combinação de substâncias liberadas das oferendas, que lhe restitui seu *àṣe* específico. O *egbé* se regozija. Durante a noite, os atabaques e as cantigas chamarão o *òrìṣà* para que se manifeste em suas sacerdotisas e festeje com seus descendentes. Não nos deteremos nesse aspecto, tão bem descrito por outros autores. O próprio nome de *ṣire*, festejo, dado a essa fase pública do ciclo, demonstra claramente o espírito da mesma.

4º) Repasto e "despacho" do Ẹbọ:

No dia seguinte retiram-se as comidas do *Iyanlé* que serão repartidas entre as sacerdotisas e consumidas. Todos os restos, incluindo os ossos cuidadosamente reunidos, constituem o *ẹbọ*. O Oráculo consultado indicará onde ele deverá ser depositado e, novamente, *Èsù Elébọ* se encarregará de remetê-lo a seus destinatários.

O feliz retorno do sacerdote encarregado de transportar o *ebo*, isto é, sua aceitação, marca o final do ciclo.

Insistiremos ainda em certos aspectos desse ciclo. Enquanto o animal a ser sacrificado está vivo, é obviamente um indivíduo, uma existência diferenciada, um descendente e, no contexto do ritual, um irmão, um ser-substituto da mesma categoria que cada um dos membros do *egbé* que ele representa, particularmente depois de "baterem a cabeça". Uma vez sacrificado (despojado de sua cabeça e de seu destino), suas substâncias liberadas se convertem em *àṣe*, nos três sangues princípios genéricos e, transferidas ao conteúdo do "assento", transformam-se e são restituídas à massa, convertem-se e integram o próprio òrìsà. O "assento" do òrìsà, depois de uma "matança", com sua vasilha-continente eriçada de cabeças, de penas e substâncias, parece realmente um potente e dramático ventre pleno de porções de vida.

Consumindo o *Iyanlé*, a comida-massa-*àse*, as sacerdotisas compartilham as substâncias-símbolos do *àse* do òrìsà, compartilham sua força e suas qualidades, fortalecendo seu *àse* individual.

Não está em nossa intenção tomar parte na polêmica levantada por Evans Pritchard (1954) sobre o significado de pacto, de dom ou de comunhão do sacrifício, aspectos que não são contraditórios e que dependem da circunstância específica e do propósito da oferenda. O que queremos ressaltar é o significado de restituição e de redistribuição de *àse* e a consequente dinâmica do sistema, através das sucessivas transformações de existência genérica em existência individualizada e vice-versa, ou, se se quer, através da morte e do renascimento.

Da mesma maneira, uma vez cumprido seu ciclo de vida, cada ser humano se desintegra para restituir-se em parte às massas progenitoras e reforçar o *àse* das mesmas. Quanto mais a vida de um ser humano terá sido útil e profícua para a comunidade, mais seu *àse* será poderoso. Outra parte de seu *àse* será reencarnada em seus descendentes diretos. No caso das *adósù*, dependendo de sua hierarquia, parte de seus componentes representados por seus "assentos" podem permanecer no *àiyé* e ser venerados. Mas lembremos que seus "assentos" representam os elementos individuais do òrun da sacerdotisa; seus elementos do *àiyé* serão indefectivelmente reabsorvidos pelas massas genitoras, pelos três princípios genéricos. Para possibilitar essa passagem sem contratempos, ritos mortuários são celebrados nos "terreiros" tradicionais cujo ciclo completo é denominado *Àsèsè*.

A complexidade e os pormenores desse ciclo variam de acordo com o *status* da *adósù* e com o oráculo que determinará os caminhos que deverão ser dados aos diversos componentes que integram o indivíduo.

Já indicamos que o corpo – *ara* – que fora modelado com uma porção de lama deverá reintegrar-se à terra, *Igbá* ou *Igbá-nla*. Para que isso seja possível, deverá proceder-se a retirar do mesmo traço de individualidade.

Falecida a *olórìṣà*, qualquer que seja sua hierarquia, deverá proceder-se a retirar seu *oṣù* por meio do qual, precisamente, a individualização, o nascimento da *adóṣù* foram possíveis. Um sacerdote altamente preparado manipulará sua cabeça de maneira que retire os cabelos do lugar onde o *oṣù* fora implantado; esses cabelos, com outras substâncias apropriadas que se passam nesse lugar, formarão um conteúdo que, cuidadosamente enrolado em algodão (símbolo de existência genérica), será depositado num lugar previamente consultado para que *Èṣù Elẹ́rù* os leve[11].

No momento em que o ser humano expira, seu *èmí*, seu princípio de existência genérica, desprende-se do corpo e retorna ao *òrun*. A respiração que constitui o *èmí* reintegra-se assim na massa de ar que lhe deu origem. Algumas histórias contam que os *èmí*, imperecíveis, se acumulam numa certa região do *òrun* para corporizar-se em novos indivíduos.

Uma vez enterrado, o corpo se decompõe, suas partes úmidas reintegram-se nas águas contidas na terra, sua carne e suas partes obscuras são absorvidas pela terra e suas partes brancas integram o giz. O corpo se transforma e passa a integrar os elementos genéricos ou princípios fundamentais representados pelo branco, o vermelho e o preto. Algum tempo depois do enterro, o *Àsèsè* começa no "terreiro". Como o fizemos para o ciclo do sacrifício, resumiremos o do *Àsèsè* em várias etapas. Assistem a ele os membros do *ẹgbẹ́* e os parentes do morto.

1º) FASE PREPARATÓRIA:

Desde que o falecimento de uma *adóṣù* do "terreiro" é conhecido, procede-se a levantar um pequeno recinto provisório, coberto de folhas de palmeira, junto ao *Ilé-ibo-akú*.

---

11. Verger (1971: 6) indica que, entre os *Yorùbá*, o corpo do morto é lavado com uma água utilizada "numa forja para esfriar os ferros do ferreiro" (dans une forge pour refroidir les fers du forgeron), para apagar, simbolicamente, todas as tatuagens ou cicatrizes que, feitas com ferramentas, só assim poderão ser apagadas. Diríamos que se trata de um outro modo de eliminar tudo aquilo que representa qualquer marca de individualidade.

A Ìyálàṣe, secundada por outra sacerdotisa, procede ao levantamento ritual dos "assentos" individuais pertencentes à falecida assim como todos seus objetos sagrados e tudo é depositado no chão no recinto provisório, distante dos Ilé-òrìṣà. As quartinhas que continham água são esvaziadas e emborcadas.

2°) ÀṢÈṢÈ: OS CINCO PRIMEIROS DIAS:

O ritual Àṣèṣè dura sete dias consecutivos. Durante os cinco primeiros dias as mesmas cerimônias se repetem exatamente, segundo a seguinte sequência:

a) Todos os membros do egbé, rigorosamente vestidos de branco, reúnem-se, no barracão, ao pôr do sol, para celebrar o Pàdé tal qual o descrevemos (cf. p. 213ss.). No início, o espírito do morto é invocado junto com Èṣù e todas as entidades.

b) Terminado de cantar o Pàdé, o egbé coloca-se em volta da cuia vazia que ocupa o centro da sala, deixando sempre uma passagem de saída para o exterior. Neste momento, um dos sacerdotes encarregados do ritual que se vai desenrolar no Ilé-akú e no recinto exterior onde foram depositados os "assentos" e os objetos da falecida, traz uma vela, coloca-a ao lado da cuia e a acende.

c) Todos os presentes enrolam suas cabeças com torços brancos e cobrem cuidadosamente o corpo com um grande ojá branco. No momento em que se acende a vela, supõe-se que o espírito do morto se encontre na sala representado pela cuia. Um longo rito vai desenrolar-se, começando pela Ìyálòrìṣà, seguida em ordem hierárquica por cada uma das sacerdotisas de grau elevado e finalmente por grupo de dois a dois das noviças. Cada uma saúda o exterior, a cuia, os presentes e dança em volta da cuia colocando moedas que passam previamente por sua cabeça, delegando sua própria pessoa ao morto. Ao mesmo tempo, despede-se do morto, com cantigas apropriadas. A primeira cantiga entoada pela Ìyálòrìṣà é uma reverência a todos os Àṣèṣè que, como já dissemos, são os primeiros ancestrais da criação, o começo e a origem do universo, de uma linhagem, de uma família, de um "terreiro". A venerável morta, a adóṣú que merece essa cerimônia e é seu objeto, converter-se-á também num Àṣèṣè.

A Ìyálàṣe saúda:

Àṣèṣè, Àṣèṣè O!   Àṣèṣè, oh! Àṣèṣè
1. Àṣèṣè mo juga.   Àṣèṣè, eu lhe apresento meus
   humildes respeitos, oh!

Àsèsè, Àsèsè O!	*Àsèsè*, oh! *Àsèsè*
	Àsèsè, eu venero e saúdo os mais
2. *Àsèsè o ku Agbà o!*	Antigos, oh!
Àsèsè, Àsèsè O!	*Àsèsè*, oh! *Àsèsè*
3. *Àsèsè, érú ku Àgbà O!*	*Àsèsè*, a escrava saúda os mais
	Antigos, oh!
Àsèsè, Àsèsè O!	*Àsèsè*, oh! *Àsèsè*

É o seguinte o texto da segunda cantiga:

Bíbí bíbí lo bí wá	Nascimento do nascimento que nos trouxe ao mundo.
Ode Arolé lo bí wá	Ode Arolé (*Òsôsì*) nos trouxe ao mundo

Saudando particularmente Òsôsì que, como já dissemos, é o ancestre mítico fundador dos "terreiros" *Kétu* e, consequentemente, *Àsèsè* dos filhos do "terreiro".

Todos os presentes estão obrigados a despedir-se do morto e delegar-se nele por meio das moedas que colocam na cuia-emissário.

d) Quando todos os presentes prestaram suas homenagens e despediram-se do morto, formam uma roda e todo o *egbé* e os parentes do morto entoam, entre outras, a cantiga:

1. *Ò tó 'rù egbé*	Ele alcançou o tempo (de converter-se) no *erú egbé* (o carrego que representa o *egbé*).
Ma sokún omo	Não chore, filho.
Olórò ma sokún	Oficiante do rito, não chore.
Ò tó 'rù egbé	Alcançou o tempo (de converter-se) no carrego (no representante) do *egbé*.
Ma sokún omo	Não chore, filho.
2. *Égún ko gbe eyin o!*	Que *Égún* nos proteja a todos!
Ekikan ejare	Proclamai o que é justo.
	que *Àgbà Òrìsà* nos proteja a todos!

Àgbà Òrìsà ko gbe ni másè   Proclamai (que) foi enterrado um
                                    dos seus, que foi para o *òrun*.
Ekikan esin enia niyi r'òrun   (Isto quer dizer, falai alto, com
                                    justa razão, porque enterraram
                                    alguém venerável que irá ao *òrun*).

A roda se desfaz e cada um volta para seu lugar.

e) Algumas *adósù* trazem vasilhas com comidas especialmente preparadas para essa ocasião e as colocam ao lado da cuia. Junto também é colocado um *obì*.

f) Os sacerdotes vêm e levantam ritualmente a cuia cheia de moedas, apagam a vela e transportam tudo, também o *obì* e as comidas, para o recinto especial exterior, onde tudo é colocado junto aos objetos que pertenceram ao morto.

g) Os membros do *egbé*, na sala, descobrem suas cabeças, enrolam o pano branco por baixo dos braços e formam uma segunda roda, saudando e homenageando os *òrìsà*. Acabada essa parte da cerimônia, eles se cobrem novamente e continuam a roda cantando uma última cantiga de adeus ao morto.

3º) ÀSÈSÈ: SEXTO E SÉTIMO DIAS:

O ritual do sexto e sétimo dias é o ponto culminante do ciclo. No crepúsculo canta-se o *Pàdé* e continua-se como nos dias precedentes até a fase. Seguem-se os seguintes ritos:

a) Ao pé das comidas e do *obì* colocam-se, ao lado da cuia, os animais que vão ser oferecidos de acordo com o *àse* do morto.

b) Um sacerdote vem do exterior e põe no punho esquerdo de todos os assistentes pequenas tiras de *màrìwò*. É isso que os identifica como filhos do "terreiro" e os protege.

c) Os membros do *egbé* retomam seus lugares e esperam ser avisados do fim do rito que se desenrola do *Ilé-ibo*.

d) Nesse meio-tempo os sacerdotes preparam o chamado final do morto. Trazem tudo: "assentos", objetos pertencentes ao morto, cuia, comidas e animais para o *Ilé-ibo-Akú*. Traçam no solo de barro batido um pequeno círculo com areia, e por cima um círculo com cada uma das três cores símbolos. É um *ojúbo* provisório, em que se invoca o morto. No meio dele parte-se o *obì* e, com seus segmentos, consulta-se o oráculo sobre a destinação a ser dada a cada um dos objetos e "assentos" do morto. Se se trata de uma sacerdotisa de grau elevado, às vezes acontece que o "assento" de seu òrìṣà fique no "terreiro" para ser adorado, com a condição de que o morto, consultado, esteja de acordo. Também pode querer deixar alguns objetos de uso pessoal, determinadas joias ou emblema a um parente ou a uma irmã do "terreiro". O resto, o que o morto não deixa para ninguém, em especial seu *Bara*, seu *Ìpòrí*, é posto em volta do pequeno círculo assim como as três vasilhas novas de barro, que descrevemos falando do "assento" dos *égún* das *adóṣù* (cf. p. 233s.). Se o morto pertence à cúpula do "terreiro" ou possui méritos excepcionais, as três vasilhas são separadas para se proceder mais tarde a seu "assentamento" no *Ilé-ibo-Akú*. Caso contrário, que é a maioria, as três vasilhas são colocadas junto aos que circundam o *círculo-ojúbo*. O sacerdote do grau mais elevado invoca o morto três vezes, batendo no solo com um *ìsan* novo preparado com uma grossa tala de palmeira. Invoca-se para que venha apanhar seu carrego, para que o leve e se separe para sempre do *egbé* e do "terreiro".

Insiste-se e, na terceira invocação, o morto responde e simultaneamente tudo é destruído, quebrado com o *ìsan*, rasgando-se vestimentas e colares. Os animais são imolados e colocados por cima dos restos destruídos, onde se coloca parte das moedas que se esparramaram ao quebrar a cuia, e os *màrìwò* que, retirados dos punhos, irão juntos com os despojos do morto. Coloca-se por cima o punhado de terra, com a areia e as três substâncias-cores recolhidas oportunamente. Um grande carrego é preparado: é o *erù* e sacerdotes especialmente preparados levarão a perigosa carga para lugar especificado pelo oráculo para que *Èṣù Elérú* disponha dele.

e) Um sacerdote previne o *egbé* que, em silêncio, esperava na sala. Todos se levantam e saúdam a saída do *erù-ikú*:

| *Gbe 'rú le mã lọ* | O carrego da casa está saindo |
| *a fi bo* | cubram-nos. |

f) Todos os participantes esperam em silêncio a volta dos sacerdotes que, ao seu regresso, irão, em primeiro lugar, prestar conta de sua missão aos ancestrais no *Ilé-ibo-Akú*. Em seguida, virão à sala para comunicar o feliz término de sua missão.

O *egbé* forma uma roda, canta saudando os *òrìṣà*, e dois cantos finais despedindo-se do morto.

| *Iku o!* | Oh! Morte, |
| *Iku o gbe lọ* | Morte o levou consigo |

O gbe, dide k'o jo	Ele partiu, levantem-se e dancem
Eku O!	Nós o saudamos!
Òdigbõṣe O!	Adeus!

g) No entardecer do sétimo dia, canta-se o *Pàdé* de encerramento e, em seguida, procede-se ao sacudimento, isto é, a lavar, varrer e sacudir todos os *Ilé* e a sala, com ramos de folhas especiais.

O *àṣe* da *adóṣù* passou a integrar o do "terreiro". Se a pessoa falecida é a *Ìyálàṣe*, deverá proceder-se a "retirar" sua mão de todos os objetos, todos os membros do *egbé* deverão executar uma cerimônia individual, semelhante ao *borí*, celebrada pela *Ìyálàṣe* substituta. Durante esse rito, ela pousará a mão sobre o *orí* de cada um dos membros do *egbé*, transferindo-lhes seu próprio *àṣe*.

Se o grau da *adóṣù* falecida o permite, e se a resposta do oráculo o confirma, uma vez preparado o carrego, o *ibo* desta será preparado ritualmente com as três vasilhas novas de barro. Um *àpéré* especialmente aprontado com uma combinação de folhas apropriadas é colocado diretamente sobre a terra no *Ilé-ibo* no lugar em que será implantado o "assento" formado com os três recipientes; coloca-se junto uma quartinha com água e tudo é recoberto com pano branco (cf. p. 232ss.). Cumprido um ano, uma oferenda especial será feita e a sacerdotisa falecida passará a fazer parte dos mortos e dos ancestrais venerados no *Ilé-ibo-Akú*, *Àṣèṣè* protetores do "terreiro".

Uma cantiga entoada na terra *Yorùbá* diz:

Ìyá mi, Àṣèṣè!	Minha mãe é minha origem!
Baba mi, Àṣèṣè!	Meu pai é minha origem!
Olórun un mi Àṣèṣè o o!	*Olórun* é minha origem!
Ki ntoo bo òrìṣà à è.	Consequentemente, adorarei minhas origens antes de qualquer outro *òrìṣà*.

E no "terreiro" invoca-se:

Gbogbo Àṣèṣè tinu ara.	Todos (o conjunto dos) *Àṣèṣè* no interior de nosso corpo... (Do "terreiro").

Sem *Àsèsè*, não há começo, não há existência. O *Àsèsè* é a origem e, ao mesmo tempo, o morto, a passagem da existência individual do *àiyé* à existência genérica do *òrun*. Não há nenhuma confusão entre a realidade do *àiyé* – o morto – e seu símbolo ou seu doble no *òrun* – o *Égún*. Há um consenso social, uma aceitação coletiva que permite transferir, representar e materializar num sistema simbólico complexo a *realidade cultural Nàgô* da existência simultânea do *àiyé* e do *òrun*, da vida e da morte. O *àse* integrado pelos três princípios-símbolos e veiculado pelo princípio de vida individual manterá em atividade a engrenagem complexa do sistema e, através da ação ritual, propulsionará as transformações sucessivas e o eterno renascimento.

REFERÊNCIAS

ABIMBOLA, W. (Out. 1971). "The Yorùbá Concept of Human Personality", trabalho apresentado no Coloque International sur *La notion de personne en Afrique Noire,* C.N.R.S.

_____ (1969). *An Exposition of Ifá Literary Corpus,* thesis for the Degree of Doctor of Philosophy at the University of Lagos.

_____ (Jan. 1965). "The place of Ifá in Yorùba Traditional Religion". *African Notes,* vol. 2, n. 2, Ibadan.

ABRAHAM, R.C. (1958). *Dictionary of Modem Yoruba.* Londres: University of London Press.

_____ (1950). *A Dictionary of the Yoruba Language.* Oxford: OXFORD: Oxford University Press.

ALVARENGA, O. (1950). *Catálogo Ilustrado do Museu Folclórico.* São Paulo.

ANÔNIMO, A.O.F. *Les Arts, les Métiers, la Littérature, la Musique de l'Afrique Noire.* Edité par le Commissariat de l'A.O.F. à l'Exposition Internationale de Paris, p. 7, photog.

ANÔNIMO (1933). "Coutumes Nago et Djedj" (Cercle de Porto Novo). In: *Coutumiers Juridiques de l' A.O.F.,* t. III. Paris: Larose, Public, du Com. d'Et. Hist. et Scient, de l'A.O.T., série A, n. 10, 1939; p. 492 à 494, 497, 505, 506, 518, 520.

ARMSTRONG, R. (s.d.). *The Study of West African Languages.* Ibadan, Nigéria: Ibadan University Press.

BABALOLA, S.A. (1966). *The Content and Form of Yorúbá Ijala.* Oxford University Press.

BASCOM, N.R. (1969). *Ifá Divination, Communicction between Gods and Men in West Africa.* [s.l.]: Indiana University Press.

BASTIDE, R.(1961). *O Candomblé da Bahia* (Rito Nagô). São Paulo: Brasiliana.

_____ (1954). "L'axêxê". In: *Les Afro-Américains.* Ifan, p. 105-110.

_____ (1953). "Estudos Afro-Brasileiros", 3ª série. *Boletim 154* da Faculdade de Filosofia, Ciências e Letras da Universidade de São Paulo, 104 p.

_____ (1945). *Imagens do Nordeste Místico em Branco e Preto.* Rio de Janeiro, 247 p.

BEIER, V. (1957). "Osun Festival". *Nigeria,* n. 53.

_____ (1956). "Gelede Masks". *Odu* n. 6, p. 5-24.

_____ (1956). "The Egungun Cult". *Nigeria,* n. 51.

_____ (1956). "Le sens historique et le sens psychologique du mythe Yoruba". *Présence Africaine,* VIII, p. 125-132.

BEILDEMAN, T.O. (1961). "Right and Left Hand among the Kaguru: A Note on Symbolic Classification". *Africa,* V. XXXI, 3.

BIOBAKU, S.O. (1956). "Les mythes et la tradition orale". *Présence Africaine,* VIII, p. 120-125.

_____ (1949). "Ogboni, the Egba Senate". *3rd International West African Conference.*

BITT-THOMPSON (Sir F.W.) (1929). *West African Secret Societies.* Their organisation, officials and teaching. (B.M. 010.006.f.36). Londres: H.F.B.G. Witherby.

BOUCHE (Abbé Pierre-Bertrand) (1885). "*Sept ans en Afrique Occidentale.* La Côte des esclaves et le Dahomey". Paris: Pion, Nairrit & Cie.

BOWEH, Rev. T.J. (1958). *A Grammar and Dictionary of the Yoruba Language.* Washington: [s.e.].

BURTON (Sir R.F.) (1864). *A Mission to Gelele King of Dahomey.* 2 vol. 2. ed. Londres: [s.e.].

CABRERA, L. (1954-1968). *El Monte*. 1. ed. La Habana, 1954; 2. ed., Miami, 1968.

CARNEIRO, E. (1961). *Candomblés da Bahia*. Rio de Janeiro: Conquista.

_____ (1948). *Candomblés da Bahia*. Bahia: Publicações do Museu do Estado.

CASTELNAU, F. de (1856). *Rense gnement sur l'Afrique Centrale et sur une nation d'hommes à queue qui s'y trouverait, d'après le rapport des nègres du Soudan, esclaves à Bahia*. Paris.

CLAPPERTON, H. (1829). *Journal of a Second Expedition into the Interior of Africa from the Bight of Benin to Saccatoo*. Londres: John Murray.

COSSARD, G. (1970). *Contribution à l'étude des Candomblés du Brésil. Le rite Ango a*, thèse 3éme cycle.

COSTA EDUARDO, O. da (1946). "Three-Way Religious Acculturation in a North Brazilian City". *Afroamerica*. Journal de l'Institut International d'Etudes Afro-américaines. México: Fondo de Cultura Económica, p. 81-90.

CROUTHER (1852). *A vocabulary of the Yoruba Language*. Londres: [s.e.].

DA CRUZ, C. (1954). "Les instruments de musique dans le Bas-Dahomey". *Etudes Dahoméennes*. Porto Novo, XII Ifan.

DALZEL, A. (1793). *The History of Dahomey and Inland Kingdom of Africa*. Londres: [s.e.].

D'AVEZAC-MACAYA, A. (1845). *Notice sur le pays et le peuple des Jebous en Afrique*. Paris: Mémoire de la Sté. d'Ethnologie.

DENNET, R.E. (1906). *At the Back of the Black Men's Mind*: or Notes on the Kingly Office in West Africa. Londres: [s.e.].

DOS SANTOS, D. M. (1968). "Um negro baiano em Ketú". *Jornal A Tarde*. Bahia, 30/3/1968.

_____ (1966). "Festa da Mãe d'Água em Ponta de Areia-Itaparica". *Revista Brasileira de Folclore*. Campanha de Defesa do Folclore Brasileiro, Ano VI, n. 14, Rio de Janeiro.

_____ (1966). *Por que Oxalá usa Ekodidé*. Cavalheiro da Lua, Bahia.

_____ (1963). *Contos Nagô*. Rio de Janeiro: G.R.D.

_____ (1962). *Axé Opâ Afonfá*. Rio de Janeiro: Instituto Brasileiro de Estudos Afro-Asiáticos.

_____ (1961). *Contos Negros da Bahia*. Rio de Janeiro: G.R.D.

_____ (1950). *Yorùbá tal qual se fala*. Bahia: Moderna.

ELBEIN DOS SANTOS, J. (1966). "Hierofanías Estéticas". *Diário de Noticies,* Suplemento, Salvador-Bahia, agosto.

_____ (1965). "Afro Brazilian Rites". *Americas*, junho.

ELBEIN DOS SANTOS, J. & DOS SANTOS, D.M. (1972). "Pan de investigaciones sobre el terreno para el Programa de Estúdios Africa-America". *Reunion de Expertos sobre los Aportes Culturales Africanos en América Latina y la zona dei Caribe*. Paris: Unesco, agosto.

_____ (1971 A). *"Èsù Bara Láróyè"* – A comparative study. Institute of African Studies, University of Ibadan.

_____ (1971 B). *"Èsù Bara* Principle of Individual Life in the *Nàgó System"*. Paris: CNRS [Trabalho apresentado no Colloque International sur *La Notion de Personne en Afrique Noire*].

_____ (1970). "La Religion *Nago* Génératrice et Réserve de Valeurs Culturelles au Brésil". Colloque International sur *Les Valeurs de Civilisation de la Religion Traditionnelle de l'Afrique Noire*. Cotonu, S.A.C. et Unesco.

_____ (1969). "Ancestor Worship in Bahia: the Égun-cult". *Journal de la Société des Américanistes*. T. LVIII, Paris.

_____ (1968). "The Iko of Obaluaiye's Possession Rites in Bahia". Paris: CNRS, out. [Trabalho apresentado no Colloque International sur *Les Cultes de possession*].

_____ (1967). *West Africa Sacred Art and Rituals in Brazil*. Inst. African Studies, University of Ibadan.

ELISEU DO BOMFIM, M. (1940). "Los ministros de Xangô". In: *O Nego no Brasil*. Rio de Janeiro: Civilização Brasileira [Trabalhos apresentados no 2º Congresso Afro-Brasileiro].

ELLIS, A.B. (1894). *The Yoruba-speaking Peoples of the Slave Coast of West Africa.* Londres: [s.e.].

EPEGA, Rev. D. Anadele (1931). *The Mystery of the Yoruba Gods.* Lagos: [s.e.].

EVANS PRITCHARD, E.E. (1954). "Nuer Spear Symbolism". *Anthropological Quarterly,* 26, p. 1-19.

_____ (1954). "The Meaning of Sacrifice among the Nuer". *The Journal of the Royal Anthropological Institute,* V. 84.

_____ (1951). "Some Features and Forms of Nuer Sacrifices". *Africa,* 21, p. 112-121.

FADIPE, L.A. (1970). *The Sociology of the Yoruba.* Ibadan: Ibadan University Press.

FAGG, N. & WILLET, F. (1960). "Ancient Ife, an Ethnographical Summary". *Odu,* 8, p. 21-35.

FARROW, S.S. (1926). *Faith, Fancies and Fetich, or Yoruba Paganism.* Londres: [s.e.].

FERENCZI, S. (1950). "Symbolism". *Sex in Psychoanalisis.* Nova York.

FORD, D. (1951). *The Yoruba-Speaking Peoples of South-Western Nigeria.* Londres: [s.e.].

FORTES, M. (1966). "Totem and Taboo". *Proceedings of the Royal Anthropological Institute.* Londres.

FRIKEL, P. (1940-1941). "Die Scelenlehre des Gege und Nago". *Santo Antonio.* Bahia.

FROBENIUS, L. (1913). *The voice of Africa.* 2 vols. Londres: [s.e.].

HARPER, P. (1970). "The Role of Dance in the Gèlèdé Ceremonies of the Village of *Ijió*". *Odu,* Novas Séries, n. 4.

HAZOUME, P. (1937). *Le Pacte de Sang au Dahomey.* Paris: Institut d'Ethnologie.

HERSKOVITS, M.J. (1949). Em colaboração com Waterman, R.A., "Música de culto Afrobahiana". *Revista de Estudios Musicales,* I, 2, Mendoza.

_____ (1944-1946). "Drums and Drummers in Afro-Brazilian Cult Life". *The Musical Quarterly*, XXX, 4, 1944, trad. port. sob o título de: "Tambores e tamborileiros no culto afro-brasileiro". *Boletim Latino-Americano de Música,* VI, Rio de Janeiro, 1946.

_____ (1943-1944). "The Southernmost Outpost of New World Africanism". *American Anthropologist*, 45,4 (1943), trad. port. sob o título de: "Os pontos mais meridionais dos Africanismos do Novo Mundo". *Revista do Arquivo Municipal,* IX, São Paulo 1944.

_____ (1938). *Dahomey an ancient West African Kingdom.* 2 vols. Nova York: J.J. Augustin.

HOUIS, M. (1972). Littérature de Style Ora. *La Grande Encyclopédie Larousse*, vol. 2.

_____ (1971). *Anthropologie Linguistique de l'Afrique Noire.* Paris: Presses Universitaires de France.

HUBERT, H. & MAUSS, M. (1898). "Essai sur la nature et la fonction du sacrifice". *Année sociolog.*, 2, p. 29-138.

IDOWU, Rev. E. Bolaji (1962). *Olodumare God in Yoruba belief.* Londres: [s.e.].

JOHNSON, Bishop James (1899). *Yoruba Heathenism.* Londres: [s.e.].

JOHNSON, Rev. S. (1921). *The History of the Yoruba.* Londres: [s.e.].

KOELLE, Rev. S.W. (1854). *Polyglotta Africana.* Londres: Church Missionary Houses.

LANDES, R. (1940). "Fetish Worship in Brazil". *The Journal of American Folklore*, 53.

LANGER, S. (1951). *Philosophy in a New Key.* [s.l.]. Harvard University Press.

LAOYE, I., Timi of Ede. (1959). "Yorùbâ drums". *Odu,* n. 7, Ministry of Education, Ibadan, p. 5-14.

LASEBIKAN, E.L. (1956). "The tonal structure of Yoruba poetry". In: Le 1er Congrès International des Ecrivains et Artistes Noirs, *Présence Africaine,* número especial, Paris.

LE HERRISSÉ, A. (1911). *L'Ancienne Royaume du Dahomey*: Moeurs, Religion, Histoire. Paris: Emile Larose.

LIMA, J. (1952). "Folclore Baiano, três ensaios", Bahia, s.d., 2. ed., com o título de: *A Festa de Egun,* Bahia.

LUCAS, O. (1948). *The Religion of the Yorubas.* Lagos: CMS Bookshop.

MAUPOIL, B. (1943). *La Géomancie à l'ancienne Côte des Esclaves,* Institut d'Ethnologie. Paris: Musée de l'Homme.

MAUSS, M. (1923). "Essai sur le Don, forme et liaison de l'échange dans les sociétés archaïques". *Année Sociol.,* N.S.I.

McCLELLAND, E.M. (1966). "The Significance of Number in the Odu of Ifá". *Africa,* vol. XXXVI, n. 4.

MENDONÇA, R. (1940). "O Negro e a Cultura no Brasil", in *O Negro no Brasil,* trabalhos apresentados no 2º Congresso Afro-Brasileiro (Rio de Janeiro, Civilização Brasilerra Edit.).

MERCIER, P. (1959). Em colaboração com LOMBARD, J. *Guide du Musée d'Abomey.* Cotonou: Ifan.

_____ (1954). "The Fon of Dahomey". *African World,* Londres: Darryl Forde.

_____ (1950). "Notice sur le peuplement Yoruba au Dahomey-Togo". *Etudes Dahoméennes,* IV, Porto Novo.

MERRIAN, A. (1959). "African Music". In: *Continuity and Change in African Culture,* Chicago. [Org. W.R. Bascom e M.J. Herskovits].

MORTON-WILLIAMS, P. (1960). "Yoruba Responses to the fear of death". *Africa,* V. XXX, n. 3.

_____ (1960). "The Yoruba Ogboni Cult in Oyo". *Africa,* XXX, n. 4.

MOULERO, R.P. (1964). "Histoire et Légende des Chabé (Savé)". *Etudes Dahoméennes,* Irad.

ODGEN, C.K. & RICHARDS, I.A. (1923). *The Meaning of Meaning,* Londres: Kegan Paul.

OGUNBIYL, A. (1959). *Iwe Itan Ifá, Agbigba, Iyanrin Tete ati Owo Erindilogun* [s.n.t.].

OJO, C.J.A. (1967). *Yoruba Palaces*. Londres: University of London Press.

ORTIZ, F. (1952). *Los Instrumentos de la Música Afrocubana* [s.n.t.].

PARKINSON, J. (1908-1909). "Yoruba Folk-Lore". *Journal of the African Soc.,* Londres.

PARRINDER, E.G. (1956). *The Story of Ketu an Ancient Yoruba Kingdom*. Ibadan: Ibadan University Press.

_____ (1953). *Religion in an African City,* O.U.P.

PEARSON, D. (1942). "O Candomblé da Bahia". *Guairá,* Curitiba.

PICTON, J. (1968). "Concerning God and Man in Igbira". *African Notes,* Bulletin Inst. African Studies, Universidade de Ibadan, v. 5, n. 1, p. 33-37.

_____ (1964-1965). Notas de campo arquivadas no *Museum of Antiquities*. Lagos: Onikan.

QUERINO, M. (1938). *Costumes africanos no Brasil*. Rio de Janeiro: Civilização Brasileira.

RAMOS, A. (1943). *Anthropologia Brasileira,* I. Rio de Janeiro: [s.e.].

RIBEIRO, R. (1952). *Cultos Afro-Brasileiros do Recife:* Um Estudo de Ajustamento Social, Boletim do Instituto Joaquim Nabuco, Número especial, Recife.

RIO, João do (Paulo Barreto). (1951). *As religiões no Rio*. Rio de Janeiro: Nova ed.

RODRIGUÉ, E. & RODRIGUÉ, G.T. de. (1966). *El Contexto del Proce Analítico*. Buenos Aires: Paidós.

RODRIGUES, N. (1953). *O animismo fetichista dos negros baianos*. Rio de Janeiro: Civilização Brasileira.

_____ (1932). *Os africanos no Brasil*. São Paulo: Cia. Edit. Nacional.

RUSSEL, W.J. (1965). "Uma nova contribuição para a história da escravatura". *A Tarde,* Salvador-Bahia.

SASTRE (1957). "Liturgie romaine et négritude". In: *Des prêtres noirs s'interrogent*. 2. ed. Paris: Editions du Cerf.

SEGAL, H. (1957). "Notes on Symbol formation". *Journal of Psychoanalysis,* T. XXXVIII, 6.

SELJAN, Z. A.O. (1967). *Yemanjá e suas lendas.* Rio de Janeiro: Record.

STONE, R.H. (1965). *The Yoruba Lore and the Universe.* Institute of Education, University of Ibadan.

TALBOT, P.A. (1926). *Peoples of Southern Nigeria.* 4 vols. Londres: [s.e.].

TERREAU & HUTTEL, Drs. (1950). "Monographie du Hollidge". *Etudes Dahoméennes,* II e III. Porto Novo: Ifan.

THOMPSON, Prof. R.F. (1971). *Black Gods and Kings*: Yoruba Art at U.C.L.A., U.C.L.A. Art Gallery, Museum and Laboratories of Ethnic Arts Technology. Los Angeles.

_____ (1970). "The Sign of the Divine King". *African Arts,* III, 3.

_____ (1969). *Yoruba Beaded and Brass Crowns,* An Artistic Image of Leadership.

TRAUTMANN, R. (1939). *La Divination à le Cóte des Esclaves et à Madagascar.* Mémoires de l'Institut Français d'Afrique Noire, n. 1. Paris: Larose.

TURNER, V. (1967). *The Forest of Symbols.* Aspects of Ndembu Ritual. Nova York: Cornell University Press.

VERGER, P. (1972). "Automatisme Verbal et Communication du Savoir chez les Yoruba". *L'Homme,* V. XII, Cahier 2.

_____ (1971). "Notion de Personne et Lignée Familiale chez les Yoruba". Paris: CNRS [Trabalho apresentado no Colloque International sur la *Notion de Personne en Afrique Noire*].

_____ (1968). *La Société egbe-orun des abiku,* les enfants qui naissent pour mourir maintes fois, *Bull. Ifan,* vol. 30, série B, n. 4.

_____ (1965). "Grandeur et Décadence du Culte de Iyàmi Òsòròngà". *Journal de la Société des Africanistes*, T. 35.

_____ (1957). *Notes sur le culte des Òrosà et Vodun.* Mémoires de l'Institut Français d'Afrique Noire, n. 51, Dakar.

_____ (1956). "The Yoruba High God". In: *Odu,* vol. 2, n. 2. Ibadan: University of Ifé/Oxford University Press.

VIANA FILHO, L. (1946). *O negro na Bahia.* Rio de Janeiro/São Paulo.

WESCOTT, J. (1962). "The Sculpture and Myths of Eshu-Elegba, the Yoruba Trickster". *Africa,* vol. XXXII, n. 4.

WESCOTT, J. & MORTON WILLIAMS, P. (1962). "The Symbolism and Ritual Context of the Yoruba Laba Shango". *Journal of the Royal Anthropological Institute,* XCII, pt. I.

WILLETT, F. (1966). "On the Funeral Effigies of Owe and Benin and the Interpretation of the Life Size Bronze Heads from Ife, Nigeria". *Man,* Novas Series, I, 1.

WILLIAMS, D. (1964). "The Iconology of the Yoruba Edan Ogboni". *Africa,* XXXIV.

ICONOGRAFIA

Fig. 1 (esquerda)
e 2 (direita) –
As unidades dinâmicas

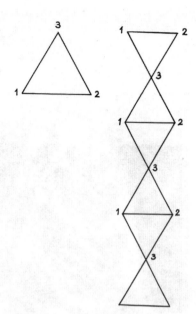

Fig. 3 – *Borda talhada do Ọ̀pọ́n-Ifá
mencionado na p. 76-77*

Fig. 4 – *Cone, símbolo
do crescimento*

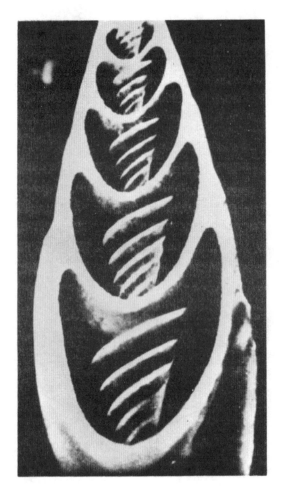

Fig. 5 – *Processo de crescimento do Òkotò, caracol-símbolo de* Èṣù

Fig. 6 – *Os quatro pontos do universo:*

A: *ìyọ-õrùn:* o nascente

B: *ìwọ̀-õrùn:* o poente

C: *ọ̀tún-àiyé:* a direita do mundo

D: *òsì-àiyé:* a esquerda do mundo

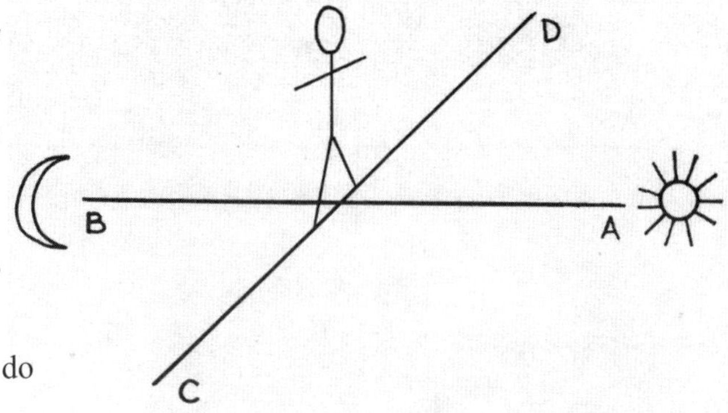

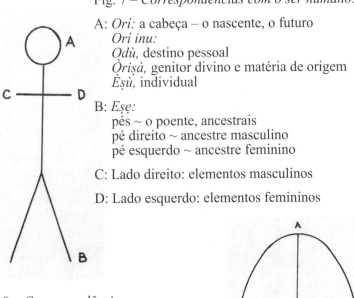

Fig. 7 – *Correspondências com o ser humano:*

A: *Orí:* a cabeça – o nascente, o futuro
Orí inu:
Odù, destino pessoal
Òrìṣà, genitor divino e matéria de origem
Èṣù, individual

B: *Eṣẹ:*
pés ~ o poente, ancestrais
pé direito ~ ancestre masculino
pé esquerdo ~ ancestre feminino

C: Lado direito: elementos masculinos

D: Lado esquerdo: elementos femininos

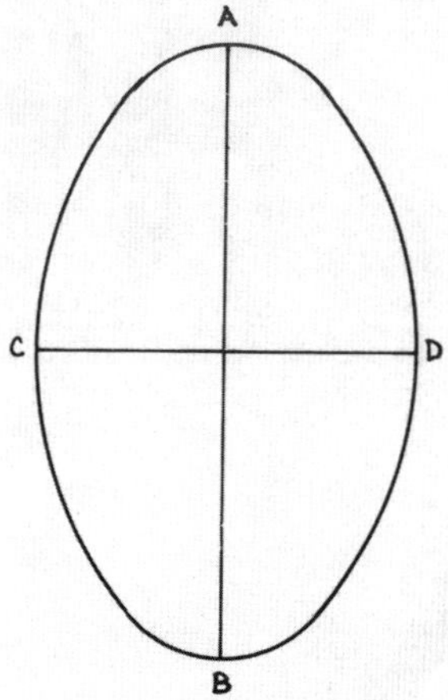

Fig. 8 – *Correspondência com a cabeça*

A: *Ojú-orí:* a fronte ~ nascente

B: *Ìkoko-orí:* occipital ~ poente (ipàko-orí)

C: *Apá-òtun:* lado direito

D: *Apá-òsi:* lado esquerdo

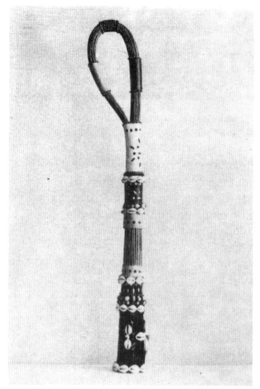

Fig. 9 – Ìbírí, *o mais importante emblema de* Nàná.

Fig. 10 – *Sacerdote paramentado com os* Bràjá, *longos colares de búzios, a tiracolo, levando na mão o* Ìbírí

Fig. 11 – Adé Ṣàngó
coroa ritual em forma de cone, símbolo do crescimento

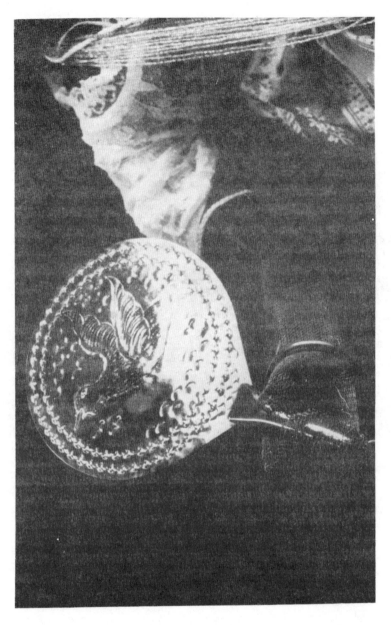

Fig. 12 – Abèbè, *leque ritual levado pelos* òrìṣà *genitores femininos e pela* Ìyálòde, *símbolo da cabaça-ventre contendo o pássaro-progenitura*

Fig. 13 – *Dois* Égun-àgbá, *espíritos de mortos eminentes do sexo masculino, durante uma cerimônia no* Ilé Agbóula, *na Ilha de Itaparica*

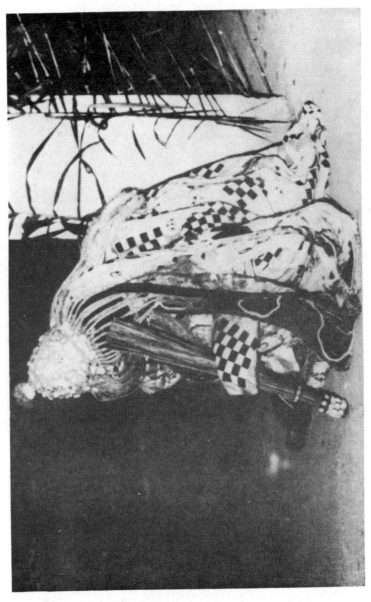

Fig. 14 – *Um* Baba-Égun, *no* Ilé Agbóula, *transmitindo* àṣẹ *com seu* ṣàṣárá *ritual*

Fig. 15 – *Um Égun-àgbá acompanhado por um òjè que carrega a vara ritual denomimada* iṣan, *em Abomey-Calavi, Daomé*

Fig. 16 – *Um* osé, *escultura-emblema do culto de* Sàngó, *com o característico duplo machado contendo a representação de* Èṣù, *seu elemento dinâmico*

Fig. 17 – *Representação de Èṣù, ornamentado com fileiras de búzios com o característico penteado faca-falo, tendo na mão o* àdé-iràn; *leva também a bolsa com os perigosos cacos de cabaça e outros objetos-signos que fazem parte do complexo simbólico de expansão, crescimento e restituição*

Fig. 18 – *Estatuetas acasaladas com o característico penteado-faca, levadas ritualmente por uma sacerdotisa de* Èṣù

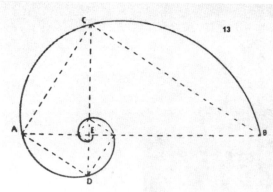

Fig. 19 – *Processo do crescimento do caracol mencionado na p. 162ss.*

Fig. 20 – *Representações de Èṣù símbolo de reprodução e crescimento**

* *Segundo os desenhos de* Abraham (1958: 774).

Fig. 21 – *Diferentes representações de Èṣù***

** *Segundo os desenhos de* Carl Arriens em Frobenius (1913 – VOL. I: 228), *reproduzidos por* Abraham (1958: 774) *e* J. Wescott (1962: 340).

Fig. 22 –
Representação de Èsù com o penteado-falo, ornado com séries de triângulos, símbolo de unidades dinâmicas

Fig. 23 – *Um assento de Èṣù em Cuba, cujo conteúdo, em forma de pequeno busto humano, é constituído por uma massa de barro, petrificada com diversos àse; é ornado com búzios e tem no alto um pequeno òbe (faca)*

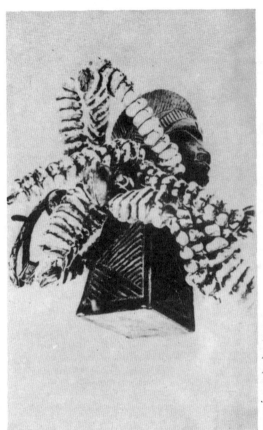

Fig. 24 –
Representação de Èṣù para ser levada pendente do punho esquerdo, ornada com fileiras de búzios e conjuntos de triângulos

Fig. 25 – *Cetro para o culto de Èṣù com o penteado paramentado com uma composição de triângulos formando losangos*

Fig. 26 – *Representação de Èṣù soprando uma flauta; o penteado-falo tombando para trás da cabeça é ornado de numerosas cabacinhas*

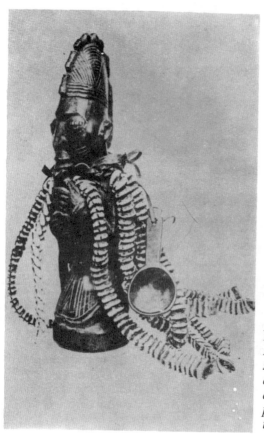

Fig. 27 –
Representação de Èṣù soprando uma flauta; a cabeleira em forma de crista é ornada com pequenas cabaças e triângulos

Fig. 28 – *Uma noviça na Bahia com o* òsù *e o* ekódide

Conecte-se conosco:

 facebook.com/editoravozes

 @editoravozes

 @editora_vozes

 youtube.com/editoravozes

 +55 24 2233-9033

www.vozes.com.br

Conheça nossas lojas:

www.livrariavozes.com.br

Belo Horizonte – Brasília – Campinas – Cuiabá – Curitiba
Fortaleza – Juiz de Fora – Petrópolis – Recife – São Paulo

EDITORA VOZES LTDA.
Rua Frei Luís, 100 – Centro – Cep 25689-900 – Petrópolis, RJ
Tel.: (24) 2233-9000 – E-mail: vendas@vozes.com.br